U0540452

杨斌

全球史的九炷香

哪吒、龙涎香与坦博拉

THE NINE TALES TO GLOBAL HISTORY

Nezha,
Ambergris,
and
Mt. Tambora

〔新加坡〕杨 斌 著

中信出版集团 | 北京

图书在版编目（CIP）数据

全球史的九炷香：哪吒、龙涎香与坦博拉 /（新加坡）杨斌著 . -- 北京：中信出版社，2025.1.
ISBN 978-7-5217-6800-8

I. K109

中国国家版本馆 CIP 数据核字第 2024H772K3 号

全球史的九炷香：哪吒、龙涎香与坦博拉
著者：　[新加坡]杨斌
出版发行：中信出版集团股份有限公司
　　　　（北京市朝阳区东三环北路 27 号嘉铭中心　邮编　100020）
承印者：　河北鹏润印刷有限公司

开本：880mm×1230mm 1/32　印张：12
字数：280 千字　　　　　　　　插页：16
版次：2025 年 1 月第 1 版　　　印次：2025 年 1 月第 1 次印刷
书号：ISBN 978-7-5217-6800-8
定价：98.00 元

版权所有·侵权必究
如有印刷、装订问题，本公司负责调换。
服务热线：400-600-8099
投稿邮箱：author@citicpub.com

图 1 柿山哪吒古庙

图 2　大三巴哪吒庙

图 3 忿怒相的哪吒降龙[1]

---

1 此木雕出土于辽宁朝阳北塔天宫里的辽代宝函，刻画了尚未转变为儿童的佛教护法神哪吒的形象。参见 https://www.weibo.com/ttarticle/p/show?id=2309404259951861170488。

图 4　敦煌毗沙门天王和哪吒像[2]

2　此图是法国吉美博物馆所藏《释迦如来与毗沙门天等护法像》(伯希和敦煌遗书, E1162) 局部。参见 http://blog.sina.com.cn/s/blog_e34964c70102xs7i.html。

图 5　越南的莲化童子佛（14—15 世纪）[3]

---

[3] 木胎鎏金，河内，越南国家历史博物馆（National Museum of Vietnamese History）。图片来源：https://commons.wikimedia.org/wiki/File: National_Museum_Vietnamese_History_35_（cropped）.jpg。

图 6　恭迎释迦牟尼佛圣诞：乘象入胎图[4]

图 7　莲座上的毗湿奴（或黑天）

4　图片来源：https://depts.washington.edu/silkroad/museums/bm/bmdunhuang.html，唐代绢本彩绘，60 厘米 ×16.5 厘米，藏于大英博物馆。此图虽然强调乘象入胎，但读者切莫忽略骑着白象的婴儿跪坐在莲座上这个重要的细节。http://blog.sina.cn/dpool/blog/s/blog_769fb5f30102wgnq.html?md=gd。

图 8　埃及的莲神[5]

5　http://www.getty.edu/art/collection/objects/6492/unknown-maker-statue-of-nefertum-egyptian-about-600-bc/, The J. Paul Getty Museum.

图9 莲上的荷鲁斯四子

图 10 莲上儿童——图坦卡蒙

图 11 伊拉克印记：莲上男童

图 12　印度封泥：吉祥天灌顶

图 13　莫高窟第 220 窟莲花童子

图 14　大秦景教流行中国碑

图 15 卜弥格绘制的大秦景教流行中国碑

图 16　洛阳经幢第二面上的莲花十字架[6]

6　葛承雍主编:《景教遗珍——洛阳新出唐代景教经幢研究》,彩图七。

图 17 霍城景教徒墓石[7]

---

[7] 笔者摄于"千山共色——丝绸之路文明特展",北京大学赛克勒考古与艺术博物馆,2019 年 11 月 1 日至 2020 年 2 月 28 日。

图 18 瓷质景教墓志[8]

---

8 笔者摄于"千山共色——丝绸之路文明特展"。

图 19 澳门耶稣会标识[9]

---

[9] 笔者摄于 2021 年 1 月 14 日。

图 20　莲花十字印章[10]

10　https://library.artstor.org/#/asset/SS37328_37328_40995479;prevRouteTS=1609154190615.

图 21　莲花十字吊坠[11]

11　https://library.artstor.org/#/asset/SS37328_37328_40609376;prevRouteTS=1609154533405.

图 22　莲花十字牌[12]

12　https://library.artstor.org/#/asset/SS37328_37328_39809747;prevRouteTS=1609154817262.

图 23　带莲花的圣甲虫印

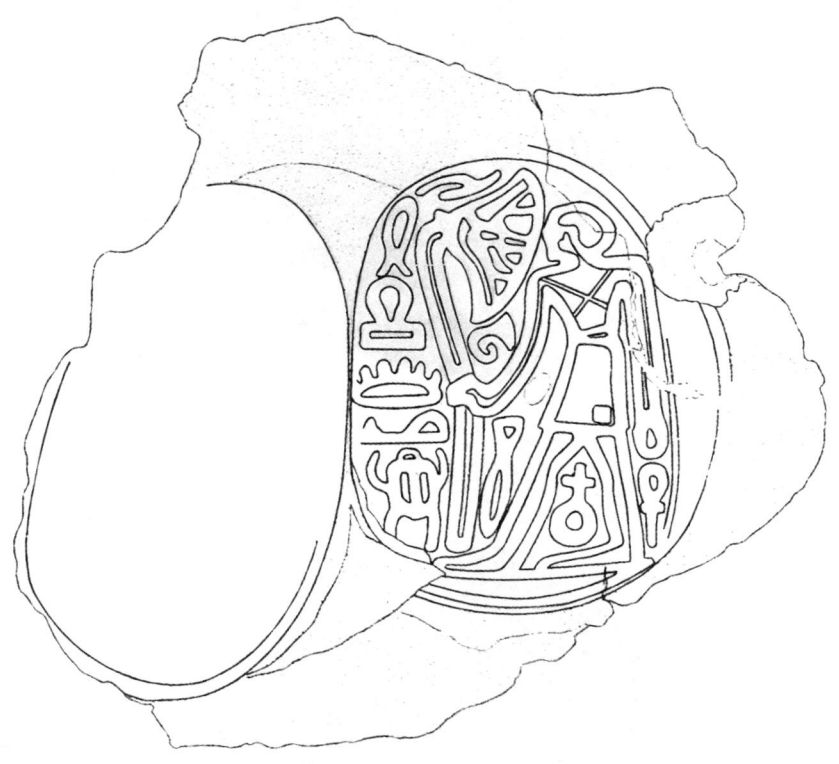

图 24 带持莲男子图案的封泥，埃德富

图 25　带象吉祥天封泥

图 26　持莲茎之带象吉祥天

图 27　八臂女神

图 28　元代玉印

图 29　罗布林卡藏噶玛巴玉印

图 30　布达拉宫藏噶玛巴玉印

图 31　布达拉宫藏噶玛巴木印

图 32　德木活佛署名印

图 33　罗布林卡藏铁制肖形印

图 34 德国波恩大学藏姓名印

图 35 莲花手观音

图 36 持莲观音

图 37　亢鼎 [13]

图 38　亢鼎铭文

13　陈佩芬编著:《中国青铜器辞典》(上海辞书出版社,2013),第二册,第398页。

图 39 裘卫盉[14]

图 40 裘卫盉铭文[15]

---

14 《中国青铜器辞典》，第五册，第 1147 页。
15 同上，第一册，第 206 页。

图 41 1846 年的八丹"土塔"
（沃尔特·埃利奥特的素描）[16]

16　Elliot, 1878, 224–5.

目录

绪　论　如是我闻：全球史的知与行

难以捉摸的全球史　　　　　　　　　　　002
全球史的历史背景　　　　　　　　　　　008
谁做了全球史研究　　　　　　　　　　　011
"西方的崛起"　　　　　　　　　　　　　019
跨学科　　　　　　　　　　　　　　　　023
跨文化互动　　　　　　　　　　　　　　026
九炷香　　　　　　　　　　　　　　　　036

第一章　莲生埃及：哪吒的前生后世

"求医者起死回生"：澳门的哪吒三太子　　046
从佛教到道教：中华文化中的护法神　　　051
三太子自印度来　　　　　　　　　　　　056

莲生埃及 060

莲上男童：出埃及记 062

莲生童子在中国 065

景教碑刻中的莲花十字架 069

景教铜牌中的莲花十字架 077

解题 080

第二章　爱莲说：中国为什么缺少莲印

爱莲而缺莲印 084

埃及：印章与封泥中的莲纹 086

印度的莲纹封泥 090

中国为什么缺少莲印 095

西藏地区的莲印与莲纹封泥 099

余论：全球现象，地方特色 102

第三章　印度洋来的"宝贝"：商周时期中原的海贝

老问题，新答案 106

海贝从哪里来 107

洛阳曹魏大墓石榻中的"海贝四枚" 114

海贝是货币吗 117

亢鼎中的"贝" 122

"用作宝尊彝" 126
海贝为什么不是货币 133

第四章　囤积江南：琉球进贡的马尔代夫海贝

引子：云南的贝币 138
元代：从江南到云南 139
马尔代夫的进贡 142
明初：从南京到云南 143
琉球来的海贝 145

第五章　"不朽"的"黑石号"：考古和文献中的"无钉之船"

海底沉睡1 170年 154
海洋考古首次发现的缝合船 155
中西文献中的无钉之船 160
"地产椰子索" 166
古代中国的无钉之船 170
海底磁山 175
印度洋的"弱水" 179
"吸铁岭" 183
最后的无钉之船 188

第六章　宋代中国的海洋突破:"泉州一号"航线新考

从三佛齐返航吗	194
可能来自印度的香料	197
海贝	206
船体附着生物	217
文献中宋代的中国海舶、航线和中国商人	220
其他两艘宋代沉船	225

第七章　来或不来:中国宫廷中的龙涎香

印度洋的"龙涎屿"	230
粪便、树脂、海底的蘑菇或沥青	231
"西南海"中来	236
中国的命名:龙之涎	242
"未婚妻的怀抱和灵魂的香味"	245
唐宋的中国:从流言到实物	252
宋代宫廷中的龙涎香	256
制造龙涎香	261
"每两与金等"	265
下西洋所见龙涎香	267
从龙之涎到龙之精	272
龙涎香的不来	277
十七两龙涎香从哪里来	287
为什么不来	292

第八章　人鼠之争：复活节岛之谜的新探索

百万年的寂寥	298
前人之述备矣	299
若有若无的殖民主义的影子	303
什么时候有了人	305
是人还是鼠	308
老鼠也挑食吗	311
是愚蠢的原住民吗	313

第九章　1815年的坦博拉：火山爆发、全球气候变迁与道光萧条

人类文明史上最大规模的火山爆发	318
火山气候的形成	323
坦博拉、气候变迁与中国	331
气候与19世纪的清朝	344

结　语　知难而进，蹒跚前行	353
附录一　"Bon Voyage"	357
附录二　天不假年	361
附录三　斯人已乘黄鹤去	365
后　记	377

绪 论

如是我闻：
全球史的知与行

难以捉摸的全球史

全球史（global history）是什么？全球史研究怎么做？这便是全球史的知与行问题。

近一二十年来，"全球史"是一个热门术语。一方面，虽然很少有人直接声称自己的研究属于全球史或就是全球史，但是"全球视觉""全球视野""全球语境"等类似的词语频繁出现。另一方面，对于什么是全球史或者全球视觉，学界几乎没有公认的界定，全球史仍然是一个令人难以捉摸的概念。因此，有必要先对全球史下一个简单的定义，并对其渊源略加回顾。

全球史实际上是从所谓的世界史（world history）演化而来，而世界史有新旧之分。旧的世界史，便是在许多国家和地区仍然占主流的外国史。以中国为例，它指的是世界史和中国史的二元对立：世界史是中国之外的外国史，中国史是独立于世界其他地区的本国史。因此，旧的世界史本质上就是国别史。

新的世界史批评国别史模式，重新定义世界史，强调人类社会的整体联系（或者说整体性）。20世纪六七十年代的欧美涌现出一股反思传统的潮流，新世界史的书写从此开始。新世界史自20世纪90年代以来的努力，至少在美国还是卓有成效的，特别是在大学教学上。多数美国大学在通识教育中，或用世界史代替了以往的西方文明史或者欧洲文明史，或使世界史和西方文明史并行，这是了不起的进步。与此同时，美国的世界史学者和中学教师密切合作，把世界史推向高中，也取得了令人耳目一新的进展。很多学生可以在高中阶段选修世界史，所得学分也得到大学承认，学生进入大学后可免修这门课。

尽管似乎每个人都在谈论世界史，但新世界史到了新世纪依然没有形成一个有力的团体，也没有获得一个有相当影响力的学院或机构的鼎力支持。世界史学者批判、突破、构建，相互间也争论不休，这种争论表现在他们对新世界史的界定上，或曰世界史，或曰全球史，其定义和宗旨各有侧重。《世界史杂志》(Journal of World History)和《全球史杂志》(Journal of Global History)就是两者竞争的产物。《世界史杂志》是传统的、以北美为基地的世界史学会（World History Association）的会刊，创刊于1990年，由夏威夷大学出版社出版，是最早且最权威的世界史期刊。别树一帜的《全球史杂志》创办于2006年，由剑桥大学出版社出版，虽然面世才十几年，但已经声名鹊起，获得了广泛的好评。这两本刊物的出现，可以看作世界史/全球史从教学向研究前进的里程碑。此处不妨具体参看一下这两本刊物对世界史和全球史的定义。

在《世界史杂志》发表的文章考察的是"全球的、比较的、跨文化的或者跨国尺度的"历史问题。它"专注于超越某个国家、地区或文化的现象，如大规模的人口流动、长途贸易、跨文化的技术转移，以及跨国的观念传播"。[1]《全球史杂志》倡导"比较的和联系的，具有世界史意义的研究"，既欢迎研究关于"全球变迁、不平等和稳定之结构、过程和理论"的文章，也欢迎研究"尺度相对较小却平行或超越历史上的政权或环境之边界"的文章，它尤其注重那些在全球史研究方法上有创新和独创性意义的研究，以及"对重大历史叙述的理

1　https://uhpress.hawaii.edu/title/jwh/.

论、方法和证据的讨论"。[1]

两者的定义看起来大同小异,重心却有细微却紧要的差别。虽然它们都提到了"全球的",但《世界史杂志》主要倡导跨文化的互动,其列举的主题,如人类迁徙、长途贸易、科技和思想的传播,无一不是这个主题的体现。《全球史杂志》则直接主张研究全球性的现象,如全球的变迁、全球的不平等以及全球的稳定,倡导去研究这些现象背后的结构、过程以及理论分析;当然,它也接受跨文化跨边界的研究。《全球史杂志》还特意强调全球史的学科建设,重视全球史研究的创新,以及对人类重大历史叙述之理论、方法和材料的重新思考。

总的来说,这两本期刊和其他的历史学期刊都强调尺度较大的跨文化、跨地区的研究,只是《世界史杂志》所倡导的研究在尺度上比全球性研究要小一些,而《全球史杂志》的期望更大一些。但是,这两本权威刊物都没有分享对世界史或全球史的定义,只是从"怎么做"这个角度来表述它们各自的理解。从这个意义上说,世界史或全球史的"知"是难以用语言来表达的,这也是学者们争论不休的原因;而其"行"是可以用具体的研究来呈现的,其研究与区域史、国别史的差异确实一望而知。

美国著名的世界史学家帕特里克·曼宁(Patrick Manning)曾对世界史下过定义。他认为:"世界史就是在全球人类共同体内联系的故事。"[2] 可是,什么是联系呢?或者说,什么是世界史定义的联

---

[1] https://www.cambridge.org/core/journals/journal-of-global-history.
[2] Patrick Manning, *Navigating World History: Historians Create a Global Past* (Palgrave Macmillan, 2003), 3. 此书已有中译本:[美]帕特里克·曼宁著,田婧、毛佳鹏译:《世界史导航》(商务印书馆,2016)。

系呢？笔者于 1998 年 9 月初到波士顿不久，导师柯临清（Christina Gilmartin）教授便邀请笔者参与了一次家宴，还特意邀请了笔者的师姐威特妮，目的就是希望她能够和笔者说说学习世界史的体会。威特妮是个热情、善良、乐于助人的白人姑娘，她讲了很多，但笔者那时听不懂，只听到一个单词不断重复，那就是"connection"（联系）。然而，联系普遍存在，千变万化，世界史当然有其甄选的标准，所以帕特里克·曼宁解释说，"世界史学者的工作就是描绘出人类历史上边界的超越和体系的联结"。正因如此，世界史需要对什么是联系、什么是文化、什么是人类共同体，以及研究有怎样的深度和广度都做出自己的界定。曼宁还进一步介绍了世界史研究的材料，小到某个人的家庭故事，大到人类迁徙等，可以说无所不包。不过，他也提醒说，世界史远非各种历史的总和。[1]

美国历史学教授柯娇燕（Pamela Kyle Crossley）在其著作《什么是全球史》（*What is Global History?*）中以"分流"（divergence）、"合流"（convergences）、"传染"（contagion）和"体系"（system）四个主题来阐述全球史研究的主题、切入点和方法，[2] 大致就是曼宁所说的

---

[1] Manning, *Navigating World History*, 3. 以世界史研究的深度和广度而言，和世界史交叉平行乃至密不可分的便是以大卫·克里斯蒂安（David Gilbert Christian）为首的历史学家提倡的"大历史"（big history），或称为"长时段历史"。他们不仅考察了上万年的人类文明史，研究人类的历史，还考察地球、太阳乃至银河系和宇宙的历史。这些长时段的历史研究，同样需要对科技有相当的掌握，这与世界史的提倡者是不谋而合的。或者说，长时段历史也是世界史的分支和衍生。笔者的博士论文便考察了云南两千多年的历史。在论文答辩之后，帕特里克·曼宁非常高兴，自豪地对另一位世界史学家说，恐怕没有哪一篇博士论文的时间跨度有这么长。笔者对长时段也有偏爱，认为这个尺度更容易辨识某个文明或社会的主要变化。

[2] Pamela Kyle Crossley, *What is Global History?* (Cambridge, UK: Polity Press, 2008). 此书已有中译本：[美] 柯娇燕著，刘文明译：《什么是全球史》（北京大学出版社，2009）。

"超越"和"联结"。她指出,全球史倡导的研究方法不同于国别史或区域史的方法。"正是他们的研究方法,而不是他们甄别的事实,使得全球史学家区别于区域史或国别史学家。"[1]这是一针见血的卓见。以名称而言,全球史(以及世界史)的命名就彰显了特殊性。区域史、国别史和文明史因其研究对象而得名;和区域史、国别史、文明史不同,全球史并非以研究整个世界为出发点(目前而言,将来再论),因而不是以其研究的地理空间命名,而是和比较史学、计量史学一样,以研究方法为本质特征的。但是,全球史与比较史学、计量史学等单纯以研究方法命名的研究又有重大区别,那就是:全球史虽然没有特定的地理空间的界定,可是它必然需要讨论两个以上的地理空间(社会、文化),因为全球史的基石就是跨地区、跨文化。因此,全球史因其跨地区、跨疆界、跨文化的研究对象和研究方法而区别于其他历史研究。全球史和其他历史研究有时有冲突、有争辩,可是,它们之间是共生关系(symbiotic relationship):全球史可以补区域史和国别史之不足,反之亦然。[2]它们相辅相成,而不是相互取代。

当然,"世界史"和"全球史"的定义是有一定区别的。以笔者的粗浅理解,所谓世界史,就是人类诸多社会互动形成当今世界的过程,亦即人类走向一个文明体的进程。这个回答虽然模糊,却也因此得到大多数学者的认可,包括指责其含义模糊的批评者。全球史又如何定义呢? 一般而言,全球史学家认为它指的是人类社会真正在全球化进程中形成一个共同体的历史,简单地说,就是全球化的历史进程。

---

[1] Crossley, *What is Global History*, 3.
[2] 同上。

那么，什么是全球化？何时开始全球化？这些又变成一个个难题。有些学者主张全球化始于对新大陆的"发现"。这种提法虽然也以1500年为标志，表面上看和以欧洲为中心的世界史叙述没有区别，但其逻辑是不一样的。欧洲中心论的叙事是以哥伦布为象征的世界文明"中心"发现和利用"边缘"的进程；全球史则强调新大陆和旧大陆之间的互动推动了世界走向一体化的进程。也有学者以13世纪为开端，因为他们认为蒙古帝国的建立是空前的事件，大大推动了亚非欧旧大陆的互动。即使如此，笔者不由得发问，造成全球化的前全球化时代的力量、因素和运动是否属于全球史的研究范围呢？如果是，则无论以13世纪还是1500年为开端，都不那么有意义了。

以上种种让我们发现，世界史或全球史都是针对国别史和区域史而来的；二者虽然旨趣略有差别，主张略有分歧，但都提倡跨地区、跨文化的研究。因此，除非特别表明，本书中均以"全球史"泛指。尤其需要注意的是，中国学者直接将欧美的新世界史翻译为全球史，以区别于仍然挣扎在国别史之中的"世界史"研究。

20世纪90年代以来，全球史缓慢而逐步地被越来越多的学者接受，开始在学术界扎根。"全球"这个词实际上和"跨地区""跨国""跨文化"，以及其他类似的标签是同义词。第一眼看来，"全球"这个词似乎只强调了全球化这一个方面，也就是某个事物向全球扩展或者卷入全球化的过程；相应地，或许（被迫）迎接全球化过程的特定地域是从属的、被动的，因而似乎是次要的和边缘的，没有得到应有或者足够的审视和解读。此外，如果某个事物具有全球性，那么它在全球化的过程中是一成不变的吗？它在全球化之后和此前也是一成不变的吗？回答当然是否定的。因此，全球史和全球视觉

（global perspective）的倡议者非常谨慎，强调地方性（local）和全球性（global）同样都是参与、塑造全球化的力量、因素、过程，从而避免上述那种对全球化的片面理解。毕竟，全球史的诞生，其意图并不是压制地方的、地区的或者国家的主题、角度和叙事；恰恰相反，全球史从它们当中产生并脱颖而出，和它们一道为理解人类历史互相补充、相得益彰。以东南亚为例，著名学者安东尼·瑞德（Anthony Reid）充满哲理地评论道："我相信东南亚历史的脉动同样可以解读为全球化（globalization）和地方化（localization）的互动。"[1] 维克多·利伯曼（Victor Lieberman）也同样试图把东南亚置于全球的范畴内，"在地方的结构当中寻找把芜杂的变化连接起来的全球模式"[2]。这些都是对全球性与地方性之关系颇有见地的解读。

全球史的历史背景

全球史的定义是比较令人头疼的问题，不太容易达成共识，回顾全球史产生的历史背景或许有益于读者理解。全球史发轫于20世纪六七十年代，有着深刻的社会背景和学术背景。

20世纪六七十年代是冷战的巅峰。基于冷战的需要，二战以来，

---

[1] Anthony Reid, "Global and Local in Southeast Asian History," *International Journal of Asian Studies*, vol.1, issue 1（January 2004）: 6.

[2] Victor Lieberman, *Strange Parallels: Southeast Asia in Global Context, c.800–1830, Volume 1: Integration on the Mainland*（Cambridge: Cambridge University Press, 2003）, 21.

美国率先建立了地区研究的框架和模式，它们遂成为大学和研究机构的范式。地区研究的取向和主旨反映和满足了冷战的需要，然而，学术研究有其内在的理路和逻辑。一些学者发现，把世界按照冷战的框架划分成若干区域，割裂了区域间的联系、跨地区的纽带和力量，甚至破坏了全球性的因素和动力。这些研究自然而然地挑战、冲击了地区研究的框架和预设，激发学者提倡跨地区、跨国界的研究主题和方法。正因为全球史考察跨地区的联系、互动，在很多时候挑战乃至解构了地缘政治的界限或地理空间的划分，全球史和区域史（以国别史作为其最耀眼的代表）之间产生了某种紧张。实际上，全球史从来没有宣称它可以替代地方史、区域史；相反，全球史渴望、需要并召唤地区研究；更何况，全球史不但以区域研究为坚实的平台，而且其本身就是从区域研究中破囊而出的。

　　以上便是一个大的学术背景，对激发全球史研究有着直接或间接的推动作用。其实，一般的历史研究，无论是基于文明、地区还是国家，都面临类似的困境和困惑。不然，为什么汤因比（Arnold Joseph Toynbee）在其巨著《历史研究》（*A Study of History*）中一开始就问：历史研究的基本单位是什么？以非洲历史研究为例，一旦涉及黑奴贸易，必然要采用跨地区的方法和角度，必须考察非洲、欧洲和新世界的三角关系，甚至还需要包括南亚次大陆和东南亚、东亚。这样的研究就成为跨大西洋研究，成了一门显学。好几位非洲历史学家就是这样从区域史学家转为世界史学家的，比如菲利普·柯丁（Philip Curtin）和他的弟子帕特里克·曼宁（笔者的导师）。帕特里克·曼宁是波士顿东北大学世界史中心的创办人，后来又到匹兹堡大学历史系创办了世界史中心。这两位都是从非洲历史尤其是黑奴贸易的研究中认识到地区历史的局限和困境，理解到跨地区研究是学术的内在逻辑和要求，继而投身和提倡全球史的。

20世纪六七十年代的世界面临巨大的冲击、震荡和重组。人权运动、女权运动、绿色环保运动、新科技（电子产品和基因研究等），对社会和学术界造成了即时的、巨大的和长远的冲击。在人文社会科学方面，社会性别史、科技史（医疗史、疾病史）、系统论、计量统计等，都给传统的史学研究带来了冲击和挑战。这些冲击和共振构成了孕育全球史的学术平台。威廉·麦克尼尔（William McNeill）的《瘟疫与人》（Plagues and Peoples）就是在这个背景下出版的，[1] 这本书第一次把疾病引入人类历史和全球史研究。这也是全球史的一个鲜明的特点，就是特别强调借用、采用和融合新兴学科与新的方法、角度。医疗史、环境史、性别史，以及海洋、气候、离散人群、贸易等主题和角度，因为不拘泥于某个族群、国家或地区而与全球史的旨趣不谋而合，成为全球史研究和发展的表述。

全球史在西方特别是在北美出现，也不是偶然的。其内在学术逻辑就在于学术界对西方文明史和对以西方为中心的世界史书写的反思，对西方/欧洲中心论的批判，对忽视非西方人群、社会和文明的反省。在西方中心论的历史书写中，非西方不是作为异类就是作为反面或附庸出现，属于没有历史的人群。这种反省既得益于人权运动和女权运动，也得益于学术界自身的觉醒，是非常难能可贵的。

北美学界对西方中心论的激烈批判和纠正，是全球史在西方出现

---

1 William H. McNeill, *Plagues and Peoples*（Garden City, New York: Doubleday/Anchor, 1976）. 他的儿子小麦克尼尔也是著名的环境史学家和世界史学家，在乔治敦大学任教。

的一个根本原因，也是全球史发轫以来一个经久不衰的切入点和主题。对中国学者而言，既要继承这个传统，批判过去承袭的欧洲中心论，也要警惕和批判中国中心论和汉人中心论。明白了全球史兴起的背景，我们自然而然就能理解在实际的学术研究中，全球史基本在批判和纠正区域史、国别史和文明史，从而构建一个联系的、互动的人类共同经历；全球史侧重跨地区、跨国界、跨文化的研究主题和研究方法，因而是可以把握的。比如说，中外交通史作为中国历史研究的一个传统，是很容易转型为全球史的。

全球史修正区域史和国别史，但并不取代后两者。既然全球史的研究是跨地区的，那么至少要掌握两个地区。因此对全球史研究者而言，他们不仅要和其他历史学者一样有自己的领域，也要有第二个甚至第三个领域。只有在掌握两个地区的基础上，才能发现跨地区的事件、线索、联系、网络和动力。因此，全球史常常采用比较的方法。除了比较，全球史还采用网络（network）、链式（chain）、联系（connection）、互动（interaction）、移民和离散人群（diaspora）、边疆（frontier）等方法和主题，其目的都是为了突破传统的国家、地区研究的束缚，利用跨地区、跨文化的角度来揭示区域史和民族国家史所忽视的因素、主题和过程。

谁做了全球史研究

以上大致介绍了对全球史的理解，也就是全球史的"知"；那么，哪些历史学者做了全球史的研究，也就是笔者所说的全球史的"行"呢？

虽然在溯源时，往往将全球史研究推到古希腊、古罗马的作品和西汉司马迁的著作，或者至少到18世纪、19世纪"普遍历史"（universal history）的书写，但真正的研究突破出现在汤因比《历史研究》面世之后的20世纪中叶。

怎么做全球史研究？或曰，全球史如何"行"？这的确是一个难度很高的问题。柯娇燕指出，全球史独有的难度在于，和普通的国别史或区域史相比，人类社会并没有遗留下一眼便可以辨析出所谓"全球史"的档案、文献或其他材料。一般的全球史学者倾向于根据其他历史学者所做的研究进行比较，发现大的模式，提出有益于理解整个人类社会变迁的方法。[1] 这当然是对的，不过，全球史学者不是天生的，没有一个历史学者从一开始受训就自称全球史学者。相反，目前所有自称或者被称为全球史学者、研究者的（包括谦虚地说在做一些全球史研究的），最初都是国别史或区域史学者，无一例外。过去如此，现在如此，将来也必然如此。

无论是威廉·麦克尼尔，还是菲利普·柯丁，抑或杰里·本特利（Jerry Bentley），乃至英年早逝的亚当·麦克恩（Adam Mckeown），这老中青三代著名世界史或全球史学家都起步于传统的史学领域，但在时代的推动和个人的努力下，都由区域研究走向了全球史研究。

威廉·麦克尼尔于1947年在美国康奈尔大学的博士论文是《土豆在爱尔兰历史上的影响》（"The Influence of the Potato on Irish History"），

1　Crossley, *What is Global History*, 3.

这大概要归类于欧洲近代史吧?他的第一部极具影响力也是最具影响力的著作是 1963 年出版的《西方的兴起:人类共同体史》(*The Rise of the West: A History of the Human Community*),[1] 该书旗帜鲜明地提出不同社会(文明)之间的互动是历史变迁的原动力。在这个前提和主题的指导下,麦克尼尔探讨了亚非欧旧大陆不同文明之间的交流和融合,强调了其他文明对西方文明的深远影响。该书可以说是首次把西方文明的崛起置于世界之中,力图突破过去西方中心论的框架和笼罩——实际上直接挑战了西方中心论,对世界史的书写有开拓性的贡献。正因如此,这本书获得了 1964 年美国国家图书奖的历史和传记类最佳作品的殊荣,也被世界史学界视为第一部世界史,成为世界史的经典之作。当然,麦克尼尔对此书有许多反思,他后来特别遗憾自己在书中对东亚社会尤其是宋代中国估计不足。这并没有什么可大惊小怪的。20 世纪五六十年代,西方对中国历史的研究才起步不久,对宋代了解很少,更何况麦克尼尔本人并不研究中国历史。麦克尼尔还担任过美国历史学会主席、美国世界史学会主席,是北美世界史研究的创始人和奠基人之一。2010 年,他荣获美国国家人文奖章。

菲利普·柯丁于 1953 年在美国哈佛大学获得博士学位,其论文为《1830—1865 年牙买加的革命与衰退》(*Revolution and Decline in Jamaica, 1830-1865*),研究的是 19 世纪牙买加的革命与经济,属于拉美史。1956—1975 年,他在美国威斯康星大学麦迪逊分校任教,

---

[1] William H. McNeill, *The Rise of the West: A History of the Human Community* (Chicago: University of Chicago Press, 1963).

和同事简·范西纳（Jan Vansina）一起创建了非洲语言和文学系，这是美国大学中最早成立的非洲研究机构之一。1975 年后，菲利普·柯丁到约翰斯·霍普金斯大学任教。此后数十年间，菲利普成为非洲史和大西洋奴隶贸易史的权威，并最终走向了世界史。他先研究的是黑奴贸易的数量，亦即到底有多少黑人被贩卖到新大陆，具体涉及多少黑人被掳掠，他们从哪里来，在跨越大西洋的中途有多少人死亡，最终有多少黑人到达新大陆，并被指派到哪里工作等问题。1969 年，他的著作《大西洋黑奴贸易：一个统计》(The Atlantic Slave Trade: A Census) 成为这个领域最重要的著作。[1] 该书首次比较全面地估算了从 16 世纪到 1870 年的奴隶贸易总量，提出有 9 566 000 名黑人被贩卖到美洲新大陆。虽然此后学者们对这个估计有不同意见，但菲利普·柯丁开创性的工作得到了学术界的一致重视。此后，菲利普·柯丁的研究视角更加宽广。1984 年由剑桥大学出版社出版的他的《世界历史上的跨文化贸易》(Cross-Cultural Trade in World History) 成为大学世界史课程常用的教材，很受欢迎。[2] 1989 年由剑桥大学出版社出版的他的《迁徙而死：19 世纪欧洲的热带移民》(Death by Migration: Europe's Encounter with the Tropical World in the Nineteenth Century) 综合了医疗史和人口史，探讨了非洲热带地区疾病对欧洲移民的影响，对现代医学发展出热带病治疗手段之前的人类防疫方法及其原理进行了前沿性的考察，《美国历史评论》(American Historical Review) 称

---

[1] Philip D. Curtin, *The Atlantic Slave Trade: A Census* (Madison: University of Wisconsin Press, 1969).

[2] Philip D. Curtin, *Cross-Cultural Trade in World History* (Cambridge & New York: Cambridge University Press, 1984).

之为"有突破性"的著作。[1] 这本书也同样反映了环境史、科技医疗史对世界史先驱学者的影响。笔者在研究中国历史上的瘴气时,从中受益匪浅。柯丁因其在史学上的杰出成就,于 1983 年成为麦克阿瑟基金会当年的获奖人才,私下大家称此为"天才奖"。

杰里·本特利于 1976 年在美国明尼苏达大学获得博士学位,此后一直在夏威夷大学任教。他起初研究欧洲文艺复兴初期的文化史,20 世纪 80 年代在普林斯顿大学出版社出版了两本关于欧洲文艺复兴的专著,[2] 可谓成就斐然。可是,就在这样的辉煌之中,他意识到了文艺复兴研究的瓶颈,好像路子越来越窄。正是这个时候,他受到世界史的启发,于是从头开始,踏进了以文化交融为主题和切入点的世界史研究,可以说,"跨文化互动"自此成为本特利世界史研究的主题。1993 年,牛津大学出版社出版了他的第一本世界史著作《旧世界的相遇:近代以前的跨文化接触和交流》(Old World Encounters: Cross-Cultural Contacts and Exchanges in Pre-Modern Times),该书全面勾勒了亚非欧旧大陆在近代之前的文化交融,可以说是 1500 年前的世界史。[3] 此外,杰里·本特利对美国大学推动世界史教育的贡献极大。他和《世界史杂志》的另一位编辑赫伯特·齐格勒(Herbert F. Ziegler)合著的《新全球史》(Traditions & Encounters: A Global Perspective

---

1 Philip D. Curtin, *Death by Migration: Europe's Encounter with the Tropical World in the Nineteenth Century* (Cambridge & New York: Cambridge University Press, 1989).
2 Jerry H. Bentley, *Humanists and Holy Writ: New Testament Scholarship in the Renaissance* (Princeton: Princeton University Press, 1983); *Politics and Culture in Renaissance Naples* (Princeton: Princeton University Press, 1987).
3 Jerry H. Bentley, *Old World Encounters: Cross-Cultural Contacts and Exchanges in Pre-Modern Times* (New York & Oxford: Oxford University Press, 1993).

on the Past, from the Beginning to 1000）自 2000 年付梓以来已经出版五六版，销量据说超过一百万册，成为全美最畅销的大学和高中世界史教材。[1] 鉴于他的杰出贡献，在杰里·本特利逝世后，北美世界史学会和美国历史学会分别在 2012 年和 2014 年设立了以他名字命名的世界史著作奖，以表达对他的敬意。

亚当·麦克恩是笔者的导师。他于 1997 年毕业于美国芝加哥大学，1998 年起任教于波士顿东北大学，2000—2013 年任教于哥伦比亚大学。其博士论文研究海外华侨，2001 年由芝加哥大学出版社出版，名为《华侨的网络和文化变迁：秘鲁、芝加哥和夏威夷，1900—1936 年》（*Chinese Migrant Networks and Cultural Change: Peru, Chicago, and Hawaii, 1900-1936*）。[2] 亚当·麦克恩和大家分享说，他的论文研究了 20 世纪初从中国南方到秘鲁、美国芝加哥和夏威夷的移民，其中有一些全球的视觉和亮点，但整篇论文还是属于比较研究，因此，在将论文修订为专著出版时，他花了很多精力，并采用"网络"这个概念来凸显移民的全球模式。帕特里克·曼宁就此总结出一些博士研究生普遍面临的"麦克恩难题"：究竟是先写一篇比较研究的博士论文而后有机会再阐述其中的全球联系，还是花更多的时间调整结构来彰显全球模式。这当然是两难的选择。

麦克恩此后便以全球史的方法来研究中国的海外移民。笔者在 1998—2000 年作为他的研究助手，把哈佛燕京图书馆所藏《华人华

---

[1] Jerry H. Bentley & Herbert F. Ziegler, *Traditions & Encounters: A Global Perspective on the Past, Volume A: from the Beginning to 1000*（Boston: McGraw-Hill, 2000）.

[2] Adam McKeown, *Chinese Migrant Networks and Cultural Change: Peru, Chicago, and Hawaii, 1900-1936*（Chicago: University of Chicago Press, 2001）.

侨历史研究》所有的文章都看了一遍,为他作了摘要,以便他挑选其中有用的文章进一步阅读。2004 年,麦克恩在《世界史杂志》发表了全球移民史研究的重要文章《1846—1940 年的全球移民》(Global Migration, 1846-1940)。[1] 他指出,这一阶段亚洲的海外移民在规模上可以与从欧洲跨越大西洋的移民相提并论,从而批驳了近代移民史上的欧洲中心论。2008 年,麦克恩在哥伦比亚大学出版社出版了《令人心碎的秩序:亚洲移民与边界的全球化》(*Melancholy Order: Asian Migration and the Globalization of Borders*)。[2] 此书进一步阐明了亚洲移民的全球意义,论证了现代边界是 19 世纪 80 年代以来对亚洲移民(特别是中国移民)的防控和歧视的结果。该书出版后,他访问了新加坡国立大学,并在笔者当时任职的历史系作了讲座。正如笔者在提问时估计的那样,该书斩获大奖:北美世界史学会 2009 年授予其年度图书奖。凭借卓越的研究,麦克恩在世界史领域(以及华人华侨史领域)声名鹊起,成为中生代的代表人物,迅速在哥伦比亚大学历史系晋升为副教授(终身教职)、教授。可是,出于一个纯粹的学者对鸡零狗碎、争吵不休的学术政治的极端厌恶,或许还有对学术界的失望,出乎所有人的意料,2013 年,他辞去哥伦比亚大学历史系教授这个历史学者梦寐以求的职位,成为自由职业者。这并不是说他放弃了学术,事实上,此后他在和笔者的邮件中说,他在云南大理大学的短期任教经历非常愉快。而令人伤心的

---

[1] Adam McKeown, "Global Migration, 1846–1940," *Journal of World History*, Vol. 15, Iss. 2, (Jun 2004): 155-89.
[2] Adam McKeown, *Melancholy Order: Asian Migration and the Globalization of Borders* (New York: Columbia University Press, 2008).

是，天不假年，2017年，亚当·麦克恩在纽约意外去世。这是世界史学界的重大损失。

和前面三位世界史先驱相比，亚当·麦克恩还是个年轻人。三位前辈学者不仅学识渊博、才华超群，而且行政管理能力极强。威廉·麦克尼尔于1961—1967年担任芝加哥大学历史系主任，对于该系成为全美历史研究重镇贡献巨大。何炳棣当时是其同事，一向"目中无人""舍我其谁"的他在回忆录中对麦克尼尔颇有赞词。他在回忆说服芝加哥大学校领导从哈佛"挖角"杨莲生（杨联陞）时说："学校领导既已下决心，历史系主任麦克尼尔胸襟又是海阔天空，所以在系中推动聘杨所遇阻力不大。"[1] 美国世界史研究的另一位先驱者菲利普·柯丁则是美国非洲研究的创始人和奠基人之一。而本特利长期任教于夏威夷大学，从1990年直至去世一直担任北美《世界史杂志》的编辑，二十多年来兢兢业业，殊为不易。笔者的第一篇期刊论文便是在他手中发表，此后和他还有过几次短暂但非常愉快的接触，感觉他是一位彬彬君子。值得一提的是，本特利生前和首都师范大学的全球史研究中心建立了良好的互动关系，对中国的世界史研究的推广和前进也有独特的贡献。这一点，首师大的同人想必感触更深。

以上几位都是史学界乃至人文学界的巨匠，他们的渊博和睿智非一般的历史学者可及；他们提出的问题，使用的材料，采取的方法，取得的成果，花费的时间、经历和资源，也是普通学者难以企及的。就目前的全球史研究而言，新生代选取了不同的研究对象，

---

[1] 何炳棣:《读史阅世六十年》(广西师范大学出版社, 2005)，第334页。

这些研究对象相对微小，容易把握，同时又穿越或游离于传统时空的划定之外，因而同样可以完成世界史或全球史的书写。他们有的选取边疆（因为边疆天然地既联系又跨越疆域），有的选取移民（这些人同样跨越疆界、文化和制度），有的选取海洋（性质和边疆一样），有的选取某种物质（如白银、鳕鱼、海贝、棉花、瓷器、茶叶等），有的关注制度和观念（如社会性别、婚姻），有的继续研究各种疾病尤其是传染病，有的侧重于信息（如现代科技的流传和接受，当然还有宗教和艺术的研究）。总的来看，全球史研究几乎无所不包。区域史和国别史研究的，全球史同样研究，只是提出了不同的问题或采取了不同的研究方法，同时并不囿于某种地理空间而画地为牢；不过，全球史经常研究的问题、倡导的方式往往涉及跨文化、跨疆界、跨学科，或者探讨跨地区意义上的互动、联系、网络、链式，等等。

"西方的崛起"

在全球史的研究和形成过程中，"西方的崛起"这个问题的提出和解答，让人们至今争论不休，它对全球史的概念化、理论化和具体进展影响深远。这或许解释了为什么麦克尼尔的书以"西方的兴起"为名，以及为什么这本书被视为全球史的第一部著作。其实，围绕这个问题，全球史学者做了数十年的努力。任何历史研究都必须有研究对象——历史研究的单位，这是汤因比在其巨作中最先提出并着力解决的问题。[1] 全球史当然也不例外。可是，全球史的研究对象并非如很多人误解的那样，是整个地球或整个人类社会。过去有极个别人这样尝试过，现在和将来也会如此。或许有一天，人类的智慧极大地丰富了，学者们真的把全球或者整个人类作为一个研究对象而写出了一部全球史。不过，这种理想的情况恐怕在已知的未来不会发生。从这点看，全球史学者和科学研究者一样，无限接近但永远不能达到真理；也和一般的历史学者一样，无限趋向于事实，但永远不可能还原全部事实。只不过，和其他历史学者相比，全球史学者要实现无限接近的目标看起来如此困难，如此遥远渺茫，令人愈发失望，有些人不免嘲讽全球史学者看起来无力乃至无谓的挣扎与努力。呜呼，这就是内外交困的全球史。全球史当然也有其研究对象和方法。过去的世界史学家以汤因比为代表，提出了将空间比民族国家大的文明作为历史分析的单位。他列举了大大小小、数目不少的文明，多数已经消亡。因为是文明，所以它跨越了国家（无论是民族国家、王国还是帝国）的疆界，超越了族群的分界，也超越了文化的界限。这就是跨地区、跨边界的研究角度和方法。麦克尼尔正是深受汤因比的影响，从而开始了他在文明交流的框架和基础上探索西方文明崛起的历程。本特利则是以跨文化互动这个切入点来书写世界史。跨文化互动，简而言之，就是文明间的冲击、交融。因此，我们可以说，文明互动是世界史／全球史书写的一个主要的方式。随之而来的一个难题便是，为什么

1　笔者 1998 年秋天修读帕特里克·曼宁的"全球史学史"（Global Historiography）课程时，首先阅读讨论的便是汤因比的《历史研究》。汤因比一开始就分析为什么他把人类文明而不是国家作为历史研究的单位，对国别史考察跨国现象和制度的无能为力做了精彩的分析。

西方文明在 1500 年以后突然崛起了？社会学家伊曼纽尔·沃勒斯坦（Immanuel Wallerstein，1930—2019 年）对此首先做出了回答。

沃勒斯坦对世界史的贡献不亚于其他任何世界史学家。他关于现代世界体系（modern world-system）的四卷本巨作阐述了现代欧洲体系的形成和霸权，实际上是以世界体系来取代文明作为世界史研究的分析单位。他的世界体系以中心—半边缘—边缘的结构（core, semi-periphery, and periphery）为内在特征，以劳动分工为基础。由于中心通过不平等的经济交换实现了对边缘的控制，整个世界都处于一个世界体系当中，也就是以欧洲（后来被美国取代）为中心的现代世界体系。沃勒斯坦是西方左派的代表人物之一，他的世界体系理论自 20 世纪 70 年代以来产生了很大的影响。许多学者或接受了他的观点，或采用了他的分析框架，或对其加以修正。珍妮特·阿布-卢格霍德（Janet Abu-Lughod）的"13 世纪世界体系"便是其中之一。[1]

沃勒斯坦的现代欧洲世界体系始于 1450 年。他认为，在此之前，人类社会只有世界帝国（world empire）而没有世界体系。珍妮特·阿布-卢格霍德的《欧洲霸权之前》(Before European Hegemony: The World System A.D. 1250-1350)一书则审视了 12 世纪末到 15 世纪初的二百多年，提出了"13 世纪世界体系"理论。这一理论挑战、修正了沃勒斯坦的近代以欧洲为中心的世界体系。她指出，在沃勒斯坦的近代世界体系产生于漫长的 16 世纪之前，亚欧大陆已经出现了一个世界体系。这个体系包含了位于欧洲、中东和亚洲的三个互相联系

---

[1] Janet Abu-Lughod, *Before European Hegemony: The World System A.D. 1250-1350*（Oxford: Oxford University Press, 1991）．

的亚体系，从组织结构上看，这个体系比过去任何贸易圈都复杂，贸易量更庞大，运行更精密，和16世纪的世界相比也不逊色。当然，珍妮特·阿布-卢格霍德的"13世纪世界体系"的定义没有沃勒斯坦那样严格，更像一个跨地区的贸易网络。

贡德·弗兰克（Andre Gunder Frank）是沃勒斯坦同时代的一位激进的左派学者，他是依附理论（Dependency Theory）的创始人，也积极参与世界体系理论的研究与讨论。他甚至将沃勒斯坦500年的世界体系推到了5 000年，提出5 000年前人类社会就开始形成一个具有等级结构的共同体。在《白银资本》(*ReOrient: Global Economy in the Asian Age*)一书中，弗兰克就"西方的崛起"这个世界史的永久话题阐述了他的观点。简单来讲，他认为，欧洲人利用新大陆的白银买了一张东亚（中国）的特快列车车票。弗兰克是一位独特的天才学者，对世界史的成长有着重大的贡献。本书附录也记载了笔者和他的一些交往。

当然，最近二三十年对"西方的崛起"这个问题，学界重新下了定义。以彭慕兰（Kenneth Pomeranz）和王国斌（R.Bin Wong）为代表的加州学派采取了比较的方法，对中国和西欧进行了比较研究，其结论修正了当年提出"西方的崛起"这一问题的本意。值得注意的是，和此前的世界史学者相比，这两位是中国历史专业出身，对中国非常熟悉，因而在批评以欧洲为中心或者以欧洲为样板时都格外敏锐。至于他们得出的一些结论，学界仍然见仁见智。在老一辈中国学者当中，李伯重和葛兆光在倡导和实践全球史方面处于突出地位。李伯重先生以研究江南经济史见长，在国际经济史领域大名鼎鼎，他的研究成果本身就被加州学派接受吸收，成为加州学派立论的灵感与基石之一。葛兆光先生从东北亚出发，提倡从周边看中国，对天然为全球史的海洋史也有许多思考，产生很大影响。

跨学科

跨学科是近一二十年来几乎每个学科都提倡的方法。新的世界史或者全球史不是在一般意义上跨地区和跨学科；相对于一般的跨地区而言，全球史跨地区的地理空间更宽广，往往涉及两个世界区域如东亚和中亚的跨界或越界；相对于一般的跨学科而言，全球史的跨学科要求更高，它不仅跨越了传统的人文学科或学界提倡的人文和社科的结合，而且身体力行地实践了人文、社会科学和自然科学全面和综合的结合。这就是沃勒斯坦晚年提出的多学科/跨学科研究的本意，跨学科就在于破除学科的界限，放弃所谓学科及其方法的界定和区别。没有一个社会历史问题只存在于某一个学科领域。

全球史的研究方法，似乎就在这个方向。以麦克尼尔和柯丁而论，他们都中途进入了医疗史领域，这难道是巧合吗？帕特里克·曼宁年届八十，还在孜孜不倦地从科学史的角度利用DNA（脱氧核糖核酸）来研究早期人类的迁徙，这算是另一个旁证吧。笔者的师兄程映虹教授本以冷战史研究见长，居然一度潜心追踪人类基因的研究，撰写了关于"北京人"的论文，而且该文自在《亚洲研究杂志》（*Journal of Asian Studies*）发表以来，长期占据该刊最受欢迎文章榜首，这或可说明全球史的训练的确以跨学科为旨趣、导向和要求。不妨借此机会介绍一下全球史的两本必读书目,那就是科技医疗史和环境史的开山鼻祖艾尔弗雷德·克罗斯比(Alfred W. Crosby Jr.)在20世纪七八十年代的经典著作。

艾尔弗雷德·克罗斯比1972年出版的《哥伦布大交换:1492年以后的生物影响和文化冲击》(The Columbian Exchange: Biological and Cultural Consequences of 1492)以及1986年出版的《生态帝国主义:欧洲的生物扩张,900—1900》(Ecological Imperialism: The Biological Expansion of Europe, 900-1900)奠定了环境史、医疗史和世界史的基础,也是跨学科研究方法在世界史的应用和典范。[1] 他敏锐地观察到为什么欧洲相对轻松地征服了新大陆和澳大利亚(他称之为"新欧洲"),而目前人类的财富主要集中于欧洲和新欧洲,之后他探讨了这个两极化现状的历史渊源,尤其是欧洲征服成功后的生物因素,其中的关键一点便是疾病如何影响了人类社会。早在20世纪70年代,他就已经意识到疾病在人类历史上的作用,如埃尔南·科尔特斯(Hernán Cortés)对位于今天墨西哥的阿兹特克文明的征服和弗朗西斯科·皮萨罗(Francisco Pizarro)对南美印加帝国的征服,并研究了1918年的大流感,[2] 堪称疾病医疗史的先知先觉者。

他首创的"哥伦布大交换"和"生态帝国主义"成为学界广为接受和沿用的概念和问题。值得一提的是,当年《哥伦布大交换》的书稿完成后,没有一家大出版社感兴趣,幸亏被位于康涅狄格州韦斯

---

[1] Alfred W. Crosby, *The Columbian Exchange: Biological and Cultural Consequences of 1492* (Greenwood Press, 1972); *Ecological Imperialism: The Biological Expansion of Europe, 900-1900* (New York & Cambridge: Cambridge University Press, 1986).

[2] Alfred W. Crosby, *Epidemic and Peace, 1918* (Greenwood Press 1976).

特波特的一家默默无闻的小型学术出版社格林伍德出版社慧眼看中，得以付梓。这也说明了全球史和全球史学家筚路蓝缕的艰辛。1997年3月，柯临清教授在北京外国语大学西院伊莎白·柯鲁克（Isabel Crook）的公寓里面试笔者之后，便以《生态帝国主义》一书相赠，嘱咐笔者好好阅读。[1] 可惜，笔者当时的英文太差，竟将"生态帝国主义"（ecological imperialism）看成了"经济帝国主义"（economic imperialism）。不过，这本书笔者还是认真阅读了，用现在的话说，受到了惊人的头脑风暴冲击。笔者当时不能想象，居然有如此博学之人！《生态帝国主义》的第一句话"欧洲移民及其后裔遍布各地，这个现象需要解释"。原文不过短短十三个单词，却如泰山压顶，让人喘不过气来，给笔者留下极其深刻的印象。笔者在写《海贝与贝币：鲜为人知的全球史》时，首句便套用了这个句式。[2]

克罗斯比的研究融合了历史、地理、生物和医学，炫目多姿，令人目不暇接。他是20世纪下半叶最伟大的（历史）学者。他的研究和著作突破性地扩展了历史研究的对象和范畴，直接提出了历史研究的许多关键且经久不息的问题，刷新了世界史的许多认知，树立了跨学科研究方法的典范，影响巨大，而且在很远的将来仍然会被广泛

---

[1] 柯临清生前是美国马萨诸塞州东北大学历史系教授，曾在北京长期居住和工作，专长是中国妇女史。她是最先将"社会性别"（gender）引入中国研究的先驱学者之一；伊莎白·柯鲁克出生于成都，是加拿大一对传教士夫妇的女儿，曾在重庆璧山生活，对璧山感情很深。笔者曾帮助她长期联系和资助璧山的学生，直至她年老体弱，实在没有精力顾及为止。她的丈夫大卫·柯鲁克（David Crook）是英国的国际共产主义战士。

[2] Bin Yang, *Cowrie Shells and Cowrie Money: A Global History*（Routledge, 2019）；中译本为《海贝与贝币：鲜为人知的全球史》（社会科学文献出版社，2021）。其实，贾雷德·戴蒙德在其名著《枪炮、病菌与钢铁：人类社会的命运》开头也模仿了克罗斯比的提问模式。对此书，柯娇燕进行了中肯到位的评价，有兴趣的读者可参见 Crossley, 2008, 77–81。

阅读。大家熟悉的畅销著作《枪炮、病菌与钢铁：人类社会的命运》（*Guns, Germs, and Steel: The Fates of Human Societies*）的作者贾雷德·戴蒙德（Jared Diamond）就深受克罗斯比影响，甚至上述书名都模仿自后者的另一本书，即《病菌、种子和动物：生态史研究》（*Germs, Seeds, and Animals: Studies in Ecological History*）。[1]

跨文化互动

全球史的另一个本质属性便是跨文化。本特利就以跨文化互动作为其全球史研究的主题，一以贯之。1996年6月，《美国历史评论》发表了本特利和曼宁两人关于全球史的两篇对谈文章，组成了一个论坛。[2] 他们对"什么是跨文化的互动"以及"世界史的分期"进行了针锋相对的讨论。他们提出的问题，至今仍然是理解世界史/全球史最好的航标，值得细细琢磨，中国国内也鲜有人知，故笔者介绍如下。

世界史强调跨地区，修正民族国家这一分析框架，这不仅表现在地域空间上，也表现在分期上。世界史在断代上和区域史与国别史有所不同，甚至是大有不同的，因为它要考虑的不是某个地区，而是跨

1　Alfred W. Crosby, *Germs, Seeds, and Animals: Studies in Ecological History* (M. E. Sharpe, 1994).
2　Jerry H. Bentley, "Cross-Cultural Interaction and Periodization in World History," *The American Historical Review*, vol. 101, No. 3 (Jun., 1996): 749-70; Patrick Manning, "The Problem of Interactions in World History," *The American Historical Review*, vol. 101, No. 3 (Jun., 1996), 771-82. 以下简述两者的讨论，不再一一标注相应页数。

地区的重要趋势、事件、运动或模式。但是，任何分期都必须定标准，那么，世界史的分期应该采取什么标准呢？本特利首先反思了过去欧洲中心论影响下的世界史的划分，高屋建瓴地指出在人类历史上，跨文化的互动对所有的人类社会都产生了重大的政治、社会、经济和文化影响，仅此而言，跨文化互动对于全球历史进程的分期也有相当价值。同时，如果采用了跨文化互动的标准，那么，历史学家可以较好地避免各种族群中心主义框架之限制。更何况，学者们都逐渐认识到历史是各地区人类互动的结果。因此，跨文化互动这一标准有利于辨识出那些变化或持续的模式，而不是局限于某个社会或族群的经验。

当然，跨文化互动这一标准也有其缺陷。其一，它不是在任何时候都能囊括所有的人类社会。本特利指出，亚非欧大陆、新大陆和大洋洲地区三者之间在多数时候（指大航海时代之前）都只有零星的交往，尽管其内部的跨文化互动频繁，并且塑造了相关人类社会的共同经历。在16世纪之后，跨文化互动就真的在全球的维度上展开了。其二，本特利提醒说，全球史的分期并不是唯一有意义的断代法。国家构建、社会结构和文化传统这些"内部"因素对于某个地区而言，意义同样重大。此外，参与跨文化互动的各个社会，其参与的程度不尽相同。因此，全球史的分期也只能大略而言，不能采取精准的方式。同理，全球史的分期对各个社会或地区也不能千篇一律。

对于近代以来的跨文化互动，学者们考察了长途贸易、动植物和疾病的交流、科技的传播、帝国和殖民的征服、传教士的运动、跨大西洋黑奴贸易，以及全球资本主义的产生。那么，此前的人类社会有哪些跨文化互动呢？本特利枚举了超越人类社会和文化区域的三种跨文化互动：移民、帝国的扩张和长途贸易。他指出，首先，移民所到之处，会促进社会、经济和文化各个方面的变迁。如历史上史前印欧人、班图人、日耳曼人、突厥人、斯拉夫人以及蒙古人的迁徙，结果就是他们几乎遍及亚非欧大陆的每一个角落。西伯利亚人和南岛语系人群的迁徙则促成了人类社会在西半球和太平洋诸岛的建立。其次，历史上的帝国影响了跨社会文化的历史进程，虽然庞大的帝国并不见得对各地都施行了直接有效的中央集权式的控制。

最后，便是传统时代的长途贸易。过去往往认为，传统时代的长途贸易侧重于奢侈品交易，因此影响有限。这样的观点并不全面。第一，虽然奢侈品的贸易只惠及极少数人，但他们是传统社会的统治阶层或精英，影响力极大，甚至涉及政权的合法性。因此，奢侈品贸易的冲击力远非仅囿于少数人的经济领域。第二，长途奢侈品贸易也有可能发展成大宗商品贸易，从而触及普通民众，其影响也会从经济领域扩展到政治和文化领域，比如经丝绸之路东传的佛教就是如此。第三，传统时代的长途贸易如果规模足够大，就会使得周围的地区在经济上融合，从而形塑跨地区、跨文化的经济和社会结构。印度洋世界便是这样一个例子。从 7 世纪开始，先是阿拉伯商人，紧随其后的是波斯商人，他们征服了从东非到印度的海浪，并抵达东南亚和中国。到了 10 世纪，印度洋世界的各个港口通过海洋贸易获利颇丰。更重要的是，海上的长途贸易不再局限于奢侈品，大量乃至分量沉重的商品，包括椰枣、蔗糖、建筑材料、珊瑚、木材、铁器等，都通过海洋交易。再往后，中国、东南亚、南亚、西亚和中亚地区的商品都在印度洋上航运，对印度洋世界经济结构的形成产生了重要作用。此外，长途贸易还带来了一些意想不到的跨文化交流，如生物的交换、科技和宗教的传播，等等。

综上所述，本特利便以这三种跨文化互动（移民、帝国的扩张和长途贸易）作为世界史分期的标准和基础，并依此将世界史分为以下六个阶段：早期复杂社会时期（公元前 3500—前 2000 年）、古代文明时期（公元前 2000—前 500 年）、古典文明时期（公元前 500—公元 500 年）、后古典时期（500—1000 年）、跨地区草原帝国时期（1000—1500 年）以及现代（1500 年至今）。而后，本特利一一解释了跨文化互动的三个标准在这六个阶段的呈现，以阐述这种分期方法的合理性。

笔者以为，即使是中国史的研究者，对这六个阶段的分期也不会觉得陌生。从中国史的角度看，第一阶段早期复杂社会时期就是文明的雏形，第二阶段古代文明时期相当于商周时期，第三阶段古典文明时期相当于秦汉，第四阶段后古典时期相当于隋唐，第五阶段跨地区草原帝国时期相当于宋、辽、西夏、金和蒙古并列争雄时期，第六阶段就是中西开始直接交流的时期。因此，本特利的这个分期大致适用于中国历史。或许有人会问，本特利自称批判修正了欧洲中心论，但他为什么还选取"传统"的 1500 年，即哥伦布"发现"新大陆的时间作为"现代"的开端呢？我们不妨看看本特利选取 1500 年为开端的原因。

本特利分析说，跨文化互动到了 15 世纪初，西欧已经借用、发明、积累以及改善了技术体系，这使得他们在世界舞台上更加突出。对此，学者们有着不同的解释。有的采用了新韦伯主义的说法，认为这是西欧内部的发展动力；有的采取了新马克思主义的立场，认为这是西欧剥削其他地区的结果。无论如何，部分由于西欧科技的领先，部分由于疾病摧毁了新大陆和太平洋诸岛原住民人口，西欧在全世界展开了迅速扩张。在这样的情形下，1500年开始了第六个阶段。在这个现代阶段，全世界各个地区和人群不可避免地进入了互碰的状态，一个全球化的时代开始了。

从以上的论述可知，本特利选取1500年为现代的开端并不是因为所谓新大陆的"发现"，而是侧重于整个世界各个地区互动的新局势，那就是蒙古帝国的衰亡，以及随后欧洲在世界舞台上日益突出的地位。对于欧洲的突起，本特利也平衡了不同角度的研究，指出西欧内部和外部的不同因素促成了它的优势。而后，他强调这一阶段的本质是全世界所有地区和人类社会都卷入了互动的进程，进入了一个真正的全球化时代。因此，在世界史的分析和分期上，以本特利为代表的世界史学者的回答有时和区域史/国别史是一样的或相近的，但他们采取的标准和判定的原因与区域史/国别史是大相径庭的。

对于本特利采用跨文化互动对世界史进行分析和分期的做法，帕特里克·曼宁认为"优雅无缺"，他本人也倾向于同意跨文化互动是世界史分期的一个合适的标准。然而，曼宁又严肃地指出，如果我们接受跨文化互动作为世界史分期的标准，那么我们必然同时认为这些跨文化互动是世界史的主题。他认为，从"标准"到"主题"，这一步不小，需要细细斟酌。

曼宁先指出，本特利的切入点与过去以扩张-收缩这样的演化阶段为标准的分期大不一样。除了文明的起落沉浮这一世界史书写的流行模式，长时段历史的叙述还有一些同样重要但并不处于中心位置的标准，如技术的传播、特定人群的经历、大国的霸权及其互动、文化区域的发展、进步的必然性，以及人类自由的进步。这些标准多少都带有互动的特点，然而本特利选取了互动本身作为世界史的一个独特话题。

曼宁接着指出，本特利直接明确地以互动为标准，导致他在分析过程中忽略了其他值得讨论的议题。本特利的分期主要基于最新研究成果，虽然引述丰富多样，令人不得不佩服其渊博，但是分期工作不但要基于新证据，也同样依赖于证据搜集的分析框架。以现代时期而论，本特利的分析非常简短，似乎认为互动在这个阶段不证自明。曼宁还指出，另外一些学者认为全球的联系莫不在扩散与支配之间，无须采用互动这个模式。因此，他对本特利文章的评论侧重于世界史之分析框架的演变过程，提出了三个问题，前两个是关于框架本身的意思，第三个是关于框架的应用：第一，什么是互动？第二，什么是跨文化？第三，这个分析框架会给世界史的诠释带来什么变化？

关于第一个问题，曼宁先解释了约定俗成的"扩散"和"支配"都含有新事物取代或支配旧事物的含义，而"互动"并非如此，这也是为什么互动成了世界史学者偏爱的概念。不过，互动有很多种，有物理学的，有化学的，有生物学的，还有社会学的，从两个台球的撞击到精子、卵子孕育出新生命等不一而足。因此，扩散和支配模式在千变万化的互动面前无能为力。曼宁继而指出，本特利的跨文化互动标准得益于最近几十年的研究，尤其是贸易对早期社会的影响。这些研究的成就非凡，不过，随着进一步分析这些研究采用的分析框架，曼宁指出了"互动"这个概念本身的问题，因为它的意思和内容本身就随着时间而有所不同。那么，历史上存在过多少种跨文化互动呢？在多大程度上扩散、传播和支配了跨文化互动的音域？历史学者和社会科学学者（如社会学家、人类学家、考古学家和语言学家）对互动的界定又有哪些异同呢？

曼宁随后回顾了从文艺复兴时期到 20 世纪中期的学者们尤其是历史学家对互动的不同理解。吉本（Edward Gibbon）和孔多塞侯爵（Marquis de Condorcet）虽然假设了跨文化互动的存在，但他们没有对其加以界定。马克思和赫伯特·斯宾塞（Herbert Spencer）分析社会变化的因果关系时，采用了机械运动的扩散模式。奥斯瓦尔德·斯宾格勒（Oswald Spengler）视文明为一个个生命体，互动发生在每个文明内部；汤因比则审视了每个文明的组织和军事能力，分析了有的文明扩散并取得支配地位而其他文明则不能的原因。麦克尼尔通过强调文明间的互动来叙述文明的盛衰，其叙事比汤因比精密而平衡，但本质上还是基于扩散模式。曼宁继续说，从 20 世纪中期到现在，关于什么是互动，涌现了四种新的或修正过的分析框架：韦伯的社会学、新马克思主义、系统分析，以及后现代主义。韦伯一派注重政府、官僚体系和经济关系；20 世纪 60 年代以来兴起的新马克思主义强调对政治经济学的跨学科分析；系统分析虽然依旧持决定论，但重视许多变量的复杂互动和回馈，而不是简单的因果关系，因而与扩散等模式有鲜明的差别。曼宁指出，以上三种框架虽然界限分明，可也时常交叉。沃勒斯坦的现代世界体系就建立在韦伯官僚体系的分析、马克思主义的阶级分析、布罗代尔长时段的关注，以及世界体系的概念之上。此外，世界史的一个亚领域专门关注生态和环境的变迁，这也依赖于系统理论的真知卓识。

后现代主义的哲学对文化互动的扩散模式提出了另一种挑战，对学者们的分析旨趣造成了颠覆性的打击。后现代主义采用了系统逻辑，废弃了因果关系；它关注各种不同的互动，却拒绝将这些不同分成独立的和依赖性的；它强调变化的关联性，却淡化决定论。当然，就目前来看，后现代主义主要应用于国别史和区域史的研究，在世界史中相对少见。

在介绍了关于互动的不同框架后，曼宁指出，世界史在处理互动方面有其先进性，也有不足之处。首先，世界史将不同国家、文明、文化和地区视为一个整体，这就纠正了其他历史叙述中长期存在的一种偏见。然而，世界史继续采用简单化的互动概念，如以文明的盛衰为世界史的主要范式，不能不令人感到遗憾。曼宁总结说，本特利以跨文化互动为标准的世界史分期提供了一种以跨文化互动为基础的范式的可能性，从而把文明史的书写提到了更普遍的场景，故而值得重视与反思。但是，世界史单单提互动还远远不够，我们必须明确互动的种类和特点才行。因此，世界史学家需要明确关于世界史发展历程的讨论，以及各种分析框架的相互关系，以便准确把握历史上的各种互动。

在分析了"互动"这个概念后，曼宁将目光投向了"跨文化（的）互动"这个词中的"文化的"。他说，"文化的"这个概念和"互动"一样问题重重。他先指出，本特利使用形容词"文化的"，而不是名词"文化"，值得赞许。假如是名词的话，就会落入最近讨论的问题："在某个特定范围内的主体，存在某个文化吗？"如果我们说世界史研究的是其他文化，这难道不是表明在"我们"与"他们"之间存在一条明显的分界线吗？此外，超越文化界限的互动和某个文化内部的互动是不同的吗？

曼宁转而回顾了人类学从19世纪末至冷战期间的研究历程，指出形容词"文化的"出现频率越来越高，逐渐替代了名词"文化"。

这是因为学者更强调文化是一个过程而非一个简单的结果，注重文化的形成和变迁而非所谓的传统和特点；此外，学者对所谓文化存在的边界也提出了严苛的批评。曼宁指出，历史学家当然也使用名词"文化"，以区别两个不同的文化概念，这时它一般就相当于大众所谈的"社会"。个体与群体之间的互动所促成的"文化的生产"，使得"文化的变化"是常态而不是特例。因此，当历史学家使用"文化（的）互动"时，必须对这个概念加以界定。在此基础上，曼宁提出三点以改善本特利的"跨文化（的）互动"模式。

第一，需要包容更多的互动，而不仅仅是本特利的移民、帝国的扩张和长途贸易三者。曼宁提出，正如本特利本人所建议，如果以粮食作物、动物和科技的交换作为互动的主题，我们或许可以得到一个新的世界史分期，又或许能够证实原有的分期。以高粱、香蕉、芋头、骆驼为例，它们可以帮助我们发现原来不曾知道的历史活力，或者可以帮助增强现有的分期。同理，音乐和服饰以及其他物质文化都可以有异曲同工之妙。此外，还可以考察政治制度和家庭结构中的跨文化互动。以班图语言史研究为例，简·范西纳就借此勾勒出了这个赤道森林中四千年的政治变迁，包括母系制度、父系制度的发明、交换和变化等。

第二，对跨文化互动的标准和媒介要做更多的辨识。如果贸易居于跨文化互动的中心，那么贸易的哪一个维度是焦点？是目的地市场的商人，还是陆地和海洋上的运输工人，抑或是矿产和手工作坊的工匠？也许大马士革和撒马尔罕是某种新纹样的传播中心，但这个纹样可能是一个与世隔绝的村庄里的纺织工人的主意。总之，不同社会间存在各种不同的联系，不同联系又依赖不同的媒介。一些互动的标准强调了帝国首都或文明中心的发现，另一些则照亮了草原、森林和岛屿上的村庄。

第三，需要考虑到跨文化互动随着时间变化而变化这个事实。曼宁指出，我们需要分析在某一时期内是什么促成了跨文化互动的持续和变动，正是这些变动结束了这个时期并开启了新的时期。此外，我们也要分清互动本身的变化和互动结果的变化。最后，对于不同标准（无论是跨文化互动还是文明兴衰，或者其他）得出的分期，我们需要进行比较，这样才可以看到它们各自的优劣。

在文章结尾，曼宁再次指出，跨文化互动是世界史的一个赏心悦目的模式，然而，它仍然是一个漫长历程的开端。继本特利之后的世界史研究既要理论化又要实证化，二者并行不悖。

北美全球史研究的两位先驱本特利和曼宁在将近1/4个世纪之前关于全球史分期的这场讨论，不但涉及分期问题，更重要的是谈到了如何理解全球史、如何分析全球史，以及如何实践全球史的书写。笔者当年在曼宁的课上阅读这两篇文章时，和其他同学一样，对本特利的论述非常钦服；而对曼宁的评论、问题和建议，则觉得有些吹毛求疵，过于严苛，且佶屈聱牙。十几年来，经过几次阅读思考之后，笔者才逐渐明白其中的一些微妙之处。的确，如果不对全球史的性质、特点、分析框架和研究方法有相当的把握（也就是笔者所说的"全球史的知"），那么对于如何开展全球史研究（也就是笔者所说的"全球史的行"）确实有无从下手之感。

以上是笔者从1998年9月接触到北美的世界史研究之后的所见、所闻、所想，也可以说是笔者对全球史的粗浅认识。或许只能以其昏昏使人昭昭，难免有盲人摸象的嫌疑。笔者全球史之"知"虽然浅陋，但也有意识地朝这个方向努力。笔者的博士论文采用了全球视觉来审视云南这个中国边疆省份的形成过程，自然有生搬硬套的痕迹。此后，笔者的第二部英文专著讨论了新石器时期以来全世界使用海贝和贝币的历史进程，自我感觉在全球史的方向上有了些许进步，尚不致贻笑大方。本书集中了笔者关于跨文化、跨地区问题的九篇论文和随笔，希望读者不至于太过嫌弃。

九炷香

除了绪论，本书共分九章。第一章"莲生埃及：哪吒的前生后世"追溯的是哪吒代表的莲生／莲化概念的由来及其在亚欧大陆的传播与衍变。笔者2017年夏天从新加坡国立大学到澳门大学任教后，注意到小小的澳门半岛居然有两座哪吒庙，其历史可以追溯到明末清初，因而产生了兴趣，并借此讨论了"莲生"这个概念从埃及经西亚和印度传到中国的历程。考古、文献和图像表明，"莲生／莲化"观念不仅存在于以哪吒为代表的佛教和道教之中，而且存在于印度教、基督教以及其他宗教和文化之中。这是一个全球性的现象，它揭示了我们自以为特有的许多文化观念实际上可能是几百年文化交流在地化的结果。笔者借此也想提出全球艺术史研究的必要性和迫切性。艺术史与科技医疗一样，是一个区别于传统史学的学科，一般的历史学者对其所知不多。然而，艺术作为文化传播和互动的媒介与表象，对于全球史实在意义非凡。澳门大学的李军教授在这方面做出了卓越的努力，成果丰硕。

第二章"爱莲说：中国为什么缺少莲印"是因第一章而提出的疑问。自从佛教传入中国后，莲花的形象深入中国文化，从晋人陶渊明的爱菊到宋人周敦颐的爱莲，这种审美和文化的转变便表明莲花在中国文化中显著而普遍的影响。在古代的文学创作、艺术创作和日常生活中，莲花时时可见，处处可见，已经完全成为中国社会和文化习以为常的本土元素。可是，上溯商周、下彰明清的独具特色的中国印章却很少有以莲花为主题的莲印；相反，在古埃及、印度乃至佛教群体使用的各种印章上，莲印司空见惯。那么，中国为什么缺少莲印呢？这一章便从回答这个问题入手，以阐述全球化的另一面，也就是全球现象在地化的表达。莲花形象在中国的普遍且深入与莲印在中国的不表述（稀少），体现了地方因素对全球化的制约，揭示了全球化在地表达的复杂性。

第三章和第四章回到了笔者研究二十年之久的海贝问题。第三章"印度洋来的'宝贝'：商周时期中原的海贝"与笔者在《海贝与贝币：鲜为人知的全球史》中的相关研究大致相同，但做了一些修订和增补，借此向熟悉这个话题的读者表示歉意。在中国西北和北部的广大墓葬中，出土了从新石器时代到商周时期的大量天然海贝和各种材料制成的仿贝。同时，商周时期的甲骨文和金文也保留了关于海贝的大量文献，记录了早期中国社会使用海贝的事实。传统观点认为这些海贝是从南方来的，是中国最早的货币。这种观点混淆了经济学中的几个基本概念，把货币等同于财富或价值，因而造成了长期的误解。本章根据考古发现和金文文献，综合国内外一些学者的研究，分析指出：第一，商周时期的海贝并非从南方来，而是从马尔代夫经印度自西传入中国西北和北方；第二，商周时期的海贝虽然曾经承担货币的某些职能，但它们并不是货币。

第四章"囤积江南：琉球进贡的马尔代夫海贝"考察了江南囤积的海贝的来源。元明时代，江南的官仓里存有大量海贝，官府一度运送江南的海贝到云南使用。那么，这些江南海贝的来源是哪里呢？笔者通过查阅《明实录》和琉球王国的《历代宝案》，认为元明时期江南的海贝除了少部分是由马尔代夫或者东南亚诸国进贡的，绝大多数是从琉球而来，而其最终来源还是印度洋上的马尔代夫群岛。洪武年间才与中国建立朝贡关系的琉球王国，虽然和中国隔着大海，与东南亚更是海天相望，但是充分利用郑和下西洋活动停止后的空白，与明朝、东南亚和东北亚（朝鲜和日本）建立了密切的政治和贸易关系，将产于马尔代夫的海贝以朝贡的名义从东南亚港口转运至明王朝的东南沿海。在郑和之后的一百多年内，琉球这个小小的岛国，利用大国放弃海洋亚洲的机会，敏捷地滑进广阔的海洋亚洲，发挥着联系东亚、东北亚、东南亚乃至南亚的枢纽职能，令人赞叹。

第五章和第六章转到了亚洲海洋贸易的载体——海舶。1998年在印尼海域发现的"黑石号"阿拉伯式沉船，是在南海发现的时代最早的远洋沉船，也是最早往返于西亚和中国的海舶。第五章"'不朽'的'黑石号'：考古和文献中的'无钉之船'"先介绍了海洋考古发现的阿拉伯式沉船，而后结合中西方文献，分析了阿拉伯式船只建造的特点：不用铁钉而是以椰索捆绑船板。文章之后根据古希腊、波斯、阿拉伯和欧洲文献，进一步分析了围绕阿拉伯"无钉之船"在海洋亚洲衍生流传的海底磁山传说，指出这个传说几乎从一开始就落地于马尔代夫，原因在于马尔代夫既是东西方航海的枢纽之地，又以季风、海流和礁石的危险而远近闻名。本章随后钩稽了从晋代到明末的中国文献，指出海底磁山的传说早就传到了中国。到了元明时期，中国人又将中国文化中"弱水"的概念加于马尔代夫。特别是以郑和下西洋为蓝本的明末章回体小说《西洋记》中关于"吸铁岭"的内容，可以视为海底磁山详尽的中国版本。海洋考古和中西文献中的"无钉之船"这一历史事实和衍生的海底磁山之传说，彰显了海上丝绸之路承载的中国和印度洋（阿拉伯）世界的海上贸易，以及长期产生的密切文化交流。

在海洋亚洲的远洋航行中，取代阿拉伯"无钉之船"的便是宋代中国的海舶，这也是郑和下西洋的前提和基础。第六章"宋代中国的海洋突破：'泉州一号'航线新考"便重新考察了51年前在泉州湾发现的宋代海舶。1974年8月，泉州后渚港出土了一条宋代海船。由于这艘船在中国海洋史研究上的开拓性意义，笔者将它命名为"泉州一号"。自发掘后的20世纪七八十年代开始，学者们对"泉州一号"进行了全面深入的研究，指出这是一条建造于宋代的中国远洋木帆船，它有可能是从三佛齐返航泉州，正好碰上宋元交替的战乱被弃而损毁沉没。笔者觉得这个结论谨慎稳妥，但似乎排除了它到过印度洋甚至是从印度洋返航的可能性，低估了这艘宋代海船承载的历史信息。笔者结合目前的考古和国内外文献，重新解读有关的考古分析，从宋代海船发现的香料、货贝和环纹货贝、船体附着物的地理分布、宋元两代中国海舶航行印度洋的文献，以及最近在南海发现的另外两艘宋代海船五个方面加以论述，认为泉州湾宋代海船应当自印度洋返航。

第七章"来或不来：中国宫廷中的龙涎香"着眼于中国与印度洋

世界的联系。本章以印度洋的龙涎香为切入点，梳理了中国对印度洋认知的形成，并着重分析了龙涎香到达中国之后的消费情况。从唐代开始，尤其在宋代，龙涎香作为香料被使用；到了明代，中国开始开发龙涎香的医药功能，将其作为修炼金丹（长生不老药和春药的结合）的关键成分。这既有中世纪以来阿拉伯文化的影响，更与中国本土文化特别是道教对龙涎香的想象和解读直接相关。在这样的历史场景下，开始了16世纪中期嘉靖皇帝二三十年间不断求购龙涎香的故事。可是，由于郑和下西洋之后的海禁政策，中国和印度洋世界自15世纪中期就已断绝直接往来，印度洋的龙涎香也不再输入中国。这让嘉靖朝从皇帝到大臣乃至东南省份的地方官员异常焦虑。此时，正进入东亚寻求立足点的葡萄牙人利用了他们掌握的龙涎香，与广东地方官员达成妥协，用龙涎香交换了入居澳门的准许。谁曾想到，区区龙涎香改变了中西方交流的历程，成为西方进入古代中国的"敲门砖"。

第八章"人鼠之争：复活节岛之谜的新探索"是一篇写于十多年前的综述文章，介绍了21世纪以来考古、古环境和人类学研究对太平洋东部复活节岛文明濒临崩溃的再探索。以贾雷德·戴蒙德为代表的一派认为，在欧洲殖民者"发现"并登临复活节岛之前，岛上的拉帕努伊人已经造成了环境和社会的危机，欧洲人带来的疾病、剥削和掠奴不过是加剧了这个社会的崩溃。最新研究发现，事情似乎并不是这样简单。拉帕努伊人并非愚蠢的原住民，他们曾经乘坐独木舟漂泊数百里乃至上千里来到这个海岛，而后在与世隔绝的情况下塑造了一个个生机勃勃的社会。岛上森林的消失与其说是人为的恶果，不如说是老鼠泛滥的结果。关于复活节岛的争论，不仅涉及人类和环境这一永恒的紧张关系，也触及了对殖民主义的评价，同时还有学者对科学研究和发现的解读。

第九章"1815年的坦博拉：火山爆发、全球气候变迁与道光萧条"回顾了人类文明史上最大规模的火山爆发对全球特别是对19世纪中国的影响。坦博拉火山位于南半球的松巴哇岛，它在1815年4月喷发，导致1816年成了"没有夏天的一年"。它也许没有维苏威火山那样有名，但对人类社会的影响其实远远大于后者。本章先以坦博拉为例，介绍火山爆发与全球气候异常（常常被简化为全球变冷）也就是火山气候之间的科学原理及其形成机制，而后一一介绍了中国学者关于坦博拉火山因素和19世纪初期中国历史的相关研究，从而进一步证实或修订了中国历史的有关论述。这些中国学者的研究在时间上虽然集中于19世纪，但他们关注的地理空间大不相同，或江南，或云南，或胶东半岛，乃至黄渤海地区，而且涉及广泛的主题，如水灾、饥荒、经济萧条、新大陆作物的播种模式，以及鲱鱼的捕捞等。而后笔者试图将气候这个永恒的因素置于清朝某些特定的转折时刻略加讨论，并指出国内继续研究坦博拉（以及火山气候）的某些方向。笔者最后提出了气候和清朝衰落的问题。19世纪初开始的寒冷时段不仅见证了清朝的萧条与衰落，也迎来了西方列强的坚船利炮。这或许仅仅是时间上的巧合，又或许不止于此。无论答案如何，19世纪初寒冷多雨的气候都是导致清朝衰落的许多因素相互交织、综合作用的一个环节。

在本书附录中，笔者回忆了过早去世的两位导师——柯临清和麦克恩，以及另一位全球史的杰出学者贡德·弗兰克，以此表达对他们的敬意和思念。

读者可以发现，全书的内容大致是物质史、贸易史和海洋史，而历史的最核心载体——人——似乎消失了。难道说，全球史可以不谈人吗？当然不是这样的。首先，物质史、贸易史和海洋史都是人类活动产生的痕迹，没有人类的活动和交往，多数物体特别是商品自身是无法流动的；物质本身也需要人类去开发、生产和消费；贸易和通过海洋产生的各种互动，当然也需要人的参与。物质史的研究，本质上就是对人类社会的研究，只不过不是对某个具体的人或人群的研究。原因很简单：很少有某个具体的人主导、参与了这些跨地区的互动，留下了历史文献或考古遗迹且被记录和发现。毕竟，像马可·波罗、伊本·白图泰、法显、玄奘和义净这样游历诸国，本身知书能文，或者因缘际会被旁人记录下来的例子太少了。因此，对奉跨地区、跨文化为圭臬的全球史而言，物质的流动、信息包括宗教文化和技术的传播，天然就受青睐。

　　其次，全球史当然也研究人。全球史一个永恒的主题便是移民，因为伴随着移民，必然产生跨地区、跨文化的交流和碰撞，所以几乎没有比移民更合适的全球史研究对象了。不过，如上所述，移民在全球史中往往也是以群体而不是单个的、具体的个人的面目出现。从全球史本身的历程而言，黑奴贸易本质上就是强制移民，把人当作一种商品来买卖而流动的过程，这也就是为什么如柯丁、曼宁等多位非洲史学者最先拥抱了全球史。麦克恩是以中国移民（离散族群）研究著称的全球史学家，也是最早把离散族群这个概念应用于明清以来中国海外移民的先驱者之一。

　　当然，这些只是本人对世界史和全球史一些零碎的不成体系的理解，书中收录的研究参差不齐，有的学术性强一些，有的趣味性强一些,体例也不尽相同。或许有人批评这些研究并非所谓的世界史或全球史,那也完全是言之成理的鞭策。本书以"全球史的九炷香"为书名,就是希望能够焚香恭迎全球史"真人"的降临。至于这"九炷香",是不是全球史的香,是沉香、金颜香、蔷薇水,还是龙涎香,其实并不重要。

第一章

莲生埃及:
哪吒的前生后世

"求医者起死回生"：澳门的哪吒三太子

由于《西游记》和《封神演义》的传播，哪吒三太子成了中国民间极受欢迎的神灵，在华南地区尤其受青睐。在中国闽粤、台湾，以及东南亚华人居处，哪吒三太子香火旺盛，声名赫赫。小小的澳门半岛就有两座哪吒庙：2005年作为澳门历史城区的组成部分被联合国教科文组织列入《世界遗产名录》的大三巴哪吒庙，以及历史更悠久的柿山哪吒古庙。[1]

我们不妨回顾一下澳门的哪吒信仰。在澳门，信众最广泛的神灵当然非天后和观音莫属，这两位在大中华民间信仰中也属于等级最高的神祇，地位至高无上。影响力紧随其后的，似乎就是哪吒三太子了。

澳门的哪吒信仰源自大炮台下的柿山哪吒古庙。柿山哪吒古庙位于老饕巷的半坡上，华人称其为柿山，庙旁即有因庙得名的小巷——哪吒庙斜巷。柿山哪吒古庙其实只是一座四方亭，实无庙宇。不过，亭内设有神龛、神台、香炉等，均由原石雕刻而成。柿山哪吒古庙的来源众说不一。相传曾有一个丫髻兜肚打扮的童子常在此与孩童嬉戏，并予保护。一日，村民目睹此童子踏风火轮而去，故认定是哪吒

---

[1] 大三巴哪吒庙，可参见 http://www.wh.mo/gb/site/detail/19。有关澳门的哪吒信仰，参见 Christina Miu Bing Cheng, *In Search of Folk Humour: The Rebellious Cult of Nezha*（香港大山文化出版社有限公司，2009），第196—216页；陈炜恒：《澳门庙宇丛考》下卷（澳门传媒工作者协会，2009），第264—279页；邓思平：《澳门世界遗产》[三联书店（香港）有限公司、澳门基金会，2012]，第139—141页；胡国年：《澳门哪吒信仰》[三联书店（香港）有限公司、澳门基金会，2013]。

显灵，遂建庙以祀。清光绪二十四年（1898年），古庙重建为现在的规模（图1）。唯柿山哪吒古庙始建于何年，已不可考。根据《澳门编年史》，1898年"6月19日，柿山围的当年值事杨兆英等人将柿山哪吒古庙司祝一职开投。据称柿山哪吒古庙二百余年，一坊香火，阖澳拜参，地杰神灵。因年中神诞费用多金，难以筹措。经阖坊公议将本庙司祝开投，每年价银200元为底，连投三年为期，价高者得"[1]。如果"二百余年"之说可靠，则古庙建于清初（大致为顺治到康熙年间）。故古庙石柱有一联："二百余年赫声濯灵泽敷莲岛，数千万众报功崇德亭建柿山"，大概是基于此说。庙内一后立的匾额也直接称此庙建于康熙十八年（1679年）。

又，《澳门编年史》记载，道光三十年（1850年），"在大炮台下老饕巷兴建哪吒庙。该庙实际上是一座每边由三根石柱支撑的木式亭台，祭台上有一座供奉着哪吒的小神龛。据称，哪吒是澳门城区的保护神"[2]。由此可见，柿山哪吒古庙的兴建有一漫长过程。起初不过是一座亭台，甚至难以遮蔽风雨，后逐渐扩建成小屋，有了负责管理庙宇的值事、司祝等职位。根据柿山哪吒古庙值理会递交的非物质文化遗产申报资料，最早在"其所立石上建庙供奉，当时在古城墙水潭旁有麻石数块，遂于水潭上一块方圆数尺的麻石上构筑建庙，形如一座小屋，实为一座神龛，神龛内祀奉'哪吒太子龙牌'，而哪吒太子显圣所站立之麻石则以'显灵石'纪念"[3]。这与《澳门编年史》摘引之

1　吴志良、汤开建、金国平主编：《澳门编年史》（广东人民出版社，2009），第四卷，第2071页。
2　同上，第1664页。
3　《澳门哪吒信仰》，第23页。

外文记载相符。

据柿山哪吒古庙的碑文记载:"柿山古庙,倡自清初,建立以来,威灵日显。所以者熙来攘往,求医者起死回生,由是老幼沾恩,因而遐迩景仰。"[1] 因为年久失修,所以于光绪二十四年重建。根据此碑记,我们可以得知,澳门的哪吒信仰大致兴起于清代初年,原因是当地民众相传哪吒显灵,化身为丫髻兜肚童子,保佑儿童,遂建其庙崇祀。后来大家相信哪吒能祛除病魔,所以来求医者熙来攘往;由于有求必应,所以香火很旺。据此,哪吒的关键功能就是庇护儿童,祛除病魔。

因此,每当出现瘟疫时,当地民众便会向柿山哪吒古庙求助,这便有了1898年再次扩建的因由。这年"4月,澳门开始流行鼠疫,拱北关关闸分卡三厂卡哨沿海一带,为埋葬患鼠疫去世的尸体之场地。拱北关为防止传染,在三厂卡哨周围一带挖壕隔离"[2]。澳门一地"仅柿山一带未被波及,善信认为是哪吒太子显灵,得到值事杨臣五、黄浩泉、黄雨村、罗成绚等动员劝捐,于光绪二十四年重修古庙及扩建风雨亭,当时用去白银六百五十八元零四毫,正名为'哪吒古庙'"[3]。正是由于重建费用不菲,经费短缺,"经阖坊公议将本庙司祝开投",以解决经费问题。

瘟疫流行不仅促成柿山哪吒古庙重建,以及司祝投标这样重大的管理改革,也成为大三巴哪吒庙兴建的关键因素。大三巴哪吒庙(图2)坐落于大三巴牌坊后右侧,和柿山哪吒古庙其实分处于同一

---

1 《澳门庙宇丛考》,第272页。
2 《澳门编年史》,第四卷,第2071页。
3 《澳门哪吒信仰》,第23—24页。

座小山的两侧，距离很近。大三巴哪吒庙创建于光绪十四年（1888年），改建于1901年，其兴建之来源也颇为模糊。目前认为，1888年从莫桑比克来的葡萄牙军舰"印度"号带来的霍乱是茨林围居民在大三巴建立哪吒庙的直接原因。瘟疫期间，大三巴地区的居民向柿山哪吒庙商请哪吒神像分身到大三巴，"建庙奉祀，但遭反对，屡洽不果，于是自行建庙"[1]。

也有其他传说。一说瘟疫流行时，有民众梦到一孩童脚踏风火轮，向大炮台山上的溪水施法。脚踏风火轮的当然就是哪吒，于是大家都去取溪水饮用，果然疫病消除，遂在大三巴附近建庙崇祀哪吒三太子。[2] 这个传说是柿山哪吒古庙来源的翻版，只是突出了哪吒祛除病魔的法力。另有一说也提到了"灵泉治病"。同样是哪吒托梦，让大家到大三巴圣保禄寺的一处泉眼取水，再加入草药熬制饮用，药到病除。民众照此办理，果然安然度过瘟疫期，遂在灵泉旁仿照柿山建立哪吒庙。[3] 这两则传说类似，主题一是哪吒，二是水。无论溪水还是泉水，都显示出当时澳门淡水资源的宝贵，体现了人们对干净水源的渴望，反映了当时朴素的卫生认识：干净的水可以防止瘟疫，肮脏的水可导致疾病。而把水和祛禳联系在一起的便是哪吒。可见，大三巴哪吒庙的兴建，是因为哪吒祛除病魔之说广为传颂。

到了鼠疫流行的1898年，哪吒依旧"大显神通"。大三巴哪吒庙

1　《澳门哪吒信仰》，第21页。
2　吴炳志、王忠人：《澳门道教科仪音乐》（澳门道教协会，2009），第35页；《澳门哪吒信仰》，第26页。
3　《澳门哪吒信仰》，第25—26页。

的两副对联"庙貌宏开新气象，神灵庇护福无疆"和"厚泽宏施长流镜海，神恩庆播永被莲峰"，下署日期都是光绪二十四年（1898年）。可见，澳门的哪吒，无论在柿山还是大三巴，都在鼠疫暴发期间给了民众无限的信心。大三巴哪吒庙内又有"保民是赖""神恩广大""同沾惠泽""赖及同人""求则得之"等匾额，表明哪吒已经成为一方保护神。到了21世纪初传染性非典型肺炎来袭之际，柿山哪吒古庙又于2003年2月9日举办了"癸未年祈福法会"，祈求澳门免受"非典"侵袭；6月15日，鉴于邻近地区受该肺炎困扰，澳门亦出现一宗病例，大三巴哪吒庙遂举办"辟瘟镇炎保平安建醮祈福法会"，祈求哪吒三太子庇护。

综上，澳门哪吒信仰的兴起最初是因为民众相信哪吒庇护儿童，随其辟瘟除病的说法日盛，哪吒影响渐广，后来成为一方的保护神，其中的关键因素仍在辟瘟除病。哪吒辟瘟除病的信仰，在中国香港和台湾地区同样非常突出。1894年香港发生瘟疫，在深水埗聚居的客家人便从惠阳迎来哪吒三太子神像，其后瘟疫告止，因而人们于1898年集资建三太子宫。深水埗的三太子宫大门有一副对联"驱除疠疫何神也，功德生民则祀之"，当中上书"至圣至灵"，同样体现了哪吒信仰的本质是祛除疠疫。由此可见，香港的哪吒庙和澳门的大三巴哪吒庙都是在19世纪末瘟疫流行的背景下兴建的。

哪吒三太子的信仰在台湾最为流行。建于清同治元年（1862年）的云林县南天宫就崇祀哪吒太子（也称"中坛元帅"）。同治初期，大陆迁台善士李尾者，"因斯时台岛尚荒芜人稀，筚路蓝缕以处草莽，又多瘟疫疾病，凡事惟神是赖，为求能沐神恩庇护计，随迎奉渡台"。可见，哪吒从大陆移到台湾，也是为了庇护迁居者免遭"瘟疫疾病"。

此后，"朝夕处奉香火"，"光阴荏苒，转瞬数代，其间神灵显赫事迹与日俱增，尤其伏魔降妖驱邪治病实迹，不胜枚举"。同样，云林哪吒的关键功能也是"驱邪治病"[1]。

这样看来，港澳台地区的哪吒三太子似乎专职防疫祛病，那么，中华文化中的哪吒，其本来面目如何呢？

从佛教到道教：中华文化中的护法神[2]

哪吒（那吒），是梵文 Nalakūvara 或 Nalakūbala 的音译简称，全称为那罗鸠婆、那罗鸠钵罗、那吒俱伐罗等。哪吒早在北凉时代（397—439 年）就在中国出现了。昙无谶在 420 年翻译的佛教经典《佛所行赞》（即《佛本行经》）首先记载："毗沙门天王，生那罗鸠婆。"[3] 到了唐宋时期，有关哪吒的记录渐多，大致可以说哪吒信仰此时开始在民间流传。郑綮所撰唐代笔记小说《开天传信记》云，哪吒是"毗沙门天王子也"。毗沙门是北方天王，世俗称为托塔天王，所以后来民间指哪吒为托塔天王之子。毗沙门天王有五个儿子，哪吒排行第三，所以民间称其为三太子。而《北方毗沙门天王随军护法仪

1　http://crgis.rchss.sinica.edu.tw/temples/YunlinCounty/gukeng/0907009-NTG.
2　关于哪吒信仰及其流变的研究，中文著作最多，而转抄者不少，笔者无法枚举。以笔者所见，以陈晓怡和二阶堂善弘（日本）所著最为周详。陈晓怡：《哪吒人物及故事之研究》（逢甲大学硕士论文，1994）；［日］二阶堂善弘著，刘雄峰译：《元帅神研究》（齐鲁书社，2014），第 318—363 页。
3　《澳门哪吒信仰》，第 9 页。

轨》则称哪吒是毗沙门天王第三王子的第二个儿子，也就是天王的孙子。不管是儿子还是孙子，哪吒出身贵胄，是天王的后代，这是没有争议的。宋代记录哪吒的佛教著作就更多了，如《宋高僧传·道宣传》《碧岩录》《五灯会元》《圆悟佛果禅师语录》《佛说最上秘密那拏天经》等，不一而足，可见哪吒形象逐渐深入民间。

既然哪吒在佛经中有记载，他当然就是佛教神灵；天王之子，则属于佛教护法神。佛教的护法神从印度传来时往往面目狰狞，现忿怒相，以镇妖魔，哪吒起初也是如此（图3）。不过，由于他是太子，后来就开始以童子形象出现。在敦煌《毗沙门天王赴哪吒会》图中，哪吒均作童子形象。[1] 如敦煌毗沙门天王和哪吒像（图4）所示，天王左侧白净粉红持宝花之童子，笔者以为即是儿童化的哪吒。一般来说，天王旁边为二夜叉，但仔细观察此图，我们就会发现，此二人中一人为儿童，粉色白净，相对高大，面容呈现明显的华夏特征，几乎和后来哪吒"粉嘟嘟"的形象一致；而另一人已成年，矮黑，面貌奇特，则两者之对比可知非为一类。据此可判断前者便是华化后的哪吒三太子，明清小说中哪吒童子的形象即可追溯至此。

哪吒形象在民间的流播当然要感谢明代形成的两部小说——《西游记》和《封神演义》。在前一本书中，哪吒是佛教神祇；在后一本中，哪吒则摇身一变，成了道教护法。虽然教派不同，但关于哪吒的故事情节大致相同。让我们先看《西游记》的记载。

《西游记》第八十三回记载了哪吒的出身，说他是托塔天王李靖

---

[1] 郭俊叶：《托塔天王与哪吒——兼谈敦煌毗沙门天王赴哪吒会图》，《敦煌研究》2008年第3期，第32—42页。

之子，[1]被逼自杀。书中写道："哪叱奋怒，将刀在手，割肉还母，剔骨还父，还了父精母血，一点灵魂，径到西方极乐世界告佛。佛正与众菩萨讲经，只闻得幢幡宝盖有人叫道'救命！'佛慧眼一看，知是哪叱之魂，即将碧藕为骨，荷叶为衣，念动起死回生真言。哪叱遂得了性命，运用神力，法降九十六洞妖魔，神通广大。"这里，帮助哪吒起死回生的是佛祖。佛祖"将碧藕为骨，荷叶为衣"，哪吒遂重得性命，所以哪吒有莲花化身之说。

《封神演义》中哪吒的故事与《西游记》的如出一辙，只是前者用了更多笔墨展开。第十四回"哪吒现莲花化身"写道，哪吒死后，建立了哪吒行宫，被其父李靖看到，李靖一鞭把"哪吒金身打得粉碎"，还放火烧了庙宇。哪吒魂魄无处可去，找到了师父太乙真人。

太乙真人曰："你不在行宫接受香火，你又来这里做甚么？"哪吒跪诉前情："被父亲将泥身打碎，烧毁行宫。弟子无所依倚，只得来见师父，望祈怜救。"真人曰："这就是李靖的不是。他既还了父母骨肉，他在翠屏山上与你无干；今使他不受香火，如何成得身体！况姜子牙下山已快。也罢，既为你，就与你做件好事。"叫金霞童儿："把五莲池中莲花摘二枝，荷叶摘三个来。"童子忙忙取了荷叶、莲花，放于地下。真人将花勒下瓣儿，铺成三才，又将荷叶梗儿折成三百骨节，三个荷叶，按上、中、下，按天、地、人。真人将一粒金丹放于居中，法用先天，气

1　至晚到元代，李靖和毗沙门天王合为一人，所以哪吒成为李靖之子；到了明清，李靖又和毗沙门天王分开，与四大天王并立，但哪吒并未被重新定为毗沙门天王。

运九转,分离龙、坎虎,绊住哪吒魂魄,望荷、莲里一推,喝声:"哪吒不成人形,更待何时!"只听得响一声,跳起一个人来,面如傅粉,唇似涂朱,眼运精光,身长一丈六尺,此乃哪吒莲花化身。

以上可知,让哪吒起死回生的是道教神灵太乙真人,而非佛祖。关于莲花化身,《封神演义》也写得更为详细,分别用了荷叶、莲花、莲梗,且有具体步骤(勒下花瓣,铺置莲花,荷叶梗折成三百骨节,铺置荷叶等),同时有金丹,施法力,念咒语,使得哪吒乃莲花化身的情节令人难忘。[1]顺便插一句,文史大家杨联陞先生,原名莲生,后以莲生为字,深得莲花化生这一中华文化的旨趣。

道教把哪吒从佛教中借来,虽然以《封神演义》较为完备,但此书基本抄袭了明代的《三教源流搜神大全》一书。《三教源流搜神大全》卷七记载:"哪吒本是玉皇大帝驾下大罗仙,身长六丈,首带金轮,三头九眼八臂";

>……割肉刻骨还父,而抱真灵求全于世尊之侧。世尊亦以其能降魔故,遂折荷菱为骨、藕为肉、系为胫、叶为衣而生之。授以法轮密旨,亲受木长子三字,遂能大能小,透河入海,移星转斗;吓一声,天颓地塌;呵一气,金光罩世;锦一响,龙顺虎从;枪一拨,乾旋坤转;绣毬丢起,山崩海裂。

---

[1] 李亦辉:《哪吒形象的初步确立——〈三教源流搜神大全〉与〈封神演义〉》,《明清文学与文献》2000 年第 4 辑,第 310—338 页。

故诸魔若牛魔王、狮子魔王、大象魔王、马头魔王、吞世界魔王、鬼子母魔王、九头魔王、多利魔王、番天魔王、五百夜叉、七十二火鸦，尽为所降。以至于击赤猴、降孽龙，盖魔有尽而帅之灵通广大、变化无穷。故灵山会上以为通天太师、威灵显赫大将军。玉帝即封为三十六员第一总领使，天帅之领袖，永镇天门也。

在这里，道教给哪吒安了一个高贵的出身，即玉皇大帝驾下大罗仙，企图以此与佛教争夺哪吒的法统。不过，哪吒莲花复活还得靠世尊（佛祖），这体现了释、道还在糅合之中，与《西游记》中的情形大略相同。

《三教源流搜神大全》中哪吒莲花化身的情节并非凭空而来。宋代佛教文献《五灯会元》卷二云："那吒太子析肉还母，析骨还父，然后现本身。"卷十云："于莲华上为父母说法。"《禅林僧宝传》云："化生于莲花之上。"这里已经出现了"析肉还母，析骨还父"，"现本身"，以及"莲华（莲花）"等关键要素和情节。

那么，哪吒当时的本领如何呢？我们知道，四大天王是佛教护法神，哪吒作为毗沙门天王的儿子同样担负降魔除妖的职责，因此《三教源流搜神大全》说"世尊亦以其能降魔故"。为了起到威吓的作用，哪吒经常被描述成忿怒相，故《景德传灯录·善昭禅师》云："三头六臂擎天地，忿怒那吒扑帝钟"。读者不免疑问，哪吒是护法神，降魔除妖是其本分，为什么高强的武艺和对父母的孝没有在中国华南地区的大众信仰中体现出来，反而是《封神演义》没有提到的治病本领在民间（如在澳门）信仰中广受欢迎呢？或者说，护法神哪吒何以会有祛疫除病的本领呢？通俗而言，这是因为古代科学不昌明，人们认为疾病和瘟疫是恶鬼作祟，病魔作恶，所以降魔除妖的哪吒自然而然被请来镇病魔、除恶鬼，从而祛除瘟疫，防治疾病。进一步分析，莲能够使哪吒起死回生，那么它当然能够降伏病魔，祛除病祟。作为莲花化身的哪吒理所当然地就成了祛疫治病的神灵。清代的地方志可以为证。

雍正年间的《江油县志·杂记》记载了哪吒治病的本领："邑有供太子神者，不知何神也？凡人户有疑难症，咸往请之。供神家先卜筊，以问神允否，否则不敢强。允则抬至病者家，席地设乩，焚香祷祝……病者往往有验。若言此系何草，便不用而复往觅矣。此岂一方之习俗使然欤？"[1] 这样，民间从其需要出发，为哪吒增加了治病救人的神通，使哪吒更加"接地气"，信众更为普遍。这也是中国港澳台地区哪吒信仰传播的关键因素。

既然哪吒最初是佛教护法神，我们自然要追溯到佛教的发源地——印度。

三太子自印度来

以色列汉学家夏维明（Meir Shahar）专门研究了中国哪吒的前生

1　转引自景盛泉、吴进、蒋琼元：《民间信仰发生机制的符号学解读》，《西昌学院学报》（社会科学版）2013年12月，第49页。

后世。[1]他一方面着眼于哪吒的恋母情结，即儿子恋母仇父的复合情结；另一方面强调哪吒在佛教中夜叉/护法神的角色，也就是哪吒在印度的起源。他明确指出：中国的哪吒是印度神话中两位神的合体，其一是《罗摩衍那》中的夜叉（yakṣa），哪吒俱伐罗；另一个原型是克利什那（Kṛṣṇa）。克利什那与哪吒俱伐罗都是力量强大的以儿童形象呈现的神，都有打败巨蛇的事迹。[2]打败巨蛇便成了哪吒驯龙这一情节的原型。中国的哪吒起初是父子相杀，而后佛祖或太乙真人成为替代的父亲，并调和父子矛盾；而哪吒的析骨剔肉则体现了中国文化对印度原型的改造，彰显了孝道，调和了哪吒的叛逆精神，符合儒家的价值观念。

哪吒在佛教中是毗沙门天王的第三个儿子，密教说他是毗沙门天王手下夜叉的统领（大夜叉将或夜叉大将），法力无边，前文已述及，不再赘论。而克利什那又译为奎师那，即"黑天神"，其名字的字面意思是黑色、黑暗或深蓝色。他最早出现于印度史诗《摩诃婆罗多》，是婆罗门教和印度教最重要的神祇之一，被很多印度教派别奉为至高无上的神。按印度教的说法，他是主神毗湿奴或那罗延（毗湿奴的一个化身）的化身。奎师那往往以儿童的形象出现，常常是一个穿黄色布裤、头戴孔雀羽毛、吹着笛子的牧童。他的皮肤呈黑色或蓝色，消灭了许多凶残的怪物，如那伽（大蛇）之王迦梨耶等。

---

1 有关哪吒在印度原型的研究，参见 Meir Shahar, "Indian Mythology and the Chinese Imagination: Nezha, Nalakūbara, and Kṛṣṇa," in John Kieschnick and Meir Shahar eds. *India in the Chinese Imagination: Myth, Religion, and Thought*（Philadelphia: University of Pennsylvania Press, 2014）, 21–45; *Oedipal God: The Chinese Nezha and His Indian Origins*（Honolulu: University of Hawaii Press, 2015）。

2 Shahar, "Indian Mythology," 42 & 45; *Oedipal God*, 181.

夏维明到印度追溯哪吒的来源，提出了哪吒是二神合一的说法，值得称许。可惜的是，他居然忽视了莲花和哪吒莲化的关键情节。哪吒的原型当然是佛教的护法神，哪吒传说中引人注目的几个情节在佛经中就能找到原始出处。比如最惊心动魄的剔骨剜肉一节，《杂宝藏经》中也可见到类似记载。[1] 至于莲花化身之情节，在汉译佛经中更为常见。以释迦牟尼诞生为例，其中就隐含着莲花化身的情节。《佛本行集经》卷十有描述："童子初生，无人扶持，住立于地，各行七步，凡所履处，皆生莲花。顾视四方，目不曾瞬，不畏不惊。"[2] 如流传的释迦牟尼诞生佛形象所示，释迦牟尼显童子像，指天立地，但实际是在莲座上，仿佛自莲花中来。莲的信仰在古印度是非常普遍且深入的，故被佛教广泛吸收。[3] 佛与莲，以及佛教与莲花从一开始就密不可分。在艺术化的释迦牟尼诞生佛中，作为童子的释迦牟尼直接站在莲台（莲座）上，形成他是从莲花中诞生的视觉效果，传递了佛自莲生、佛自莲化的信息。图5是藏于越南国家历史博物馆的莲化童子佛像。童子佛不但坐于莲台之上，而且整个身体除了头部，都包裹于一朵盛开的莲花之中，形象地体现了自莲花而生的概念和过程，可以将其看作越南的哪吒，可见佛教把莲生/莲化这个形象带到了东亚各个地区。在佛本生故事中，佛就有乘象入胎的传奇。在艺术化的情节里，乘象入胎的佛祖往往坐在莲座上（图6）。可以将其看作哪吒莲

---

[1] 《杂宝藏经》，卷一"王子以肉济父母缘"。参见 https://cbetaonline.dila.edu.tw/zh/T0203。
[2] 《佛本行集经》，卷十，https://cbetaonline.dila.edu.tw/zh/T0190_010。
[3] 有关古印度的莲，参见李祥林：《哪吒神话和莲花母题》，《民族艺术》2008年第1期，第70—77页；[新加坡]杨斌：《出埃及记：跨文明视觉中的莲印和莲纹封泥》，2018年西泠印社"世界图纹与印记国际学术研讨会"征文，《世界图纹与印记国际学术研讨会论文集》（西泠印出版社，2018）上册，第72—91页。

花化身的先导。佛教传到中国落地生根后，原来在中国文化中并不见好的莲花，自宋代取代了陶渊明的菊，成为士大夫的象征。澳门本岛就有"莲岛""莲镜"之称，岛上又有莲峰、莲溪，实则因唐宋以来佛教本地化。

释迦牟尼和莲伴生的情节，其实可以从古印度的主神梵天（Brahmā）找到源泉。梵天是公元前7世纪左右形成的婆罗门教的主神之一，是宇宙间的造物主，人类及万物皆由他而生。梵天自身的来历也很神奇。据《提婆菩萨释楞伽经中外道小乘涅槃论》："从那罗延天脐中生大莲华，从莲华生梵天祖公。"[1] 这是从印度的创世神话衍生出的。在宇宙将要从最初的宇宙水体中创造出来时，一朵莲花从盘坐在大蟒阿南塔（Ananta）上的毗湿奴的肚脐中伸出，莲花盛开便生下了创造者梵天，梵天随即从混沌中创造了一个有序的宇宙。[2] 莲花与梵天的联系在印度文化和生活中扮演了相当重要的角色。梵天之莲被称作"世界的最高形式和内容"[3]。莲在印度也是太阳的符号，代表印度教万神殿的太阳神苏利耶（Surya）。"苏利耶"是梵语的"太阳"，这位太阳神也被称作"莲之主、父、王"，而印度教的另一主神毗湿奴（Viṣṇu）则被视为太阳的人格化身；或者反过来说，太阳是毗湿奴的化身。[4] 图7 莲座上的毗湿奴（或黑天）则可谓莲座上的佛的前身，体现了莲生、莲化的概念。

---

1 《提婆菩萨释楞伽经中外道小乘涅槃论》，https://cbetaonline.dila.edu.tw/zh/T1640。
2 William E. Ward, "The Lotus Symbol: Its Meaning in Buddhist Art and Philosophy," *The Journal of Aesthetics and Art Criticism*, Vol. 11, No. 2, Special Issue on Oriental Art and Aesthetics (Dec., 1952): 136-7.
3 Ward, "The Lotus Symbol," 136.
4 Ward, "The Lotus Symbol," 136.

莲在古印度的崇高地位及其象征意义，几乎是古埃及的翻版。上述印度宇宙起源或创世的神话，除了所提及的神祇名字，情节与古埃及的几乎相同。

莲生埃及

埃及本地出产两个莲花物种，白莲（即齿叶睡莲）与蓝莲。白莲与蓝莲被古埃及人统称为"莲"，但事实上它们并非莲，而是属于睡莲科，是白睡莲和蓝睡莲。蓝睡莲在较早期的埃及最常使用。白睡莲在夜晚开放，因此与月亮联系起来；蓝睡莲在夜晚闭合并沉入水面以下，早晨从水底升起，向着太阳盛开，很自然地，蓝睡莲被理解为太阳的符号，与创世以及生命的延续关联起来。古王国时期，在位于上下埃及界线附近的主要城市赫里俄波里斯，有人认为一朵巨大的莲花是生命形式从努恩之水（Nun）中诞生的原初表达。[1] 正是从这朵莲花中，太阳神拉（Ra）诞生了。

莲在古埃及人的生活中也有它自己的神——涅斐尔图姆（Nefertum，与蓝睡莲联系尤其紧密）。他的名字被译作"完美性""美丽的生物""小泰姆""美丽的开端"等，表明他是泰姆或阿图姆的首次化身。[2]

1　"努恩"（Nun）[或"努"（Nu）] 是古埃及最古老的神祇，太阳神"拉"（Ra）的父亲。"努恩"意为"原初之水"。
2　阿图姆（Atum）被视为古埃及的第一个神，他坐在一个土丘上（或与土丘一体），从"原初之水"中创造了他自己。

涅斐尔图姆一般被展示为一朵盛开的莲花形成的王冠，或戴着莲冠的青少年（图8）。如前所述，涅斐尔图姆展示的莲与青少年（儿童）的结合在亚洲相当流行，儿童可以是王子、毗湿奴、释迦牟尼或者哪吒。与哪吒信仰联系更紧密的是，古埃及人相信莲花可以治病，而置于金字塔内木乃伊旁的莲可以帮助死去的法老（木乃伊）复活。也就是说，莲有起死回生（复活）的功效，因此，莲也是埃及的"治愈之神"。

作为诞生与复活的象征，莲和奥西里斯（Osiris，埃及关于往生、地下世界与死者的神）崇拜有着密切关联。荷鲁斯[1]的四个儿子经常被描绘为站在奥西里斯面前的一朵莲花上（图9），[2] 古埃及的《亡灵书》中记载了"将自己转变为一朵莲花"以实现复活的咒语，这个咒语的背后就是莲花可以使人复活的观念。这种复活的观念后来也传入印度和东亚，有了"重生可以通过莲花达成"（如同中国的哪吒）的说法。这就是为什么莲花被用在死者佩戴的花卉项圈上，因为人们相信嗅闻莲花可以帮助病人恢复健康，帮助死人复活。丹达腊古墓文献中记载："太阳，源自初始，如鹰一般从莲蕾中升起。当莲叶之门在蓝宝石般的光芒中开启时，它就分开了日与夜。"荷鲁斯也有从莲花中现身（诞生）的情景："他睁开眼睛照亮世界。诸神自他眼中、

1　荷鲁斯（Horus）是古埃及最重要的一位神祇。他掌管诸多职能，主要是王权与天空之神。
2　http://nile-flood.tumblr.com/post/108032319922/%E6%80%9D%E3%82%8F%E3%81%9A%E4%BA%8C%E5%BA%A6%E8%A6%8B%E3%81%97%E3%81%9F%E7%A5%9E%E6%A7%98%E9%81%94%E3%81%AE%E7%AB%8B%E3%81%A1%E4%BD%8D%E7%BD%AE-akalle-the-four-sons-of-horus. The House of Eternity of the Royal Prince KhaemUaset, son of King Ramses III, QV44, West Uaset (Thebes)．

人类由他口中，万物都通过他（出现），当他从莲花中光辉地升起的时候。"[1]

古埃及法老图坦卡蒙墓在20世纪的发现进一步证明了莲的重要性。人们发现，蓝莲散置于图坦卡蒙的尸体上，与墓中其他形式的莲花构成非常引人注目的画面。其中之一是一尊作为孩童（或神祇）从莲花中出现的儿童时期的图坦卡蒙半身像（图10）。[2] 在这里，我们发现了莲的三个重要的象征意义：王权、复活、儿童。笔者正是看到莲上的儿童图坦卡蒙才意识到，这与哪吒莲花化身惊人地相似。

总之，在古埃及莲印与莲纹封泥中的莲花图案有三个主要样式：持莲男子、莲上儿童、以及与第二种样式有关的莲座、莲台。第一个样式传递了治病的信息，第二个传递了出生与重生的概念，而第三个则象征王权和王室（但也表达了诞生或复活之意）。这些艺术形式和附身的观念从古埃及传到了印度。

莲上男童：出埃及记

莲花符号从古埃及扩散到近东、地中海世界、美索不达米亚和

---

[1] 引自 Ward，"The Lotus Symbol，" 135.
[2] *Tutankhamon: The Metropolitan Museum of Art Bulletin*, Vol. 34, No. 3（Winter, 1976–1977），P. 4. 图坦卡蒙是古埃及的法老，在位时间大致为公元前1361 – 前1352年。

印度。[1] 自然，亚洲普遍存在的莲文化最引人注意。学者们早已注意到亚洲的莲花同埃及的关联。早在 20 世纪 50 年代，威廉·E.沃德（William E.Ward）便指出，莲花作为太阳、生命、永生与复活的符号多半起源于古埃及。[2] 在两河流域美索不达米亚发现的莲纹印章与封泥说明了这种文化扩散和联系。

人们在伊拉克的尼姆鲁德发现了一枚极具趣味的椭圆印记（大约在公元前 7 世纪末前）。印记是一名裸体儿童蹲踞在一朵莲花上，也可看成儿童从莲花里雀跃而出（图 11）。[3] 学者们注意到这个形象的古埃及来源，认为"最有可能来源于在叙利亚象牙制品中常见的荷鲁斯诞生的意象"[4]。这个图案似乎与在尼尼微发现的一块泥版文书上的莲上男童图案相同。但在尼尼微发现亚述人崇拜的版本，说明"婴儿荷鲁斯已被纳入刻印者的知识范畴，这无疑受到了叙利亚元素的影响"[5]。而这些叙利亚元素，毫无疑问源自古埃及。前述莲上的荷鲁斯

---

1 穆宏燕指出，莲花崇拜不只是印度的文化传统，其渊源来自伊朗，后者则源自美索不达米亚平原和上埃及的古老文明。这个观点与笔者看法相同，但主题、切入点、材料与研究方法各异。穆宏燕：《印度 - 伊朗"莲花崇拜"文化源流探析》,《世界宗教文化》2017 年第 6 期，第 61—70 页。
2 Ward,"The Lotus Symbol," 135.
3 Raphael Giveon, *The Impact of Egypt on Canaan: Iconographical and Related Studies*（Freiburg, Switzerland & Göttingen, Germany: Universitätsverlag & Vandenhoeck Ruprecht, 1978), 33. 有关叙利亚地区莲花的埃及起源，见 Leonard W. King, "Some New Examples of Egyptian Influence at Nineveh (Continued)," *The Journal of Egyptian Archaeology*, Vol. 1, No. 4 (Oct., 1914), 237-40。尼姆鲁德是亚述王朝最重要的军事和商贸重镇。
4 Barbara Parker, "Seals and Seal Impressions from the Nimrud Excavations, 1955-58," *IRAQ*, Volume 24, Issue 1 (Spring 1962), 39.
5 Parker, "Seals and Seal Impressions," 39. 尼尼微是继尼姆鲁德后亚述王朝最重要的重镇，公元前 11 世纪以后为亚述首都。

四子和莲上的儿童图坦卡蒙就是两个原型，它们从形式到内涵都被各地的后来者模仿。因此，莲上男童描述了莲文化在宗教领域的影响，源自古埃及，传至叙利亚，然后到达伊拉克。

莲上男童一路蹦蹦跳跳，从两河流域走到了印度。佛教兴起前的梵天、黑天和毗湿奴，都有莲座上的形象。莲座上的佛陀形象则始见于 2 世纪以后，最早在阿玛拉瓦蒂和犍陀罗出现。在前佛陀时代位于中亚和北印度的贵霜帝国，其统治者的坐像早在公元前 100 年就开始在钱币上出现，到了 1 世纪和 2 世纪，已经出现莲上佛陀替换男子（国王）的趋势。[1] 事实上，莲花在早期佛教艺术中无处不在，或作为装饰，或在崇拜场景中作为祭品，或置于祭坛式的佛座上，或直接被视为佛祖的化身。[2] 常见的坐在莲花宝座上的佛陀，或者佛陀登基于莲座，这类图案都表明了莲花、王权、神权之间的内在联系，因而同样体现了埃及的影响。

印度封泥上的莲花也见于菩萨诞生的图案（吉祥天灌顶）。[3] 在这种图案（图 12）[4] 中，一个站立或端坐的女性（通常认为是吉祥天女），被两头象按照灌顶仪式浇沃。灌顶是一种洗礼、启蒙和仪式性的沐

1　Dietrich Seckel and Andreas Leisinger, *Before and Beyond the Image: Aniconic Symbolism in Buddhist Art*, Artibus Asiae, Supplementum 45 (2004)：3-107.
2　Seckel and Leisinger, *Before and Beyond the Image*, 18.
3　Seckel and Leisinger, *Before and Beyond the Image*, 41. 灌顶（Abhiṣeka）原来的意思是以四大海之水灌在头顶上表示祝福，原为古印度国王册立太子的仪式；吉祥天女（Lakṣmī 或 Lakshmi）的形象通常是一位有四条手臂（有时两条）、两手持红色莲花（象征吉祥）的美丽女郎。她两手抛撒金钱（象征财富），身边有数头白象（通常为一对），又被称为"功德天女""财宝天女""宝藏天女"等，是婆罗门教 - 印度教的幸福与财富女神，传统上被认为是毗湿奴的妻子，又称"大吉祥天""吉祥莲华天女""莲华眼天女"，甚至直接被称为"莲花"（Padmā）。
4　National Portal & Digital Repository, 编号：9476/A11552，藏于 Indian Museum, Kolkata。

浴，经常在国王登基时举行，《佛本生经》常有记载。因此，灌顶本身就有象征王室和王权之意。吉祥天灌顶的图案所刻画的女性身旁有一头或两头象，这代表了释迦牟尼的诞生。这种表现常辅以一个盛水器和一枝莲花，或仅限于容器中的一枝莲花。需要澄清的是，这类图案是否确切代表菩萨诞生尚存争议，但印度代表生育和好运的古代符号——女性神祇、母神、象、莲花、容器、圣水——很有可能代表一种神圣的诞生仪式。[1]

因此，莲花在随之而来的重要场景"佛陀的诞生"中，以一种飞跃形式进入母亲的子宫，这并不令人吃惊。佛本生故事就有释迦牟尼前生投胎为王子，成为莲花王子，登基后称莲花王的情节；对可爱的婴儿则有"莲花瓣一样的儿子"这样的赞美。[2] "莲花瓣一样的儿子"既可形容出生时的释迦牟尼，又预言了未来的哪吒。在这种情形下，哪吒莲花化身的故事也就喷薄欲出，万事俱备，只欠中国的土壤了。

莲生童子在中国

如哪吒所示，莲生/莲化童子的概念和形象随着佛教传到了中国。关于佛教中莲花化生的概念和形象在中国的传播，扬之水在讨论摩

---

[1] Seckel and Leisinger，*Before and Beyond the Image*，17-8.
[2] 郭良鋆、黄宝生译：《佛本生故事选》(人民文学出版社，1985)，第10、第111、第113页。

睺罗时有过讨论。[1] 她引用《无量寿经》和《法华经》，指出"化生"这个概念出自佛典。《无量寿经》下卷中说，"若有众生，明信佛智，乃至胜智，作诸功德，信心回向。此诸众生，于七宝华中，自然化生，跏趺而坐，须臾之顷，身相光明，智慧功德，如诸菩萨具足成就"，"他方诸大菩萨，发心欲见无量寿佛，恭敬供养，及诸菩萨声闻圣众。彼菩萨等，命终得生无量寿国，于七宝华中，自然化生"。"宝华"就是莲花。《法华经·提婆达多品》中说，善男子善女子，如果常听《法华经·提婆达多品》，"若在佛前，莲华化生"。此外，《阿弥陀经》第一卷中也说在阿弥陀佛国，"生彼土者，以莲花为父母"，在那个"极乐世界""人皆生于莲花中也"。这些都直接提到了莲花化生的概念。

扬之水又以《报恩经》中鹿母夫人的故事来强调莲花和童子的一体关系。古印度波罗奈国有一座山，山谷中有一股清泉，在泉水北岸住着北窟仙人，南岸住着南窟仙人。一日，一只母鹿到泉边饮水，碰巧喝下了正在河边小解的南窟仙人的尿液，母鹿遂怀孕生下一女婴，交由南窟仙人抚养。这位鹿女每走一步，地上便出现一朵鲜艳的莲花，足迹所至，步步生莲。波罗奈国国王见到步步生莲的鹿女，心生怜爱，遂娶至宫中，人称鹿母夫人。以后鹿母夫人怀孕，分娩之日，却产下一朵（一说五百朵）莲花。夫人因此遭贬，莲花也被弃置在后园池中。某日，国王在池畔宴乐，震动莲花池，"其华池边有大珊瑚，于珊瑚下有一莲华进堕水中。其华红赤有妙光明"，"其华具足有五百叶，于

---

[1] 扬之水：《摩睺罗与化生》，《古诗文名物新证合编》（天津教育出版社，2012），第188—195页，尤见第191—195页。

一叶下有一童男，面首端正形状妙好"。国王此时才知道这是鹿母夫人所生，此后便是万般欢喜。这一莲生童子的形象十分生动，敦煌莫高窟第85窟的壁画便绘有"鹿母夫人生莲花"的故事。

扬之水指出，自佛教将化生概念传入中国后，中国的工匠便用各种材质和形象，通过绘画、雕刻、陶瓷器等多种形式来表现它。如在新疆和田发现的约5世纪的陶制莲花化生像、河南洛阳汉魏故城遗址出土的时属北魏（386—557年）的莲花化生瓦当、开凿于孝明帝正光二年（521年）之前的龙门石窟莲花洞中的莲花童子、东魏天平三年（536年）一座七尊佛龛上雕刻的莲花捧出的一对女童，等等。最生动形象的莫过于莫高窟第220窟南壁初唐的"阿弥陀经变"中七宝池里的莲花童子（图13）：三片透明的荷花瓣合抱为花苞，上着红衫、下着条纹裤的童子合掌立在花心，仿佛从莲花中冉冉升起。这完全就是唐人元稹"红蕖（红色的荷花）捧化生"一句的艺术呈现。可见，莲花化生的形象在唐代已经深入人心。

扬之水还认为，化生在中国逐渐世俗化，出现了"世间相"，如长沙窑出土的釉下彩童持莲花纹壶中的形象，"'化生'则定型为持花或攀枝的童子，成为一种运用极普遍的艺妆饰"；她引用北宋李诫《营造法式》卷十二"雕作制度"，说"雕混作之制，有八品"；其三"化生"注云，"以上并手执乐器或芝草、华果、瓶盘、器物之属"，附图就是"莲花上的舞蹈童子"。[1] 不过，如上所述，持莲的形象起源于埃及，在印度颇为常见，不见得就是中国化的结果。只不过人们很少知道持莲或持荷童子的形象其实由莲生/莲化概念演变而来，更不

1　《摩睺罗与化生》，第193—194页。

知道其来源是万里之外、数千年前的古埃及。这或许就是"不知有汉，无论魏晋"吧。

日本学者吉村怜早在20世纪五六十年代便对云冈石窟的莲化图案进行了全面而仔细的研究。他比较不同的莲花和莲化图像后指出，从莲花、莲花化生、莲上菩萨或天人的形象依次观察，我们仿佛看到了一部从莲花到莲花化生出来的菩萨和天人的动画片。[1] 以云冈石窟第5窟南壁上的图像为例，他生动地说："从莲华的华中露出面颜的莲华化生形象，露出幼儿般的天真烂漫的表情，很快会成长为手执莲蕾、弹奏琵琶的天人。"[2] 笔者以为，这或许有助于理解中国工匠塑造这些形象时的创作模式。遗憾的是，吉村怜虽然知道在印度佛教中就有莲化的起源，但不知道古埃及的莲生莲化概念。

其实，笔者的家乡位于旧时浙西严州府建德县，可能早在宋元时代就已经有了莲花化生的概念。光绪时期《严州府志》记载唐代高僧少康大师（736—805年），说：

> 少康俗姓周，缙云人。母罗氏梦至鼎湖峰，见玉女手持青莲花授之，曰："此花吉祥，寄汝。"已而有娠。迨生，清光满室，香如芙蕖。七岁未言，母抱入灵山寺瞻佛像，康忽语曰："释迦佛。"闻者异之。十五岁出家，从学诸方。贞元中至长安，遇一僧，谓曰："汝缘在睦州。"康因至睦，乞食得钱，诱小儿诵佛一声，遗一钱。卓锡高峰山，建净土道场。集众念佛，康声独高，众见

1　[日]吉村怜著，卞自强译：《云冈石窟中莲华化生的表现》，《天人诞生图研究——东亚佛教美术史论文集》（上海古籍出版社，2009）。
2　同上，第23页。

佛从康口出，连诵数过，佛出如贯珠。坐逝之夕，有光烛乌龙山，山皆为白色。宋元符三年，赐号广导大师。[1]

由此可见，莲花化生的概念唐宋时期就已经在江南南部落地生根，并移植到本土的和尚身上来劝导感化信徒。在结束本章之前，我们也必须对景教中的莲花十字架做大略的讨论。

景教碑刻中的莲花十字架

所谓景教，指唐代正式传入中国的基督教聂斯脱利派，它被视为最早进入中国的基督教教派。景教起源于今天的叙利亚，由叙利亚教士、君士坦丁堡大主教聂斯脱利（Nestorius，约380—约451年）于428—431年创立，在波斯逐渐壮大，并向东传播。景教被当时的基督教教会视为异端，原因在于聂斯脱利提出的教义。聂斯脱利根据耶稣基督的"神人两性结合"观念，认为耶稣是神性与人性的结合，并进一步提出圣母马利亚只生育耶稣的肉体，反对将其称为"圣母"或"天主之母"。唐太宗时期，聂斯脱利派教士阿罗本到中国传教，在长安兴建了第一所景教寺院，该教派被称为"大秦景教"。唐高宗时，下诏于诸州建景寺，景教广为流传。到了唐武宗会昌年间，唐武宗灭

---

[1] 政协建德市委员会、建德市档案馆编，曹剑波点校，[清]吴世荣主修：《光绪严州府志》（下）（浙江古籍出版社，2017），卷22，第723页。少康为中国佛教净土宗第五代祖师，在严州（睦州）乌龙山建净土道场。

佛，景教也遭到打击，此后在中原地区少见，但仍在西北地区流传，且部分回鹘人开始信奉景教。还有一部分教徒进入漠北，在蒙古草原的突厥诸部传教，元朝时期的克烈、汪古和乃蛮部均信奉景教。元朝时期，色目人东来，中国的景教徒数量大增，景教一度在北方和东南地区重新繁盛，当时被称为"也里可温教"，马可·波罗也曾提及。

现存最早且最重要的景教碑刻是明代天启年间发现的《大秦景教流行中国碑》。此碑于唐代建中二年（781年）由一个波斯传教士景净篆刻，立于长安大秦寺。碑文为叙利亚语和中文双语，颂文记述了景教在唐代的流传情况。此碑高279厘米，上宽92.5厘米，下宽102厘米，正面写着"大秦景教流行中国碑"，上有楷书三十二行，共1 780个汉字和几十个叙利亚文；碑额上部刻有祥云环绕的莲花十字架图案（图14）。略显遗憾的是，由于碑体异常高大，"大秦景教流行中国碑"九个字堂堂正正，引人注目；相比之下，莲花十字架线条纤细，常人难以注意，尤其是作为底座的莲花，需要近看才能发现。

非常有意思的是，虽然大秦景教流行中国碑的碑额上的莲花十字架和"大秦景教流行中国碑"九个汉字相比很不起眼，但在耶稣会教士后来的绘图中，两者的形象对比恰恰相反。[1] 明末清初的天

1　Michael Boym, *Flora Sinensis*（Viennae Austriae: Typis Matthaei Rictij, 1656），原图无页码。卜弥格原名弥额尔·伯多禄·博伊姆（Michal Piotr Boym），其经历颇为传奇。1651年，初到中国不久的卜弥格受天主教徒南明永历王太后之托，携王太后上罗马教皇书、耶稣会总长书及永历朝廷秉笔太监庞天寿上罗马教皇书，出使罗马，以求得到罗马教廷和欧洲天主教势力对永历朝廷的援助。次年，卜弥格抵达罗马。可是，罗马教廷疑虑重重，先后召开了三次会议，直到1655年教皇亚历山大七世才签发了答永历王太后和庞天寿书。卜弥格得复书后，在返华途中遭到已经抛弃南明的葡萄牙人的种种阻截。他辗转于1658年抵达暹罗，希望转道交趾奔赴中国云南。1659年8月，卜弥格病逝于交趾与中国的边境。

主教耶稣会教士卜弥格就在其《中国植物志》中描绘了大秦景教流行中国碑（图15）。图中的莲花十字架异常宏伟，加上底座，占据了全碑的三分之二，而摹写的"大秦景教流行中国碑"九个汉字和实物相比则大大缩小，不到全图的三分之一。卜弥格本人应该没有见过大秦景教流行中国碑原物，但他一定见过拓片或耶稣会最初在西安所制的摹图。他之所以放大莲花十字架这个形象而缩小代表异域文化的九个汉字，原因就在于莲花十字架对耶稣会和梵蒂冈教廷而言异常熟悉。教皇本人一看便知，大秦景教流行中国碑是天主教在中国的遗绪。卜弥格也将他绘制的这幅大秦景教流行中国碑图置于他所绘的中国地图右下角，以示中国早已是上帝之地。

　　大秦景教流行中国碑上的莲花十字架并非唐代孤例。2006年洛阳新出土了一件景教石经幢，上刻两个莲花十字架。此经幢残高84厘米，每面宽14~16厘米，共八面，外接圆直径为40厘米。[1]根据经幢上的文字，此幢建于唐宪宗元和九年（814年），最初竖立在安国安氏太夫人神道上；安氏是中亚移居洛阳人的后裔，葬于洛阳，后于唐文宗大和三年（829年）迁葬他处。[2]经幢的第一至第三面以及第五至第七面雕刻了两组图像，均以莲花十字架（分别位于第二面和第六面）为中心。两个十字架均处于莲花上端，形态基本一致，唯第二

---

[1] 张乃翥：《跋洛阳新出土的一件唐代景教石刻》，葛承雍主编：《景教遗珍——洛阳新出土唐代景教经幢研究》（文物出版社，2009），第5页；罗炤：《洛阳新出土〈大秦景教宣元至本经及幢记〉石幢的几个问题》，《景教遗珍——洛阳新出土唐代景教经幢研究》，第34页。

[2] 《洛阳新出土〈大秦景教宣元至本经及幢记〉石幢的几个问题》，第37页。

面的十字架（图16）较为纤细，莲花绽放更为生动，整体布局相对精细；第六面的十字架较为粗拙，整体布局略为拥挤；第七面上的天使手捧一枝莲花，清晰可见。

大秦景教流行中国碑额上刻的十字架，以及下部莲座和祥云、花朵虽然精致，但整幅图案较小；而洛阳经幢的图像不仅雕刻精致，而且场面宏大，形象丰富。它的形制明显受到佛教的浓厚影响。[1] 这个八面棱柱的景教经幢直接仿照了唐代佛教陀罗尼经幢的外形；同时，十字架两侧对称的天使均束高髻，上身赤裸，腰系短裙，数根披帛在身体上方飘舞，仿佛飞天。其中两尊天使神态婀娜，裙带飘逸，与龙门石窟盛唐时期的佛教飞天几乎完全相同。[2]

元代时，景教在中国相当兴盛，莲花十字架图案亦在碑刻中频繁出现。在新疆、内蒙古、北京、扬州、泉州等地都出土了元代景教石碑，其中不少刻有莲花十字架。[3] 在扬州出土了元延祐四年（1317年）下葬的也里世八墓。墓主人是位女性，汉语名字是也里世八（英文为Elisabeth，突厥语为 Älishbä）。也里世八是一位贵妇人，丈夫名叫忻都，在大都（今北京）居住。墓碑为半圆形，中间线刻放射状十字架，下以莲花为座，两侧呈对称布局，分别刻一个四翼天使。[4] 需要注意的是，这座墓碑中的莲花体型相对较大，比大秦景教流行中国碑的莲花十字架醒目得多。

---

1 《跋洛阳新出土的一件唐代景教石刻》，第13页。
2 《洛阳新出土〈大秦景教宣元至本经及幢记〉石幢的几个问题》，第36页。
3 朱谦之：《中国景教：中国古代基督教研究》（东方出版社，1993）；牛汝极：《十字莲花：中国元代叙利亚文景教碑铭文献研究》（上海古籍出版社，2008）。
4 耿世民：《古代突厥语扬州景教碑研究》，《民族语文》2003年第3期，第40—45页。

图 17 为新疆伊犁哈萨克自治州霍城县阿力麻里古城出土的景教徒墓石，收藏于霍城县博物馆。墓石中间上刻十字架，十字架下为六瓣或八瓣莲花，中有莲蕊，旁边为叙利亚文铭文"基督徒乔治于 1677 年（或 1674 年）逝世"，为元代景教徒墓石。

内蒙古赤峰市出土了一块瓷质的景教墓志，高 47.2 厘米，宽 39.5 厘米，厚 6 厘米，重约 14 千克（图 18）。[1] 该墓志由赤峰本地缸瓦窑烧制，质地坚硬，呈灰褐色，表面施了化妆土后再上透明釉；墓志中间为十字架，十字架上方两侧均有一行古叙利亚文，下方两侧各为四行回鹘文；十字架下绘有带蒂的九瓣莲花，呈盛放状。这是一件多元文化融合而成的艺术品。

此外，泉州也出土了不少元代的墓石、墓碑，碑石上有相当多的莲花十字架图案，前人论述颇多，不再赘述。需要注意的是，大致位于今哈萨克斯坦和吉尔吉斯斯坦境内的七河流域也发现了六百多件景教墓石，有的刻有莲花十字架图案，时间约为 9 世纪，相当于晚唐。[2]

需要着重指出的是，莲花十字架几乎都在墓碑、墓石、墓砖上出现（除非常隆重正式的大秦景教流行中国碑外），说明这个图案彰显了死亡和进入天堂的重要意义。十字当然代表着十字架，表明了死者的信仰；十字架又是上帝奉献其唯一之子耶稣基督及耶稣死亡的象

---

1 《十字莲花：中国元代叙利亚文景教碑铭文献研究》，第 24 页。
2 ［德］克林凯特：《丝绸之路上的基督教艺术》，《十字莲花：中国元代叙利亚文景教碑铭文献研究》"附录三"，第 223—224 页。七河流域指流向巴尔喀什湖的七条河流（伊犁河、卡拉塔尔河、哈萨克阿克苏河、列普瑟河、阿亚古兹河以及已经消失的巴斯坎河与萨尔坎德河）所在流域，大致包含了今哈萨克斯坦阿拉木图州、江布尔州，吉尔吉斯斯坦东部地区，中国新疆伊犁一带。

征。更需注意的是，耶稣死后不久便复活了，而复活是莲花的本质属性。在这个背景下，死亡与复活，在墓石所绘十字架和莲花的呈现下，呼之欲出。究竟这个图案是简单地模仿了莲座上的佛/菩萨形式，以基督教的十字架取代佛教的佛和菩萨，还是古埃及的莲花信仰已经渗透到基督教中，莲花已经成为基督教复活的象征和表现？这个议题需要进一步研究讨论。从目前的材料看，景教是在东传的过程中汲取了佛教的元素，从而产生了莲花十字架的图案形式。因此，中外学者几乎都认为莲花十字架是基督教和佛教的互动，是景教东传到佛教地区吸收佛教元素的体现。可是，七河流域 9 世纪的莲花十字架又提醒我们，历史的进程可能比上述结论复杂得多。

首先，景教从近东传到波斯，再从波斯向东传到佛教世界的中亚国家和中国，途中出现了莲花十字架的图像。可是，我们不知道这个图像是在进入佛教世界之前还是进入佛教世界之后产生的。也就是说，景教进入佛教世界、吸收了佛教的莲花，从而出现莲花十字架，这非常容易理解；与此同时，我们也不能排除景教在近东、中东地区就已开始吸收莲花这一文化观念和形象，如此，则莲花十字架的出现是在景教进入佛教世界之前。笔者相信，很多读者还记得在伊拉克出土的那个莲上儿童雀跃的形象。薛爱华描述过唐代长安城流行的柘枝舞，其中就有莲生的场景。

柘枝舞因起源于西域石国（今乌兹别克斯坦塔什干附近地区）而得名。柘枝舞者是两名女子，身着五色罗衫，窄袖缠腕，腰带银蔓垂花，头戴绣花卷檐虚帽，帽子上装饰着金铃，脚着红色软锦靴。演出开场时，台上有两朵人工制作的莲花，莲花绽开，两名舞伎在花瓣中缓缓地呈现在观众面前，然后随着急促的鼓点翩翩起舞。这支舞蹈含情脉脉，舞伎频频向观众"暗送秋波"，舞至曲终，娇媚的舞伎则脱去罗衫，露出圆润丰腴的酥肩。前人有诗赞曰："平铺一合锦筵开，连击三声画鼓催。红蜡烛移桃叶起，紫罗衫动柘枝来。带垂钿胯花腰重，帽转金铃雪面回。看即曲终留不住，云飘雨送向阳台。"[1]

根据向达的考证，柘枝是波斯语"Chaj"的译音；汉学家沙畹（Édouard Chavannes）则认为它是"Châkar"的译音，指西域康国和安国一带的精锐部队。[2] 西域的舞蹈也很有可能来自波斯，或者吸收了波斯元素，受到了波斯舞蹈的影响。无论如何，柘枝舞的异域风情是十分显著的。因此，柘枝舞中的莲生和七河流域的莲花十字架似乎都指向了非佛教的因素。

无独有偶，穆宏燕指出，莲花在西亚是宗教圣花，源自西亚的宗教，如祆教、摩尼教、景教和伊斯兰教等都有莲花情结，无不视莲花为圣花。[3] 如前所述，西亚的莲花情结其实可能源自古埃及，因此，莲花十字架中的莲花未必就是佛教元素或是受了佛教影响。

其次，除了景教，天主教中是否也存在莲花十字架图案呢？如果天主教的其他教派也有类似的莲花十字架图案，那么，天主教中的莲花十字架就不能简单地解释为天主教与佛教的融合了。穆宏燕追溯了

1　[美]薛爱华著，吴玉贵译：《撒马尔罕的金桃：唐代舶来品研究》（社会科学文献出版社，2016），第162—163页。

2　《撒马尔罕的金桃：唐代舶来品研究》，第162页，注解1。薛爱华所引用的白居易的诗就强调了舞者的衣着打扮乃至舞者本人的伊朗/阿拉伯特色。花腰、雪面、紫衫和金铃让笔者联想到钱锺书在《围城》中所引用的《天方夜谭》中的阿拉伯诗句"身围瘦，后部重，站立的时候沉得腰肢酸痛"，以及金庸《倚天屠龙记》波斯明教的紫衫龙王。可见，伊朗/阿拉伯的概念从唐代以来在中国文学中也有承袭。

3　穆宏燕：《景教"十字莲花"图案再认识》，《世界宗教文化》2019年第6期，第51—57页。

莲花的演变，指出《希伯来圣经》中的"苏珊花"和《圣经》七十子译本中的"克里侬花"皆指莲花，后来由于某种原因，"百合花"在基督教《圣经》中取代了苏珊花和克里侬花。随着时间的流逝，苏珊花和克里侬花反而被后来者认为是百合花。[1] 这是非常重要的发现。如此，晚近基督教中的百合花其实源自莲花。

无巧不成书，笔者徜徉于澳门世界遗产，也发现了16世纪末耶稣会的标记，其中似乎包含莲花十字架图案。耶稣会由依纳爵·罗耀拉（Ignacio de Loyola）和方济各·沙勿略（Francisco Javier）等人于1534年成立，其重要成就就是向东传教。澳门是耶稣会进入东亚的第一站，今天岗顶斜巷圣奥斯定教堂一侧便是耶稣会会院。墙上嵌有一块石碑（图19），虽不知具体雕刻年代，但从其状况看，应该是旧物，当是耶稣会在此处建立了耶稣会会院而制。如此，则大约在明末清初，也就是16世纪末、17世纪初。石碑呈长方形，中间从左到右为"I""H""S"三个字母，即基督圣名，是"耶稣"希腊文写法的前三个字母，也是拉丁文"耶稣是人类救主"的缩写，一语双关。在"H"中间一横的上端，是一个五瓣莲花，莲花上矗立着一个十字架。因此，在耶稣会标识最显眼的中心，实际上是一个莲花十字架。

那么，问题来了：澳门耶稣会的这个莲花十字架是哪里来的？是耶稣会来到澳门之前就有了，还是到了澳门之后才创造出的？我们虽然知道利玛窦在中国传教时曾经假扮僧侣，但在葡萄牙人掌控的澳

---

[1] 穆宏燕：《景教"十字莲花"图案再认识》，第53—56页。梁元生认为《大秦景教流行中国碑》上的莲花座与十字架是基督教与中国文化最早相遇和碰撞的见证之一。梁元生：《十字莲花：基督教与中国历史文化论集》（基督教中国宗教文化研究社，2004），1—18页。

门，耶稣会应该没有必要将佛教的莲花刻入其标识。因此，笔者倾向于认为，这个莲花十字架的形象在传入澳门之前就已存在。穆宏燕曾指出，在亚美尼亚也发现了相当多的12世纪、13世纪的莲花十字墓碑，造型与西安、洛阳、泉州等地的颇为相似，因此"中国境内发现的十字莲花图案的物品未必全是景教物品，也有可能是亚美尼亚传教士及其教徒的遗物"[1]。这个观点，与笔者关于澳门耶稣会莲花十字架的推测颇为契合。

当然，也许有人说这不是莲花，而是百合或其他花朵。在目前缺乏其他材料的情况下，各种解读都有其合理性，不妨暂时存而不论。假如耶稣会的标识的确是莲花十字架的话，我们似乎也可以说，莲花在这个组合与场景中出现，其本源是古埃及元素在不同宗教和文化中的呈现。

景教铜牌中的莲花十字架

元代遗存有大量景教铜饰牌（铜十字架），一些铜饰牌上也有莲花十字架的形象，值得我们关注。[2] 位于美国新泽西州的德鲁大学拥

1　《景教"十字莲花"图案再认识》，第56页。
2　景教铜饰牌以香港大学美术博物馆收藏最为丰富，共966件。这批景教十字铜牌由英国人聂克逊（F. A. Nixon）于20世纪三四十年代就任英国邮政驻北京理事时从内蒙古鄂尔多斯购得，后来由利希慎基金会收藏，并于1961年捐赠给香港大学。铜饰牌融合基督教和佛教的图案，高约3~8厘米，有背钮以便佩系，有的可能作为私人印章使用。鄂尔多斯市博物馆也有类似收藏。

有数量居世界第二的元代景教铜饰牌收藏。这些铜饰牌是马克·W.布朗（Mark W. Brown）于20世纪30年代在北京收购的，笔者研究发现其中有一些属于莲花十字架图案（或其变形），特选取数枚简介于下。

图20的十字铜牌长3.2厘米，高3.5厘米。这是将莲花和十字融合为一体的造型，以莲花为十字的一竖；十字的一横铸有中文三字"王厺回"，其中"厺"为"去"的异体字，当为主人的名字。如此，这个铜莲花十字当是印章。主人名字的"王厺回"颇有"禅意"，"去"是指告别人间，亦即死亡；"回"则为回到世间，亦即复活。这与莲花（复活）和十字架（耶稣"先去后回"而复活）的含义完全吻合。又，"去回"对应"如来"，其梵文和巴利文均为 Tathāgata，意思是"去者"（one who has thus gone，梵文为 tathā-gata）和"来者"（one who has thus come，梵文为 tathā-āgata），或"不曾去者"（one who has thus not gone，梵文为 tathā-agata），正如《金刚经》中说："如来者，无所从来，亦无所去，故名如来。"[1]"去回"一词直接对应了如来佛祖。以此论之，此印章的形制和内容结合了基督教、佛教和中国文字及印章等多种元素和多重层次，烘托了死生（复活）这一主题在跨文化和跨族群中的呈现，非常值得琢磨。当然，这或许不过是笔者的过度发挥而已。

"去回"一词不由得让笔者想起《西游记》中唐僧师徒到朱紫国的故事。在朱紫国，孙悟空在镇妖伏魔的路上碰上了小妖有来有去。有来有去是麒麟山獬豸洞赛太岁手下的心腹小校，"五短身材，扢挞

1　以上承蒙好友朱天舒教授告知。

脸，无须。长川悬挂，无牌即假"。而赛太岁原是观世音菩萨座下的金毛犼，偷逃下界并抢走了朱紫国金圣宫皇后，因后者有五彩仙衣保护，令其不能近身，便每年向国王索要两名侍女。没想到第三年索要侍女的先锋被孙悟空所杀，赛太岁便派有来有去到朱紫国下战书。有来有去一路上担着黄旗，背着文书，敲着金锣，疾走如飞，最后被孙悟空一棒打死，成了有来无去。《西游记》讲的是佛教故事，其中内容、情节乃至命名等诸多细节都有佛教元素。"悟空""八戒""悟净"莫不如此，和"去来"对应的"有来有去"恐怕也有此种宗教含义。

图 21 的黄铜圆牌的直径是 5.4 厘米，顶上铸有系扣，所以应是吊坠。此吊坠铸有内外两圈，内圈有五孔，仿佛莲蕊 / 莲实，而后有十二个瓣状连接内圈和外圈，仿佛对绽放莲花的抽象。

图 22 的花形铜牌的直径是 3.5 厘米，中间为"田"字，形成内十字，而后向外延伸出八瓣；其中四瓣略宽，由里到外有两个马鞍形，仿佛仰莲绽放，另外四瓣略窄，中有竖芯，仿佛莲蕊；两组花瓣交错，略窄的四瓣又形成了一个大十字，可以说是莲花与十字两个符号的完美融合。

和墓石、墓碑上的莲花十字相比，以上元代景教铜饰牌中的莲花十字造型更具艺术创作力，莲花和十字的组合几乎融为一体，不再是简单的"莲花上的十字架"图案。这一方面体现了艺术的升华，另一方面似乎表明莲花十字逐渐脱离了墓地这个场域，而用于配饰和印章等日常生活物件。与此相伴的是，或许使用者对莲花十字这一组合的本来含义（死亡与复活）越发陌生了。

解题

综上所述，我们发现哪吒信仰带有非常明显的古埃及文化中莲信仰的根本性特征。第一，王室和王权。哪吒是李靖的三太子，李靖生前是陈塘关总兵，死后是托塔李天王，因此，哪吒的贵族／王室身份是显而易见的，他不是一般的武艺出众、法术高强但出身卑微的神，如孙悟空；他有显贵的出身。

第二，创始、诞生和复活。这几个特点虽然有些差别，但它们是密切相关的，其中隐含的关键因素便是古埃及的莲所代表的原始生命力。古埃及的莲在创世神话和亡灵书中都代表诞生和复活，如荷鲁斯的四个儿子就站在莲花上；而在图坦卡蒙墓中发现的莲上图坦卡蒙，简直就是古埃及的哪吒。哪吒的复活，便是佛祖（或太乙真人）用莲花、莲叶做成他肉体的替代品，在法术的魔力下，莲的各部分成为哪吒起死回生的肉身。从这点看，莲可以帮助复活的观念在哪吒的故事中得到了充分体现。或者说，莲花乃是最原始的生命力的象征，可以延绵不断。

第三，和复活密切联系的便是莲的另一个功能——治病。埃及的莲，本身就被古埃及人用来治病，而莲神就是治愈之神。澳门的哪吒三太子信仰之普遍，关键来源于其治病的功效；哪吒能治病防疫的信仰，与其作为莲花化身是密不可分的。

第四，儿童（童神）的形象。莲神涅斐尔图姆、荷鲁斯的儿子、图坦卡蒙、尼尼微的莲上儿童、黑天、释迦牟尼的诞生等，都有儿童形象；哪吒也是如此。特别是作为佛教护法神的哪吒，经历了从面目狰狞的大汉到活泼可爱的儿童形象的转变。相传，藏传佛教的创始人之一莲华生（Padma-saṃbhava，活跃于8世纪后期）就是以莲花池内坐在莲花之上的八岁儿童形象出现，被国王发现并认为王子。这是另外一个莲花与童神以及王室三合一的故事，可以说是密宗版的佛祖或哪吒。事实上，后世称莲华生为"第二佛陀"。

回顾这几个特征，我们可以发现，古埃及的莲信仰和中国明清以来的哪吒信仰有着内在的高度相似性，其演变也有内在逻辑的支撑。因此，笔者认为，中国哪吒的信仰有古埃及文化的元素。以此而论，中国文化和中国历史的研究，很多时候或者说从开始到现在，都需要放在世界历史和文化的场景中加以考察。

当然，本章以"哪吒的埃及来源"为题，并不是说"哪吒"这个形象是从古埃及传到中国的，而是强调哪吒携带、象征的几个关键元素如复活、治病、莲化（莲生）在古埃及和古印度皆有发现，而且它们在时空上又有传递性和承续性。当然，古埃及人相信的莲花可以治病，和中国港澳台地区哪吒三太子祛疫除病的信仰，不宜混为一谈。我们谈到古埃及文化之于哪吒信仰在中华地区的流行，并不是否认中华文化的独创性，相反，在吸收古埃及和古印度的文化元素时，中华文化在创造哪吒的形象的过程中，充分显示了其主体性、包容性和开放性，正如"孝"这一核心在哪吒形象中的贯彻。

第二章 爱莲说：中国为什么缺少莲印[1]

---

[1] 本章前半段关注的是中国的儒家文化区，而对于经常发现莲印和莲纹封泥的中国西藏地区，本章后半段有一小节专论该现象。

爱莲而缺莲印

  水陆草木之花，可爱者甚蕃。晋陶渊明独爱菊。自李唐来，世人甚爱牡丹。予独爱莲之出淤泥而不染，濯清涟而不妖，中通外直，不蔓不枝，香远益清，亭亭净植，可远观而不可亵玩焉。

  予谓菊，花之隐逸者也；牡丹，花之富贵者也；莲，花之君子者也。噫！菊之爱，陶后鲜有闻。莲之爱，同予者何人？牡丹之爱，宜乎众矣。

  宋代著名学者周敦颐（1017—1073年）在嘉祐八年（1063年）所作的这篇脍炙人口的短文《爱莲说》，描述了莲花"出淤泥而不染，濯清涟而不妖"的品格，莲花也因此被周敦颐誉为"花之君子"。周敦颐对莲花的赞赏，不但与晋代陶渊明（约365—427年）的爱菊形成了对比，揭示了古之君子在将近六百年间从爱菊到爱莲的转变，也显示出俗人爱牡丹与君子爱莲的区别，表明了周敦颐在尘世中洁身自好的追求。的确，到了宋代，莲花形象已经完全渗透到中国文化的几乎各个方面，如文学、书画、瓷器、建筑等，成为中国文化的象征之一。令人惊奇的是，中国自商周以来的印玺文化在世界上自成一体，明清时期蔚然成风，被视为中国文化独特的现象，但是，中国的印章很少以莲花为主题，与文学、书画乃至瓷器大相径庭。爱莲而缺莲印，缘何？

  本章提到的"莲印"及"莲纹封泥"，指的是带有莲（整体或部分如花、叶、茎或蕾）图案的印章和封泥。本章首先通过讨论埃及的考古发现和几所大型博物馆的部分馆藏来检视古埃及的莲印和莲纹封泥，而后着重介绍印度和中国西藏的莲印和封泥，从而揭示莲印和莲纹封泥从埃及向外的文化传播和变迁历程。印度因婆罗门教与佛教采用莲花意象，其作为中继站的地位尤其重要。亚洲，特别是印度与中国西藏地区的莲印和莲纹封泥，大部分是佛教兴起与传播的结果。在欧亚非大陆各地发现的印章与封泥上，莲花意象享有某些共同主题、图案与概念。不过，莲花符号的跨地区扩散必须置于一些地方性场景中去理解。特别引人注目也令人迷惑的是，明清时期中国正处在篆刻文化的高峰期，却鲜见莲印和莲纹封泥。笔者将爱莲却缺莲印这一现象置于中国本身的儒家文化传统中加以考察和理解。因此，莲印和莲纹封泥不仅象征着全球的文化扩散和交流，而且体现了地方性的理解和实践，显示了人类跨地区、跨文明文化交流的多样性和复杂性。正是这种全球共享的地区旨趣让人类的生活如此丰富多彩。

目前的考古发现揭示，埃及是莲印和莲纹封泥的发源地。莲花在古埃及的文化、宗教与社会中拥有极其突出的地位。孙慰祖先生曾经比较封泥在埃及、美索不达米亚、印度、波斯湾地区与中国的功能。[1]他指出，虽然封泥的用途充满了地域色彩，但它们的主要功能基本一致。封泥被用来封印材料、货物与文件，用来标志所有权，用来阻止可能发生的错用、滥用、偷窃、盗窃或私吞，也被用来保护秘密文件。它们如同印章一样，是政治与经济权力的符号，更是社会地位的标志。本章撇开莲印和莲纹封泥的功能问题不论，着重审视各种形式的莲花意象在印章和封泥中从埃及到亚洲其余各地的流播与变迁。

1　孙慰祖：《封泥发现与研究》（上海书店出版社，2002），第9—10页。

埃及：印章与封泥中的莲纹

圣甲虫印（即金龟子印）在早期埃及是流行的护身符与图像。[1] 它们被大量发现，为考古学家和历史学家提供了无价的原始资料。与此同时，这些圣甲虫印也是古埃及出色的艺术成就。特别引人注目的是，在某些圣甲虫印上，莲花符号相当常见，并且长期持续出现。下面分别介绍世界各地一些著名博物馆收藏的以及从埃及发掘的莲印和莲纹封泥。

美国纽约的布鲁克林博物馆拥有十余枚刻有莲花或莲株的圣甲虫印。其中六枚含有带翅的圆盘和莲花。它们由彩陶或皂石制成，时间大约在公元前 1539—前 1292 年（古埃及新王国第十八王朝）。[2] 这些印章尺寸相似，长不超过 1.6 厘米，宽约 1.1 厘米，高不超过 1 厘米，有些刻有生动的莲花图案。其中一枚刻有莲纹的玻璃制圣甲虫印（图 23），年代约在公元前 1630—前 1539 年，大小为 0.8 厘米 × 1.2 厘米 × 1.8 厘米。[3] 其他三枚尺寸相似的玻璃圣甲虫印也刻有莲纹图案。[4] 可惜的是，它们的纹样已严重磨蚀，难以清楚观察。在某些情

1　关于古埃及的金龟子印，参见拙作《金龟子印中的古埃及》，《篆物铭形——图形印与非汉字系统印章国际学术研讨会论文集》（西泠印社出版社，2017），第 76—94 页。
2　在其官网搜索 "scarab" 可以得到详细内容。https://www.brooklynmuseum.org/opencollection/search?keyword=Scarab, Brooklyn Museum, New York, USA. https://www.brooklynmuseum.org/opencollection/objects/8620. 古埃及朝代纪年大致框架基本确定，王朝确切时代仍有争论，特别是古王国之开端有三四百年差别之争。本文分期参见 Ian Shaw, *The Oxford History of Ancient Egypt* (Oxford: Oxford University Press, 2003), pp. 479–83。
3　"Scarab with Lotus Flower," Brooklyn Museum, https://www.brooklynmuseum.org/opencollection/objects/3216.
4　"Scarab with Lotus Plant," Brooklyn Museum, https://www.brooklynmuseum.org/opencollection/objects/117152.

况下，莲花会被刻在圣甲虫印的背面。例如，在蒂明斯上尉收集的500枚圣甲虫印章中，有一枚背面具有"浮雕的斯芬克斯装饰，其背部长出一朵莲花和一朵纸莎草花"[1]。

加拿大的皇家安大略博物馆藏有17枚与莲花有关的封泥。这组封泥均发掘于埃及的一座重要古城埃德富，年代约在公元前4世纪到公元前1世纪中期，这些封泥印于未烧制的黏土上，风格几乎全部一致：小巧玲珑，宽仅约0.3厘米，长不超2厘米，印面大致为一名戴王冠的男性半身像，王冠中有一朵莲花（有时为莲瓣装饰王冠）。其中一枚封泥刻有一戴莲花王冠的男性胸像，年代约为公元前182—前88年，长宽分别为1.8厘米和1.7厘米。[2] 这组封泥的一些特点值得我们关注。首先，它们尺寸小巧，与圣甲虫印的尺寸接近，因此和圣甲虫的实际大小差不多。它们形状椭圆，因而多半是采取了圣甲虫印的形状。可见这些黏土封泥展示了埃及强大的早期传统，它们的功能与圣甲虫印无甚差别，只不过用途应当更加广泛。

其次，戴莲花王冠的男性半身像是封泥的一个普遍主题，此图案应当被理解为权力与王室的象征。在馆藏的同一组封泥中，有些带有一男性或女性的半身像，并附有国王或女王的名字，比如"与姐姐恋爱者"[3] 托勒密二世、"笃爱父亲者"[4] 托勒密四世、克娄巴特拉七

---

[1] Percy E. Newberry, "Introductory Note," *Ancient Egyptian Scarabs and Cylinder Seals*, Routledge, 2005, 9.
[2] http://collections.rom.on.ca/objects/345663/seal-impression-of-male-bust-wearing-diadem-with-lotus?ctx=e9c65801-63a5-47a4-95f1-b61c434eaf29&idx=5.
[3] 即 Ptolemy II Philadelphus（公元前308—前246年）。此称号得自他和姐姐阿西诺亚二世结婚（兄弟姐妹通婚是古埃及的传统）。
[4] 即 Ptolemy IV Philopator（公元前221—前204年在位）。此称号得自他大肆屠杀家人，却没有弑父篡位。

世、托勒密十二世等。众所周知，印章和封泥的一大功能便是展示君主的权力与所有权。因此，在这种语境下，莲花便成为王室的象征，莲花与王冠的联系则揭示了古埃及的政教结盟，亦即世俗权力（王权）与宗教权力（神权）的结合。

最后，在这批黏土印章的发掘地埃德富开展的一项考古项目有一些关于莲印和莲纹封泥的迷人发现。

埃德富位于尼罗河西岸，在伊斯纳与阿斯旺之间。埃德富的古代定居点遗址位于托勒密神庙以西约50米处——在更古老的那座神庙立柱的左方。尽管有相当一部分遗址在历史上由于各种原因受到了损坏，但它仍保存了古埃及在4 000年前的丰富信息，事实上比那座著名的托勒密神庙更具有历史与考古价值。这个城镇似乎在第一中间期（公元前2181—前2055年，关于古埃及历史分期，见第86页页下注2）逐渐繁盛并向西大举扩张。当北埃及尤其是三角洲地区衰败，埃德富是南埃及少数几所繁盛的城市之一。

从2001年开始，由美国芝加哥大学东方学院娜丁·穆勒指导的埃德富遗址项目对埃德富进行了探索。正在进行的挖掘为中王国末期与早期第二中间期之间过渡期（约公元前1786—前1770年）的城镇管理提供了新证据。埃德富古城在那段时间里承担了上埃及第二省首府的功能，并在该区域内扮演了重要的角色。[1] 埃德富项目中最有意义的重大发现便是数量庞大的黏土封泥。[2]

考古学家在埃德富遗址发现了超过1 400个与该中王国晚期管理

1　Nadine Moeller, "Unsealing Tell Edfu: Who Was a Local Official and Who Was Not？" *Near Eastern Archaeology*, Vol. 75, no. 2（June 2012）: 116-25.

2　http://treasuresofegypttours.com/egyptian-history/map-of-egypt/.

建筑群有关的黏土封泥，其中许多与莲花有关。[1] 此处的莲纹和封泥可以被划分为两种。第一种在大量封泥上发现的图案是呈对称、镜像排列的"*nefer*"成对排列于顶端带环的十字架（*ankh*）上。[2] 中王国晚期最普遍的印章上多有此图案。[3] *nefer* 符号表示"美"或"完美"，它与莲花意象有着本质关联。

这批考古发现中第二种最常见的封泥图案与莲花直接相关，即手持一朵硕大莲花的直立男子（持莲男子）。[4] 这种图案在埃德富遗址的行政大厦建筑群中所发现的封泥上最常见，共发现有 123 枚带有该图案的封泥。这类图案描绘的男子或女子手持莲花，似乎在嗅闻花朵的香气（图 24）。根据埃及宗教信仰，闻嗅莲花能够帮助病人恢复健康。这个莲花图案（持莲男子）在亚洲影响深远，特别是被佛教吸收以后，在东亚广泛传播。[5]

耶路撒冷以色列博物馆埃及考古学分部主任达凡娜·本-托尔对埃及中王国（公元前 2040—前 1786 年）晚期圣甲虫印的设计与特点有出色的研究。根据她的研究，第一中间期、中王国早期以及晚期系列的花朵图案多数由纸莎草构成，少数由莲花作为补充。[6] 在这些封泥中，几乎所有主要图案和模式都展示了莲花在古埃及的角色。一个包括中央垂直几何图形的式样，两个末端通常都是花卉图案——莲花

---

1 Moeller, "Unsealing Tell Edfu," 118.
2 *ankh* 是古埃及神秘符号之一，呈上部为圆环的十字架形，象征生命之永恒。
3 Moeller, "Unsealing Tell Edfu," 118.
4 Ibid., 121.
5 Ibid.
6 Daphna Ben-Tor, *Scarabs, Chronology, and Interconnections: Egypt and Palestine in the Second Intermediate Period* (Fribourg & Göttingen: Academic Press & Vandenhoeck Ruprecht, 2007), 10.

或纸莎草芽。[1] 在中王国晚期,由花瓣构成的花环状交叉图案构成了最常见的十字花纹形式,辅之以各种莲花纹样。[2] 在对人类和神话人物的研究中,学者们发现了一个相当流行的模式:某人(或者神)要么在闻嗅一朵莲花,要么手持一朵莲花。[3] 这种图案不仅出现在墓葬中,也在其他时期的印章和封泥中被大量发现。读者切莫忘记,持莲男子也是埃德富封泥中最流行的主题。在圣甲虫私印上也有莲花图案。一枚带有一位公主姓名的圣甲虫上,展示着"一对由四个圆形卷轴构成的边框,以及一段带莲花的居中垂直条形"[4]。但出于未知的原因,莲花图案在第二中间期(公元前1786—前1567年)极其稀少,仅有个例出现。

总之,在埃及莲印和莲纹封泥中的莲花图案有三个主要样式:持莲男子、莲上儿童,以及与第二样式有关的莲座、莲台或王座。第一个样式主要与复活和治愈的概念有关,第二个与出生、重生有关,第三个则象征王权和王室。读者从第一章可知,莲花在埃及印章和封泥中如此流行的原因就在于古埃及文明中的莲花信仰,此处不再赘述。

印度的莲纹封泥

莲花符号和莲印从埃及扩散到了近东、地中海世界、美索不达米

---

1 Ben-Tor, *Scarabs*, 12.
2 Ibid., 23.
3 Ibid., 34.
4 Ibid., 40.

亚和印度。在美索不达米亚发现的莲纹印章和封泥说明了这种文化传播和联系。牛津的阿什莫林博物馆藏有一枚铁制印章,印章刻有"一头奔跑的羚羊转头回顾追逐者,其前方有一莲花形物体,下方有一根枝条"[1]。学者指出,这个图案表明,源自埃及的莲花已经"同其他众多被西亚艺术汲取的埃及宗教符号一样,其内涵有所改变"[2]。如前所述,在伊拉克尼姆鲁德发现的椭圆印记(年代大约在公元前7世纪末前)上,有一名蹲踞在一朵莲花上的裸体儿童(图11)。[3]这个图案似乎与在尼尼微发现的一块泥版文书上的莲上男童相同。[4]这些主题与画面的源头在埃及。

使用莲印最广泛的莫过于印度了。带有埃及特点的莲花进入了印度日常生活和宗教活动,直至今天。莲被婆罗门教的众多神祇收纳,并通过婆罗门教进入了耆那教和佛教。在印度,印章和封泥中与莲花有关的三大主题(大约跟其他艺术形式的莲花符号类似)——莲座佛陀、佛陀诞生和持莲男子,时常可见。

以佛教为例,莲座上的佛陀形象始见于偶像崇拜出现的早期,即2世纪以后,最早出现于阿玛拉瓦蒂和犍陀罗。在前佛陀时代位于中亚和北印度的贵霜帝国,树木、车轮、日轮和莲花都出现在钱币上。常见的坐在莲花宝座上的佛陀,或者佛陀登基于莲座,这类图案彰显了莲花与王权之间的内在联系,因而同样表现了埃及的影响。此外,

---

1　Giveon, *The Impact of Egypt*, 92.
2　Giveon, *The Impact of Egypt*, 33.
3　Ibid., 33. 有关埃及对位于北部美索不达米亚的尼尼微的影响,参见 Leonard W. King, "Some New Examples of Egyptian Influence at Nineveh (Continued)," *The Journal of Egyptian Archaeology*, Vol. 1, no. 4 (Oct., 1914), 237–40。
4　Parker, "Seals and Seal Impressions," 39.

在许多印章与封泥上，佛陀诞生这一事件经常被描绘为一个站立或端坐的女性（通常被认为是吉祥天女），被两头象按照灌顶仪式浇沃。所刻画的女性身旁则有一两头象，代表了释迦牟尼的诞生。

手持莲花在印度也是一种常见的图案（持莲者、观世音，*padmahasta*，*padmapāni*），并且是印度女神的一种典型仪态，也被多罗菩萨（度母）——大乘佛教中最伟大的施救者——取用为其标志。在印度，持莲者可以是湿婆、因陀罗、毗湿奴或吉祥天（财富和生育女神）。在毗湿奴手中，莲花代表水；在吉祥天手中，代表财富；在雪山神女手中，代表冷漠；在因陀罗手中，代表繁荣。[1] 在早期的佛教文献中，莲花被用作对本质的一种隐喻，从而作为信仰本身的象征，而在后来的文献中，则作为其他象征的支撑，如"霹雳"或"经书"。

位于加尔各答的印度博物馆藏有 82 件与莲花有关的封泥（包括一些还愿写字板）。笔者通过谷歌搜索得以一一欣赏研究。[2] 带象吉祥天图案有财富和生育的隐喻，在这组封泥中占了约 43 件。

吉祥天是印度教的财富、幸运和繁荣女神，她是毗湿奴的妻子和能量（shakti）。毗湿奴是印度教的主神之一，也是毗湿奴派传统中至高无上的存在。吉祥天在耆那教中也是重要神祇，在佛教中则是丰收和幸运女神，我们可以在印度最古老的一些佛塔和佛教洞穴神庙中看到她的身影。吉祥天经常被描绘为坐在一朵莲花上、两侧各有一头象的形象。她的另一个典型形象是如瑜伽修行者一般站或坐在莲花瓣

1　Pratapaditya Pal, *Indian Sculpture Volume 1: Circa 500 B.C.-A.D. 700*,（University of California Press, 1986）, 41.
2　搜索"lotus"后选取"seals and sealing"，https://www.museumsofindia.gov.in/repository/search/basic?searchterm=lotus&museumId=all, Museums of India.

上，手持一朵莲花，象征着好运、自知和精神自由。带象吉祥天是这位印度教女神最重要的呈现形式。现存最早的吉祥天形象，见于在憍赏弥国遗迹中发现的第三世纪钱币。

发现于比哈尔邦的一枚圆形封泥（直径约4.8~4.9厘米），就描绘了一位双手握持自脚边长出的莲茎的带象吉祥天。[1] 在这个图案中，两头象用鼻子向女神头部两侧浇沃（灌顶）。封泥底部有一些几乎无法辨认的铭文。室利或摩诃室利吉祥天（"毗湿奴钟爱的配偶"）十分重要，因为她是"莲花女神"，且在文献中与莲花有各种联系。她被称为"莲花所生""立于莲上""莲色的""莲眼的"等。除了同王后及众多妃嫔结婚，印度国王也同室利吉祥天结婚，因为她是王室财富的守护人和幸运的化身。[2]

图25是在北方邦发现的椭圆封泥（5.5厘米×4.7厘米），上有带象吉祥天的图案。[3] 吉祥天站立在顶部，两侧各有一朵莲花，正领受大象的涂油礼。封泥底侧刻有两行铭文。

图12是一枚管理用的封泥（直径约5厘米），发现于那烂陀遗迹，大约属于笈多王朝时期（约320—540年）。它展示了作为女性神祇的带象吉祥天立像，手握莲茎，受两位象头神行涂油礼。神祇两侧摆有水罐（也是财富的象征），底侧刻有"nagarabuktau kumaramatyadhi karanasya"的铭文。[4]

1　http://www.museumsofindia.gov.in/repository/record/im_kol-6152-A18561-19873, National Portal & Digital Repository, Museums of India.
2　Ward, "The Lotus Symbol," 138.
3　http://www.museumsofindia.gov.in/repository/record/im_kol-N-S-1475-A11246-23344, National Portal & Digital Repository, Museums of India.
4　http://www.museumsofindia.gov.in/repository/record/im_kol-9476-A11552-25813, National Portal & Digital Repository, Museums of India.

还有一枚类似的圆形封泥，也发现于比哈尔邦，直径为 6.1~6.2 厘米，图案轻微漫漶。它描绘了以一种传统姿态站立的带象吉祥天：她左手持一朵莲花，有两名侍者站立两侧，倒持水罐，两头象分立两侧并用鼻子对女神头部喷水。封泥底部刻有一些铭文。[1] 许多封泥都有相同的图案式样，仅细节稍有不同。[2] 这种图案在所藏莲纹封泥中最为流行，应该与佛教，特别是佛陀的诞生有关。

图 26 同样发现于比哈尔邦，本为圆形，现存尺寸为 4.3 厘米 × 3.3 厘米。它显示了一位带象吉祥天，左手持一根莲茎，右手从一个陶水罐中倒出财富。[3] 还有一枚在那烂陀遗迹发现的圆形封泥，雕琢精细，钤印完好。其印痕是一枚法轮，两侧各有一只鹿。尽管法轮是印度多种宗教，如耆那教、佛教和印度教的八宝[4]法物之一，但这个封泥应该是一个典型的波罗王朝（750—1161 年）封泥。波罗王朝是 8—12 世纪印度东北部的一个强大王国，佛教在此繁荣发展，并向东南亚和中国西藏传播。在笈多铭文的下方是装饰性的莲花和枝叶图样。毫无疑问，这枚封泥为一座佛寺所使用，因为鹿、莲花和法轮都是佛陀的象征。[5]

---

1   http://www.museumsofindia.gov.in/repository/record/im_kol-A11310-6153-20212, National Portal & Digital Repository, Museums of India.
2   http://www.museumsofindia.gov.in/repository/record/im_kol-6169-A18637-19851; http://www.museumsofindia.gov.in/repository/record/im_kol-6153-A18717-19866, National Portal & Digital Repository, Museums of India.
3   http://www.museumsofindia.gov.in/repository/record/im_kol-A18715-6153-19865, National Portal & Digital Repository, Museums of India.
4   八宝（Ashtamangala）是一套由八种吉祥符号组成的神圣标志，流行于印度教、耆那教和佛教等宗教中。
5   http://www.museumsofindia.gov.in/repository/record/im_kol-S-9-R-15-25992, National Portal & Digital Repository, Museums of India.

在该组 82 枚封泥中，某些还愿泥版共享了另一个重要主题：一位坐在一朵莲花上的八臂女神（无论是否为佛教神祇）。莲花神，"爱莲者"，一般站或坐在一朵莲花上。图 27 是一枚椭圆形封泥，来自中世纪早期孟加拉国的帕哈普尔，[1] 尺寸为 5 厘米 ×4.4 厘米，描绘了一名八臂女神自如地坐在一朵莲花上，右手持剑，头戴王冠并有背光。这枚封泥带有明显的佛教元素。总计有 9 枚图案风格类似的还愿泥版。这位八臂女神可能是度母，又称"提毗"（女神之意）。

总之，在早期及中世纪的印度，无论在婆罗门教、耆那教还是佛教中，莲花经常用作许多神祇的座台。到了中世纪，佛教成为莲座/宝座最大的采用者，从而为"莲座（莲台）上的佛陀"这一最流行的图案传播至东亚奠定了基础。

中国为什么缺少莲印

虽然佛教自 2 世纪起就在中国散播、繁盛并中国化，但极少发现与莲花相关的印章和封泥，尽管莲花在中国社会的其他领域非常流行，如文学、建筑、服饰、绘画、瓷器等。考虑到印章与篆刻文化在明清时代文化精英中显著且巨大的影响（这种影响甚至延续至今），这种稀缺就显得尤为奇特。人们也许会问，为什么中国没有采用或发

1　http://www.museumsofindia.gov.in/repository/record/im_kol-P-S-63-SL-40-D-D-3-29453, National Portal & Digital Repository, Museums of India.

展出自己的莲纹印章、封泥？

笔者分析如下。首先，中国人自从秦汉时代起就有了完善的印章/封泥传统。从商代晚期开始，印章与封泥（官印或私印）就大量出现，其材质、外形、图案、文字、雕刻等都充满中国文化特色。部落、宗族、君王、官僚、平民和军职的名称与头衔，动物、鸟类、花卉与传奇生物的图像都被雕刻或模铸在印章上。在西汉灭亡之前，或大约在佛教传入中国之前，印章或封泥的传统已经形成。在这个传统中，莲花并没有出现，其原因在于莲花在当时中国人的日常生活和文化信仰中微不足道。

北京故宫博物院藏有303件肖形印，其中少数制造于春秋（公元前770—前476年）之前，主要来自汉代（公元前206—公元220年）。令人诧异的是，这303件肖形印没有一件与莲花有关。[1] 作为清代宫廷收藏，这个收藏或许有其特别的旨趣，因而无法代表早期中国的所有肖形印。无论如何，没有一件印章与莲花有关的事实还是让人吃惊。这可能说明在汉末之前，莲花对中国人来说并不重要。

在南阳（汉朝的一个重要中心）出土的汉代墓碑图案，以及在汝南郡（汉朝中心之一）发现的秦汉黏土封泥中，莲花同样缺席。[2] 这或许仍然可以解释为样本太少，无法代表整体。这种解释确有其道理，已有学者指出这些藏品无法代表中国肖形印的演化，而仅能代表当时的世俗的特征，[3] 为了得到可靠的答案，我们需要对类似图案进行更全

---

1 叶其峰主编：《故宫博物院藏肖形印选》（人民美术出版社，1984）。
2 闪修山、陈继海、王儒林编：《南阳汉代画像石刻》（上海人民美术出版社，1981）；王玉清、傅春喜编著：《新出汝南郡秦汉封泥集》（上海书店出版社，2009）。
3 《故宫博物院藏肖形印述略》，《故宫博物院藏肖形印选》，第305—318页。

面和缜密的搜集与研究。可是在前汉时期，龙、凤等虚构生物与虎、鹿、鸟、鱼等重要动物都经常被雕刻，猎虎、捕鱼、骑马、乘龙、斗虎、斗鸡、蹴鞠等社交活动都在上述肖形印、封泥和画像砖中有一席之地。因此，莲花的缺席似乎说明，在大众开始接受佛教与佛教艺术之前，莲花在中国人中并不流行。这种观点还是相当有说服力的。

莲花在先秦（汉）中国的无关紧要也可以通过先秦文学经典，如《诗经》来辅证。《诗经》的三百余首诗歌中，只有两首将莲花视为女性的符号并将它同爱联系起来。相比于《诗经》，来自南方的诗歌《楚辞》更多地提及莲花，将其作为纯洁与爱的代表，可次数依然稀少。更需要指出的是，莲花的文化形象在早期中国文学中被边缘化，极其少见，而在艺术（雕刻、画像等）中几乎完全缺席。因此，读者对莲花在早期中国印章和封泥中的缺席无须大惊小怪。毕竟，秦汉之前的中国文化中心在北方，而莲花作为亚热带和热带植物在黄河流域相当少见。总之，莲花在早期中国社会和生活中处于边缘，其呈现微乎其微，其影响微不足道，因此在早期的印章和封泥文化中几乎未见。正是因为佛教的传入和本土化，莲花才在中国文化中有了重要意义。

随着佛教在中国的繁盛和本地化，莲花也吸引了学者的注意。到了宋朝，莲花在延续佛教意味的同时，与儒学相结合，已然成为君子的象征。然而，从汉朝到唐宋再到明代早期，中国的印章与印文化虽然延续但并不繁盛。印章主要作为政府的凭信功能，因其与文人文化和民间文化脱离，故而文人欣赏的莲花也未能进入作为官方凭信的印章系统。从明代中期开始，文彭、何震等篆刻家率先开启了一场印章与篆刻文化的根本性变革。他们一方面抛开了曾经流行的九叠文形式，引入了秦汉印章和封泥的特点；另一方面，他们把篆刻和印文化变成了文人重要的表达途径。与此同时，随着中国画的采用，以及秦汉书法的风格受到重视，篆刻和印文化开始成为明清时代文人圈子的主要文化领域之一。简言之（或有过度简化之嫌），印章与印文化从明代中期、清朝、民国以至于今日，很大程度上得益于复古（或曰"摹古"），尤其是对秦汉风格的借鉴。如前所述，莲花在秦汉时期并不重要，但在其后佛教繁盛的几个世纪中变得相当重要。后来，研究印章与封泥的学者将秦汉风格进一步追溯至春秋战国时期，那时的莲花在中国文化中也几乎无迹可寻。就这样，明清以来直追先秦的印章文化便不可能采用莲花的元素。

准确地说，莲花的形象，无论是花朵、叶子、花苞还是茎秆，都很少被雕刻在中国的印章上。莲花最常见的表现是莲花宝座，伴有佛陀图像。在其他地方，莲花图像似乎非常罕见。莲花印章/封泥的缺失，与汉代以后中国社会和文化中其他莲花形象的流行形成了鲜明对比。自南北朝以来，中国的建筑、绘画、陶瓷、诗文与刺绣经常包括、提到、描绘、讨论甚至专门研究各种形式的莲花，在佛教繁盛且本地化的唐宋、元、明时期也是如此。[1] 因此，莲花在印章与篆刻文化中的缺失，是后人在模仿佛教来到中国之前的秦汉时代时，绕过了中国的佛教时期，也就是莲花文化繁荣时期的结果。

尽管如此，与莲花有关的印章与封泥的确出现在某些佛教篆刻作品（比如《心经》篆刻），以及某些佛僧或虔诚学者（比如赵之谦、

---

[1] 有关莲花形象传入中国的过程，参见 Jessica Rawson, *Chinese Ornament: The Lotus and the Dragon*, British Museum Publications Limited, 1984; Cheng Te-K'un, *Studies in Chinese Art*（Hong Kong: The Chinese University of Hong Kong Press, 1983）; Susan Bush, "Floral Motifs and Vine Scrolls in Chinese Art of the Late Fifth to Early Sixth Centuries A.D.," *Artibus Asiae*, Vol. 38, No. 1, reprint, 1976, 35。

弘一法师）的作品中。"佛陀（有时是观音）坐在莲花宝座上"仍然是一个重要的图案。这也来自佛教对中国及东亚其他国家和地区的影响。因此，虽然古代中国大部分地区缺少莲印，但中国西藏地区由于受到佛教的深刻影响，反而产生了相当多的莲印。下文中有关西藏地区的所见印章便揭示了中国非汉文印章中的莲花形象。

西藏地区的莲印与莲纹封泥

由于佛教的传播与影响，在中国西藏地区经常发现莲印和莲纹封泥。在莲纹印章和封泥上，莲座或莲台是图案的主要特点和主题。藏语里，印章一般叫作"tham"或"tham ka"。

莲花－佛教－印章的三部曲在藏传佛教印章里有生动的体现。[1] 无论是为宗教功能还是行政功能，西藏留存的大多数官方印章是由元、明、清的中央政府下发给地方政府和寺院的。目前发现最早的是一枚元朝玉印。它大致呈正方形（6.1厘米×5.8厘米），高5.5厘米，底部有三个莲台（图28）。"Sa"这个词被雕刻在三个底座上，最可能是指萨迦寺，或佛教的三宝，或三朵莲花。玉印中央是四个未破译的梵文词，顶上是三宝，有火焰背光，以阳光为背景。[2] 该枚印章曾经属于日喀则的萨迦寺，现存于拉萨的布达拉宫，应当属于宗教用途。

1　欧朝贵、其美编著：《西藏历代藏印》（西藏人民出版社，1991）。
2　同上，第14页。

在罗布林卡和布达拉宫也发现了与之类似的四枚拥有莲座的噶玛巴印章。[1] 噶玛巴是噶玛噶举派的最大转世活佛之一，噶玛噶举派是噶举派中最有影响的分支（噶举与宁玛、萨迦、格鲁为西藏佛教四大宗派）。第一枚噶玛巴印章最早属于黑王冠，有时称作噶玛巴的"黑帽系"。这枚玉印长6.9厘米，宽5.8厘米，高5厘米，螭钮。中央为置于五莲底座的"噶玛巴"一词；印章上方有三个代表三宝的小环，背光的左右上角为两个同样大小的小环，代表日月（图29）。第二枚玉印相对较小（4.7厘米×4.7厘米×5厘米），图案与第一枚相似，另有三莲底座和一弯新月。这两枚印章存放在罗布林卡。第三枚是玉印（6.2厘米×6.2厘米×4.3厘米），螭钮（图30），在中央背光里是藏文"噶玛巴"字样。上方有三个代表三宝的小环，三宝左右各有一代表日月的小环，底部有三莲底座。[2] 第四枚木印（图31，尺寸为4.21厘米×4.2厘米×6.5厘米），图案与第三枚相同，属于噶玛巴的红帽系，宝珠钮。这枚木印的主要特点是它仍未被破译的铭文。其文字可能不标准，根据木头材质，人们猜测它或是一枚玉质原件的仿品。这两枚印章存放于布达拉宫。

花押印或署名印是指个人的风格化署名印章。它们的尺寸通常比较小，有时带有图案，风格多变。西藏也有署名印，如西藏摄政王德木活佛的署名印（图32），他在拉萨的官方居所是丹杰林。这枚铁印就在丹杰林的仓库使用。印上两个环内有一朵八瓣莲花，环外是太阳与新月的结合。[3] 这种图案经常出现在西藏本地的印章上。

1　《西藏历代藏印》，第49页。
2　同上，第50页。
3　同上，第83页。

另外一枚存于罗布林卡的铁制肖形印上则有写实且生动的莲花图像（图33），而非简化或风格化的莲花符号。莲花被置于正方形的中央，且花上有每侧有九条手臂的金刚杵（vajra）。[1] 莲花不仅仅支撑神灵和天物，也支撑神圣宗教符号和金刚杵这样的法器。莲花跟金刚杵意味着不可分离的"宇宙本体"的精华。[2]

德国波恩大学存有三枚西藏姓名印，与丹杰林的印章相当近似，有相似的莲花图案。[3] 第一枚是圆形印章（直径为1.8厘米），有一个八瓣覆莲，中央有两行词"phags pa"（图34）。[4] 花瓣几乎呈三角形，且中心有一黑点。外环内有一个日符号和一个月符号在顶上。第二枚也是圆形印章，尺寸与第一枚相同。内外有两环围绕，内环上有一朵八瓣莲花，花瓣每个底端上都有一个黑点。中央有两个词语，或为"la tsa"。[5] 第三枚印章更小，直径只有1.5厘米。在外环之内上有两内环，带有一个四瓣莲花符号。每一片花瓣都有一个装饰。中央有一个带"dga' dkvi"字样的圆环。[6]

所有这些与莲花有关的西藏印章，无论是官方的还是民间的，都展示了其主要的宗教性质和功能，部分印章还反映了行政权力。但它们的行政权力本质上来源于它们的宗教意义，因为在此讨论的西藏在当时是一个佛教"王国"。

1　《西藏历代藏印》，第112页。
2　Ward,"The Lotus Symbol," 139.
3　"The Tibetan Seals Database Overview", The Central Asian Seminar, Bonn University, Germany. http://www.dtab.uni-bonn.de/tibdoc/index1.htm.
4　http://www.dtab.uni-bonn.de/tibdoc/php/dbseals.php?a=single&eintrag=453.
5　http://www.dtab.uni-bonn.de/tibdoc/php/dbseals.php?a=single&eintrag=454.
6　http://www.dtab.uni-bonn.de/tibdoc/php/dbseals.php?a=single&eintrag=458.

余论：全球现象，地方特色

在世界历史上，关于思想、风格、宗教、科技、语言等文化元素的传播和本地化，人们一般认为文化扩散是主要的方式，无论在一种文化内还是从一种文化到另一种文化。佛教从印度到东亚各地的传播以及佛教的中国化，堪称文化扩散与本地化最鲜明和最有说服力的例子。莲花在中国的流行与莲印的缺乏便体现了佛教重塑中国的复杂性。换句话说，也就是全球与地方共同塑造全球性与在地性的微妙。在艺术世界里，也有许多类似的跨文明同时充满地方特色的过程和现象。

根据亚非欧各地的印章和封泥的时间顺序，笔者认为，印章和封泥最早在埃及和西亚被发明，后来传入印度和中国。笔者关于莲印和封泥的研究无疑支持这个传播路径。考古发现指向这种印章和封泥起源于西亚与埃及文明，向众多地方社会包括印度和东亚流播的结论。

莲印和莲纹封泥所传递的思想观念、其主要特点及某些形式滥觞于埃及，此后传播到美索不达米亚、印度、中国西藏等地区，以及东南亚和东亚多地。在埃及，"莲花"视觉化为从水中出现的生命，而且同太阳的运动共振，被直接概念化为太阳神，被理解为创造（生命、神灵、王室、财富等）、复活和它们背后的能量与纯洁。创造和复活通常被欧亚非各地的人们理解为出生与复生。莲花的开放和关闭，与太阳的升落联系起来，自然地被理解为太阳神的永恒。当埃及法老采用了莲花符号，他们对复活的求索马上将莲花与王室结合在了一起。

莲花与王室的联系也散播到了美索不达米亚、印度与中国等地区和国家，如在伊拉克就发现了莲饰王冠。同时，莲座或莲台也广泛地被世俗国王和各种教徒（如婆罗门教徒或佛教徒）沿用。它们也是中国西藏地区与东亚多地最流行的莲纹图案。

与观念一起，莲花符号的某些形式也在许多地方文化中共享。莲上裸童或莲下儿童（也因此将莲花用作座、坛、台），在西亚多地、印度、中国西藏地区与东亚多地都有相应的艺术形式和内容。一个正在享受莲花芳香、呈站姿的成年人（无论男女），是埃及、印度和中国常见的另一种图像。手持莲花的图像也出现在印度与中国，无论是毗湿奴、因陀罗、多罗、菩萨还是阿弥陀佛，持莲人的主题和图案都大量涌现。莲花手观音在印度东北的塞纳和帕拉王国以及尼泊尔和中国西藏地区都非常流行。图 35 所展示的"莲花手观音"[1]，材质为镀金铜合金，嵌有半宝石，来自尼泊尔，约制于 11—12 世纪。最著名的持莲神祇是中国的观音。图 36 这幅绢画是根据《法华经·观世音菩萨普门品》绘制而成，画中正面的观音菩萨体态匀称修长，面相沉静安详，嘴角画蝌蚪形胡须以示男子相，足踏绿色宝池中涌出的祥云莲花，右手举胸前持曲茎莲蕾，左手外举持净水瓶。[2]

可惜的是，在中国，持莲观音虽多，莲花形象满目都是，莲花寓意也深入人心，却很少有人认识到从埃及到印度再到中国的莲文化传

---

[1] https://www.metmuseum.org/art/collection/search/38335，约 11—12 世纪；高 58.4 厘米，宽 25.7 厘米，直径 12.1 厘米，藏于美国的大都会艺术博物馆。

[2] https://www.sohu.com/a/374930651_120116137，敦煌绢画，北宋（10 世纪下半叶）时期作品，高 84.1 厘米，宽 61.2 厘米，藏于法国吉美国立亚洲艺术博物馆（Musée National des Arts Asiatiques–Guimet）。

播过程和相关变迁。因此，与莲花有关的印章和封泥在亚欧大陆的传播与流变，包括它们是否呈现、如何呈现，都指向笔者试图说明的观点，那就是：全球现象，地方特色。[1]

---

[1] 本章系从笔者英文稿件"Exodus: Lotus Seals and Lotus Sealings: a Cross-Civilizational Perspective"翻译而来，原译者为项述，特此致谢。收入本书时，笔者做了大量修改尤其是删减。英文原文获得 2018 年西泠印社"世界图纹印记研究"国际征文一等奖，修订后发表于宾夕法尼亚大学东亚语言和文明系梅维恒教授（Victor Henry Mair）主编的 Sino-Patonic Papers，见 "Lotus Seals and Lotus Sealings: a Cross-Civilizational Perspective," Sino-Platonic Papers（SPP）, Number 302（June, 2020）, Department of East Asian Languages and Civilizations, University of Pennsylvania. http://www.sino-platonic.org/complete/spp302_lotus_seal.pdf；中文版载《世界图纹与印记国际学术研讨会论文集》上册，第 70—92 页。

第三章

印度洋来的『宝贝』：商周时期中原的海贝

老问题,新答案

多年来,在中国西北和北部的许多大墓葬中出土了大量从新石器时代到商周时期的天然海贝和各种材料制成的仿贝。与此同时,商周时期的甲骨文和金文也保留了关于海贝的大量文献,记录了早期中国社会使用海贝的情况,这是全世界独一无二的现象。这些关于海贝的甲骨文和青铜彝器铭文(即金文),生动地揭示了在中华文明形成初期,这种海洋动物在政治、经济和宗教文化上的重要意义。中国先秦时期这种令人瞩目的海贝文化,在全世界都引起了关注,值得我们深思。

关于商周时期海贝的功能和来源,从古至今的中国学者一致认为,海贝是中国最早的货币,这个观点也被许多外国学者接受。实际上,这是一个令人遗憾的误解,这个观点混淆了经济学中的几个基本概念,把货币等同于财富或价值。笔者从 2000 年夏便开始关注中国的海贝问题,经过多年的材料搜集,跨地区、跨学科的研究和思考,为这个两千多年前太史公就给出明确答案的老问题,提供了新答案。本章根据考古发现和金文材料,综合国内外一些学者的研究,分析指出:第一,商周时期的海贝并非从南方来,而是从印度洋特别是马尔代夫群岛经印度自西传入中国西北和北方的;第二,商周时期的海贝虽然曾经承担货币的某些职能,但它们并不是货币。

从晚商到东周,黄河流域的海贝发现频率之繁,数量之多,意义之重大,使人很自然地思考它们的来源和性质。这些海贝是哪里出产的？经过何处而来？何时以及为何成为货币（如果是货币的话）？这些问题都是 20 世纪以来中国学者长期探求的目标。对这些问题，本章试图一一加以解答。本章先讨论先秦海贝的来源，驳斥了传统的南来说，也就是先秦海贝是从东南或南海而来的说法。笔者分析认为，这些海贝产自马尔代夫，经过草原之路进入中国北方。几乎所有中国学者都认为海贝是中国最早的货币（他们的不同之处不过在于海贝何时成为货币），笔者赞同李永迪的观点，认为无论是考古发现还是金文材料，都不足以证明海贝在西周之前的中国社会是货币。[1]笔者认为，海贝在中原就没有成为货币，虽然它承担了货币的部分职能，而距离和运输成本是商周时期海贝不能成为货币的关键原因。

海贝从哪里来

20 世纪在河南安阳发现的殷墟堪称中国考古史上最重大的发现，为理解和诠释中华文明的形成做出了基础性的贡献。殷墟考古的一项重大发现便是 1976 年发掘的妇好墓。除了 1 928 件陪葬器（其中青铜器 468 件，玉器 755 件，宝石 47 件，石器 63 件），[2] 妇好墓中还发现了数目庞大的海贝，总计有 6 800 多枚。当时在挖掘现场的郑振香

---

1 Li Yung-Ti, "On the Function of Cowries in Shang and Western Zhou China," *Journal of East Asian Archaeology*, vol. 5（2003）: 1–26.
2 中国社会科学院考古研究所编著:《殷墟妇好墓》(文物出版社,1980)。

回忆道:"海贝成堆,则将贝放在铜器内递上来。"[1]

这将近 7 000 枚海贝陪伴立下赫赫武功的妇好走入地下生活,意义举足轻重。这些海贝,与中国西北和北方墓葬中发现的其他海贝一起,提出了许多关键而重大的问题。关于海贝的讨论,最核心的问题就是两个:一是来源,二是职能。

商周时期(也就是中国的青铜时代)发现的海贝绝大多数是货贝,少数是环纹货贝,还有一些拟枣贝。这三种海贝外形和体积相似,在考古报告中一般不做区分,在中国古代也没有区别使用的痕迹。[2] 前两种海贝在印度洋和太平洋的温暖水域和潟湖蕃息,其栖息地西至红海到莫桑比克,东至日本、夏威夷、新西兰和科隆群岛(又名加拉帕戈斯群岛)。货贝在苏禄群岛、印度洋和马尔代夫大量存在,马尔代夫更是全世界海贝的最主要供应地。[3] 然而,青铜时代中国的海贝来源问题实际上并没有得到中国学者的足够重视,大家基本上沿袭了古代中国就有的南来说,认为海贝来自东海或南海。

1　郑振香:《殷代王后的地下珍宝库——河南安阳殷墟妇好墓考古记》,朱启新编《考古人手记》(生活·读书·新知三联书店,2002)第一辑,第 18 页。关于殷墟妇好墓出土的各种海贝,中国社科院考古研究所有过详细报告。其中有阿拉伯绶贝一件,有货贝共 6 880 多枚。关于货贝的功能,考古所认为,墓中出土的 6 800 多枚货贝在当时应是一宗极大的财富。据鉴定,该物种分布于中国的台湾、南海以及更远的区域,可见来之不易。此外,大量玉器经过鉴定,与今天的新疆和田玉接近,大概是从遥远的西北运来的,这些贝、玉可能是通过交换或者贡纳等途径获得的。见《殷墟妇好墓》,第 220、234 页。

2　彭柯、朱岩石:《中国古代所用海贝来源新探》,《考古学集刊》,1999 年第 12 期,第 119 页。很多学者忽视了拟枣贝。

3　Jan Hogendorn and Marion Johnson, *The Shell Money of the Slave Trade* (London: Cambridge University Press, 1986).

国内关于海贝来源的探讨,数十年来的主流观点是南海说,[1]扩大版的观点则指向了所有东南沿海。[2]这和古代中国学者的说法并无两样。郭沫若认为殷周使用的贝为滨海产物,而"殷周民族之疆域均距海颇远。贝朋之入手当出于实物交易与掳掠","彝铭有掠贝俘金之事多见",可见他相信海贝系由南方而来,虽然没有具体分析产地和运输路线。[3]日本学者江上波夫从20世纪30年代便开始研究东亚的海贝,他全面审视了中国古代文献,认为海贝是从南海流入北方,他的观点与此前此后的中国学者,如郭沫若等完全一致。[4]最近三十年,一些学者根据考古和金文材料,讨论了海贝北上的两条道路:"一是沿中国东南部海岸北上,二是从南中国海越过南岭,通过长江中游流域,然后进入中原。"[5]日本学者近藤乔一在研究商代海贝时花了很大的工夫来探讨南方通道。他坚持认为海贝产于中国南海,而后通过沿海一带北上;他甚至推测妇好墓中的海贝是因妇好南征淮河流域而来;根据他的说法,晚商时期王公贵族的海贝是从山东而来,而后者又是从

---

1 参见郭沫若:《十批判书》(中国社会科学出版社,1956),第10页。Namio Egami, "Migration of Cowrie-Shell Culture in East Asia," *Acta Asiatica*, vol. 26 (1974): 44–45; 萧清:《中国古代货币史》(人民出版社,1984),第1页;[日]近藤乔一:《商代海贝的研究》,中国社会科学院考古研究所编《中国商文化国际学术讨论会论文集》(中国大百科全书出版社,1998),第389—412页。
2 参见中国社会科学院考古研究所编著:《殷墟的发现与研究》(科学出版社,1994),第403页;彭信威:《中国货币史》(上海人民出版社,1965),第25页;王献唐编著:《中国古代货币通考》(青岛人民出版社,2006),第87—88页。
3 郭沫若:《甲骨文字研究·释朋》,《郭沫若全集》考古编第一卷(科学出版社,1982),第110页。
4 Namio Egami, "Migration of Cowrie-Shell," 45 & 52.《十批判书》,第17页。Peng Ke, Zhu Yanshi, "New Research on the Origin of Cowries in Ancient China." *Sino-Platonic Papers. 68* (May 1995). www.sino platonic.org/complete/spp068_cowries_china.pdf.
5 [日]木下尚子:《从古代中国看琉球列岛的宝贝》,《四川文物》第1期(2003),第30页。

淮河或者南方沿海而来。[1] 不难发现，近藤乔一的观点既没有考古证据，也没有文献支持。实际上，考古材料的缺乏（也就是南方考古并没有海贝的发现），对海贝南来说是最致命的打击。[2]

古代中国文献从来没有在生物学的意义上区分普通的贝壳与海贝，更不要说区分不同种类的海贝（如货贝和环纹货贝）了。以最早的辞书《尔雅》为例，其释贝云，"贝，居陆赎，在水者蜬；大者魿，小者鲼；玄贝，贻贝；餘貾，黄白文；餘泉，白黄文；蚆，博而頯，蜠，大而险；鲼，小而椭"，其分类标准包括水生和陆生、体积大小、颜色、纹路等，可谓混乱。[3] 多数文献资料在谈及海贝或贝壳时模糊不清；倘若多花笔墨，那么一定是因为该种贝体积很大或者颜色艳丽，因罕见而珍贵，常常用作摆设和装饰。

考察海贝自南海来的一个关键处是，南海尤其是中国东南海岸包括台湾一带，究竟产不产海贝（货贝和环纹货贝），而如果确实出产这两三种海贝的话，它们是否被输送到中国北方。考古报告中经常提到某某贝产自中国南海、印度洋一带等，这些说法究竟是引用当时的科学文献，还是就考古发现的海贝加以海洋生物学的研究分析而得出的结论？目前看来，基本就是前者。[4] 实际上，中国东南沿海出产殷

---

1 《商代海贝的研究》，第 391、402、408、409、410 页。近藤乔一有些自相矛盾，比如他又认为青海发现的海贝来自西方而非中原。
2 Peng Ke, Zhu Yanshi, "New Research," 4.
3 徐朝华注：《尔雅今注》（南开大学出版社，1987），第 311—312 页。
4 彭柯和朱岩石注意到，过去学者基本上引用了伯吉斯1970年出版的《现存海贝概要》[C. M. Burgess, *The Living Cowries* (South Brunswick, 1970)] 一书中的说法。此书提到的海贝生长区域包括中国东南沿海，不过，伯吉斯1985年修订后的版本在提到货贝和环纹货贝的区域时排除了中国东南沿海（包括台湾）。Peng Ke, Zhu Yanshi, "New Research," 3; C. M. Burgess, *The Living Cowries* (South Brunswick, 1970); *Cowries of the World* [G. Verhoef Seacomber Publications; First Edition (January 1, 1985)].

墟发现的海贝一说并无确凿的证据，因此，所谓产自南海（而不仅仅是中国东南沿海）的海贝在气候相对温暖的青铜时代抵达北方也只是一种推测。[1] 彭柯和朱岩石对考古发现的海贝做了科学分析，反驳了南来说或南海说。他们指出，海贝作为热带底栖海洋生物，其分布和变化与海洋环境因子（温度、盐度、海流和底质）密切相关，"我国沿岸海域冬季水温以广东沿海最高，约为16℃；表面盐度以南部沿海最高，约为30%；基本受到沿岸海流控制；其底质基本为大河从大陆冲刷搬运入海的泥沙"，因此，"中国海洋沿岸水域基本没有本文探讨的海贝的出产。同理，中国渤海、黄海、东海大部基本没有海贝出产"。[2]

这是目前的状况。那么，有人会问，排除了现在，怎么就能排除历史上的青铜时代呢？彭柯和朱岩石继续分析说，仰韶文化时期的海水温度虽然比现在高2~3℃，但海水表层盐度比现在低，同时泥沙沉积也与现代一致。因此，他们谨慎地总结说："中国古代东海及其以北沿海无海贝的出产，广东沿海可能曾有海贝的分布。中国古代海贝的分布区域为印度洋和中国南海。"[3] 同时，针对学界过去提出的海贝北方沿海来源说、山东半岛沿海来源说和东南沿海来源说，彭柯和朱岩石指出："尽管三种说法各有所依，然而限于过去有关海贝的考古资料过于匮乏，上述诸说均不具有论证深入研究的基础。如今，总结

---

1 锺柏生：《史语所藏殷墟海贝及其相关问题初探》，《史语所集刊》64（3）(1993)：第687-737页。
2 《中国古代所用海贝来源新探》，第119—120页。亦见Peng Ke, Zhu Yanshi, "New Research," 2-3。
3 同上，第120页。亦见Peng Ke, Zhu Yanshi, "New Research," 2-3。

建国 40 年来积累的大量有关海贝的考古资料，我们发现以上诸说都是得不到考古学实际证明的。"[1] 简单地说，"中国古代所用大量海贝不是自中国沿海输入的"[2]。

有人会追问，虽然中国东南沿海不产海贝，可是彭柯和朱岩石的研究并没有排除南海；既然南海出产海贝，那么为什么海贝没有可能从南海传到中国南方而进入中原地带呢？首先，南海地区并没有采集和输出海贝到中国南部的任何历史学、人类学或者考古证据。其次，假如海贝从南海到中国南方如岭南地区，再到黄河流域，必然会在沿途留下蛛丝马迹。而从海贝的使用看，这恰恰是北方的文化，在南方几乎不存在。[3]

彭柯和朱岩石仔细分析中国古代使用海贝的五个阶段，指出：在海贝使用的第一阶段（新石器时期），它"最早被使用于远离中国东南沿海的青海东部、西藏东部和四川西北部地区"，这一阶段"发现的海贝多属于为人们珍贵的装饰品"；中原地区则没有使用海贝的现象。在第二阶段（夏至商前期）——这是"海贝使用的发展阶段"，西北地区仍是使用海贝的重点区域，其发现数量有所增加，但职能没有变化，仍属于装饰品。第三阶段从商前期到春秋早期，是海贝使用的繁荣阶段，这个时期"使用海贝遗址的空间密度、地域范围及在各遗址内出土数量均进入高峰期，达到空前的繁荣"，"商代中晚期海贝出土地点主要集中分布在商文化发达的晋、冀、鲁、豫地区"，"西周

---

1 《中国古代所用海贝来源新探》，第 121 页。
2 同上，第 131 页。
3 三星堆似乎是个例外，那里也出土了数千枚海贝，许多学者也认为是作为货币使用。本章限于篇幅不予讨论。

至春秋早期除保持原商文化区使用海贝的繁荣外，在周文化发达的关中地区又出现另一个繁荣的中心，此时海贝的使用极为普遍，并有一套使用规制，"这一阶段使用海贝的地域空前扩大，西北到新疆哈密地区，西南到达云南德钦，向南推进至长江地带的江苏丹徒，而在此之前，淮河以南地区未见海贝的出土"。第四阶段为春秋中期到战国，是海贝使用的渐衰阶段，此时"海贝已无密度集中的使用区域"，"遗址分布密度降低"，"各个遗址中海贝出现的频率均呈衰势，一些墓地甚至出现春秋墓中尚有海贝、战国墓中已无海贝的情况"，"可能因海贝数量的减少导致供不应求"，从而刺激了仿贝的发达，"出现了大量各类质地的仿制海贝"；值得注意的是，"中国西南地区海贝使用在此期呈发展趋势"，但"这里属于与中原地区不同的文化区系；海贝之来源、用途等应有其特点"。第五个阶段是秦汉时期，海贝在汉文化中消亡，在中原地带尚有一些海贝发现，汉代之后便无发现；而秦汉时期"新疆、内蒙古、云南、四川等周边地区仍有使用海贝的习俗，且数量较多"。[1] 此外，从仿贝而言，其分布和传播与天然海贝大体相似，西北部最早出现，而后向东南推进，直至仿贝最后消失。[2]

简而言之，从时间上看，先秦时期中国的海贝最早使用于西部腹地的新石器文化中，盛行于青铜文化发达的商周时期，到了秦汉时期已经衰亡；从空间上看，秦汉以前海贝的使用区域局限于长江以北，长江以南极为罕见，东南五省（闽、赣、粤、湘、浙）尚未发现使用海贝的考古学文化。"这一事实有力地证明中国古代海贝不会从东南

---

[1] 《中国古代所用海贝来源新探》，第123—126页。
[2] 同上，第127—129页。

向西北传播。从这一认识出发才可能解决中国古代使用海贝的来源问题。"[1] 假如海贝自中国南海向北传播，那么它在跨越东南各地时不可能没有留下考古学的痕迹。正因如此，无论东南沿海还是南海，都不可能是古代中国所用海贝的来源，只有印度洋才是中国古代海贝最符合逻辑的源头。[2]

既然如此，那么北印度—中亚—中国西北这条横贯了欧亚草原和蒙古草原的"草原之路"便是印度洋海贝到达中原地区的路线。由于古代中国使用的海贝数量巨大，其输入需要一个相对稳定且有一定规模的渠道才能完成，因此，彭柯和朱岩石提出了"海贝之路"概念，[3] 亦即丝绸之路出现之前的草原之路。考虑到上述因素，事实应该相当明晰，那就是，古代中国使用的海贝主要是从印度洋也就是马尔代夫附近海域经过草原之路到达中国的。[4] 当然，这个定论并不排除海贝从其他地区以其他路线零星输入。

洛阳曹魏大墓石楬中的"海贝四枚"

2015年8月至2016年12月，洛阳市文物考古研究院对洛阳市

1　《中国古代所用海贝来源新探》，第127页；Peng Ke, Zhu Yanshi, "New Research," 13。
2　Peng Ke, Zhu Yanshi, "New Research," 13 & 14.
3　《中国古代所用海贝来源新探》，第131页；Peng Ke, Zhu Yanshi, "New Research," 19。
4　关于亚非欧大陆使用海贝和贝币的情况，参见 Bin Yang, *Cowrie Shells and Cowrie Money*。

寇店镇西朱村一座曹魏时期的大墓（编号 M1）进行了抢救性发掘，人们从墓中发现了与曹操墓中一样的石牌——刻铭石楬，共计 325 枚（含残片）。[1] 这些石楬以质地坚硬的青石为材料，经过精工磨制而成。这三百多枚刻铭石楬记载了随葬品的名称、质地、尺寸和数量，相当于随葬品的标签或目录，其历史、文化和艺术价值非常可观，这座大墓也因此被评为"2016 年中国六大考古新发现"之一。在 325 枚石楬中，有两枚的铭文提到了海贝，非常特殊，故略加分析，以求教方家。

首先，这座大墓属于曹魏时期，也就是 3 世纪早期。其中的石楬提到了海贝，这是继甲骨文和金文之后目前在中原地区发现的罕见的石刻海贝记录，弥足珍贵。甲骨文、金文和刻铭石楬均是印刷术发现之前的文字记录，为少数社会精英所垄断，意义不可小觑。

其次，石楬一记载"海贝四枚"，石楬二记载"海大斑螺四枚"，石楬所记载的"海贝"究竟为何物？一般而言，在近代以来的文献中，所谓"海贝"尤指货贝，俗名白贝齿，是小型海螺。它颜色洁白，同时开口处有两排相对的痕迹，仿佛细小的齿痕，故得名"白贝齿"。因此，中古时期的中文文献，均称之为"齿贝"或"贝齿"，比如去印度取经的和尚法显、玄奘等，在印度等地见到海贝便是这样记录的。当然，这种小型海螺从新石器时期特别是商周时期起，就在中国西北以及黄河流域出现了，如前文提到的殷墟妇好墓中出土了 6 800 多枚。甲骨文和金文都有此类海贝的记录，特别是商王或者周王向诸侯"赐

---

1 中国美术学院汉字文化研究所、洛阳市文物考古研究院编：《流昉洛川：洛阳曹魏大墓出土石楬》（上海书画出版社，2021）。

"贝"的记载比比皆是，数不胜数。不过，先秦文献的记录都是直接称"贝"，从来没有称"海贝"，因为当时人们不知道这些贝其实出自大海，绝大多数来源于印度洋的马尔代夫群岛。其实，直到现在，学界对此也知之甚少。因此，曹魏石碣所记载的"海贝"不是我们现在说的海贝，不是先秦文献记载的"贝"，当然也不是中古文献记载的"贝齿"或"齿贝"。那么，"海贝四枚"是什么呢？

曹魏石碣还记载了"海大斑螺四枚"，这为我们解开"海贝四枚"之谜提供了思路。虽然我们不知道所谓"斑螺"是何种螺，但记载中强调其体积之"大"、色彩绚烂之"斑"，则可推知这种"斑螺"是以体积之大、色彩之艳而为人所宝，这和古代中国对海螺、玳瑁等海洋甲壳类生物的喜好是一致的。如学者所指，"斑螺"很可能是鹦鹉螺，在东海和南海都有发现，色彩斑斓绚烂，长度可达20厘米。因此，所谓"海贝四枚"也必然以大取胜，故不可能是长不过2厘米、宽和高各不过1厘米、体型微小的黄宝螺。更何况，黄宝螺也不产于东海和南方滨海区。因此，"海贝四枚"当是海中所出的体型巨大的带壳生物。

所谓"海贝四枚"从哪里来？曹操曾"东临碣石，以观沧海"，而三国时期曹魏与倭国（邪马台国）多有往来。《三国志·魏书·倭人传》记载，倭国朝贡曹魏共有四次。239年，倭国女王卑弥呼派遣大夫难升米、次使都市牛利与曹魏接触，曹魏赐给卑弥呼的诏书中称她为"亲魏倭王"，馈赠布匹、金子、刀、铜镜、珍珠、铅丹等礼物。次年，曹魏带方太守弓遵遣建中校尉梯儁等人奉诏书印绶前往倭国，封卑弥呼为假倭王。因此，石碣中的"海贝"与"海大斑螺"出自东海、由倭国或滨海之民朝贡进献的可能性颇高。在曹魏的统治者看来，它们属于宝物，象征着权力、地位和社会威望，自然也有相当的经济价值。当然，从南海辗转而来的可能虽然相对较小，也不能排除。总之，以笔者蠡测，洛阳曹魏大墓石楬中的"海贝四枚"并非现代海洋生物学意义上的海贝。

海贝是货币吗

海贝在古代中国是货币吗？如果是的话，又是从何时起成为货币的？这些问题异常复杂，特别是考虑到人们对货币的不同定义和不同理解。[1] 很多学者相信中国最早的货币是海贝，而非金属铸币或其他非金属货币；这个观点在西方学者中也广为传播。[2] 对持此种观点的学者而言，他们面临的问题（分歧）是：海贝何时在中国成为货币？

古代的历史学家、学者都注意到中国先秦时期使用海贝的事实，其中一些人如司马迁，就认为海贝是"币"（交换手段），也就是人们所说的钱。他在《史记·平准书》中说："农工商交易之路通，而

---

[1] 关于中文"货币"一词，彭信威做过简单的考察。在春秋战国时期，"货"和"币"是两个不同的概念。"货"可能是"化"字的变体，作为名词，其在战国时期和现代的意义差不多，包括一切商品（以及其中的货币商品，即实物货币），到了汉代，"货"依然指代财或实物，不专门指货币；作为动词，"货"可以表示"以之为宝"或者"交换"的意思，由于古人不知道货币与财富的区别，所以使用时将这两个概念混在一起。关于"币"，在战国时期指的是皮、帛，与货币无关；由于皮、帛当时可以用来以货易货，成为支付手段（带有支付功能），所以"币"逐渐取得了"货币"的含义。至于"货币"作为单一词的出现，可能是相当晚近乃至现代的事，在古代，人们多用"钱币"一词。《中国货币史》，第1章，第7—8页。

[2] Li Yung-Ti, "On the Function of Cowries," 2.

龟贝金钱刀布之币兴焉";"虞夏之币，金为三品……或黄，或白，或赤；或钱，或布，或刀，或龟贝。及至秦，中一国之币为（二）等，黄金以溢名，为上币；铜钱识曰半两，重如其文，为下币。而珠玉、龟贝、银锡之属为器饰宝藏，不为币。然各随时而轻重无常。"[1]用现在的话说，司马迁认为在新石器时代的"虞夏"，"币"（货币）包括"金""钱""布""刀""龟""贝"；到了秦始皇一统六国，统一了货币，只使用黄金和铜钱，"珠玉、龟贝、银锡"就"不为币"了。司马迁虽然没有区分贝壳和海贝，但他的这段话成为两千年来中国货币史书写的范式，深深地扎根于中国人的文化观念之中。

司马迁之后，公元前 81 年时，桓宽在《盐铁论》中进一步解释了货币的形成。他说："古者，市朝而无刀币，各以其所有易所无，抱布贸丝而已。后世即有龟贝金钱，交施之也。币数变而民滋伪。"也就是说，起初本没有货币，大家都用所有物换取自己没有的东西；后来才有龟贝金钱在市场上作为交换媒介。《盐铁论》中还提出"夏后以玄贝，周人以紫石"[2]，也就是所谓的贝或其他货币是有鲜艳色彩的。班固则枚举了"货谓布帛可衣，及金刀龟贝，所以分财布利通有无者也"[3]。许慎在《说文解字》中释"贝"说："海介虫也。居陆名猋，在水名蜬，象形。古者货贝而宝龟，周而有泉，至秦废贝行钱。"[4]他不但把司马迁所列金、钱、刀、布、龟、贝这五种"货币"简化为贝和龟两种，还排出了次序，认为金属铸币要晚于贝和龟。许慎这段高

1　[汉] 司马迁:《史记》(中华书局,1975)，卷 30，第 1442 页。
2　[汉] 桓宽:《盐铁论》(上海古籍出版社,1990)，第 18 页。
3　[汉] 班固:《汉书》(中华书局,1975)，卷 24 上,《食货志第四上》，第 1117 页。
4　[汉] 许慎撰,[宋] 徐铉等校:《说文解字》(上海古籍出版社,2007)，第 303 页。

度概括性的释文，进一步强化了古代的贝就是最早的货币这个观念。唐代僧人慧琳在《一切经音义》中非常详细地分析了上古的贝币，对贝币进行了系统阐述，从各个方面论证贝是货币，形成了"贝是货币"的论证模式。他首先征引《玉篇》，指出"贝，螺属也，出海中，色白如雪"，这是海贝的生物和物理属性；然后他说"所以缨马膺"，也就是海贝用来给马作装饰，这和现代商周考古发现是一致的；慧琳还谈到了海贝的职能，继续引用《玉篇》说，"古者货贝而宝龟"，也就是说，海贝和龟壳一样是贵重物；他也照搬前人的方法，用字的构形来说明此点，云"且如资、财、货、贿之字皆从于贝"；他最后概括说"古者无钱，唯传贝齿"，后来"殷周废贝行钱，于今不绝"，这是自古以来的说法。[1] 慧琳是古代中国贝币理论的集大成者，他总结了唐之前学者的认识，约束了唐之后学者的观念，以此为代表的古代中国的贝币观念也深刻地束缚了现当代学者的论证模式。

瑞典考古学家安特生把考古学带进了近代中国，并在中国亲自进行了考古挖掘和研究，或许是第一个系统阐述古代中国贝币概念的现代学者。安特生认为，至少在商代，海贝是"最普遍的货币形式"，此后，天然海贝先被金属仿贝而后被仿照其他物品的金属货币逐步代替。[2] 20世纪初的中国学者，如王国维、李济、董作宾、高去寻等研究甲骨文和现代考古的第一代学者，都不约而同地认为海贝是中国最早的货币。比如，王国维就说："殷时，玉与贝，皆货币也。"[3] 他们基

1　[唐]慧琳：《一切经音义》，CBETA 电子版，版本记录：1；完成日期：2001/04/29；中华电子佛典协会（CBETA），第389页。
2　J. Gunnar Anderson, *Children of the Yellow Earth*（New York: Macmillan Co., 1934），300.
3　[清]王国维：《观堂集林》（中华书局，1959），卷三《说珏朋》，第161页。

本上接受上古传说和司马迁以来的观念，且未能辨析文献中的各种"贝"，失之简略轻率；同时，他们缺乏现代经济学知识，未能讨论货币这一概念，也未能区分货币与货币职能。相反，他们把财富简单等同于货币，因而不但未能匡正旧弊，反而强化积谬。而国外的许多学者，或因不能阅读中国古代文献，单纯接受了安特生的观点，缺乏仔细辨析，也承袭了海贝为中国最早货币之说。[1] 万志英谨慎地指出，在商代，虽然许多贵重物品，如玉、珠、海贝、龟壳、动物、臣、裘、丝麻、谷物以及金属，都在日常中用作赠礼或回礼，但"只有海贝看起来曾经作为交换媒介使用过"，他基本接受了海贝是货币的观点。[2] 康斯坦斯·A.库克也大致如此，说海贝在周代可能有巫术功能，同时也是赐礼过程中的交换媒介。[3] 近来一些学者大体上重复了类似的说法，认为最早是中国人将海贝作为货币使用的，时间最早可推至公元前13世纪。[4]

20世纪50年代以来，中国的历史学者、考古学者和钱币学者一直坚持并强化上述的观点。[5] 而这期间考古中数以万计的海贝和仿贝的发现，以及金文中数以十计的赐贝记录，更加固化了此种

---

[1] Li Yung-Ti, "On the Function of Cowries," 2.
[2] Richard Von Glahn, *Fountain of Fortune: Money and Monetary Policy in China, 1000–1700* (Berkeley and Los Angeles: University of California Press, 1996), 24.
[3] Constance A. Cook, "Wealth and the Western Zhou," *Bulletin of the School of Oriental and African Studies*, vol. 60, no. 2 (1997): 260.
[4] Sanjay Garg, "Non-Metallic Currencies of India in Indian Ocean Trade and Economies," in Himanshu Prabha Ray and Edward A. Alpers, eds., *Cross Currents and Community Networks* (New Delhi: Oxford University Press, 2007), 249; Bill Bynum and Helen Bynum, "Egyptian Cowrie Necklace," *The Lancet*, vol. 386, Iss. 10003 (2015): 1525.
[5] 《中国古代货币史》，第1、29页；《中国古代货币通考》，第82页。

观念。大家几乎一致认为，海贝，而不是金属钱币，是中国最早的货币。

在这些学者当中，郭沫若的观点比较有代表性。郭沫若20世纪30年代在日本所做的甲骨文字研究触及了海贝与贝币的问题。虽然他此后对当时所提观点的一些具体细节做过修订，但基本立场并没有变化，而由于他的地位，他的看法影响很大。郭沫若指出："贝玉在为货币以前，有一长时期专以用于服御"；他引用许慎的《说文解字》说，双贝为賏（音婴）字，颈饰也；又婴字，也是颈饰，即賏相连也；也就是说，都是贝相连也，故郭沫若说："贝而连之，非朋而何耶？"[1] 虽然一朋有五枚贝之说，也有两枚贝之说，但都是连贝而已，区别只在于数目的多少。因此，郭沫若认为"朋为颈饰"，而且"于字形之本身亦可得而证明"，盖甲骨文中朋字若两系左右对称之连贝，乃至"更有连其上下作环形"；金文中朋字亦如此，"实即颈饰之象形"。[2] 既然珏朋之朔为颈饰，则构成珏朋之玉、贝之数目可多可少，所以不必拘泥于特定的数目。"至谓珏必十玉，朋必十贝，此于贝、玉已成货币之后理或宜然，然必非珏朋之朔也。"[3] 关于贝之来源，郭沫若说"原珏朋之用，必始于滨海民族，以其所用之玛瑙贝本系海产。殷周民族之疆域均距海颇远。贝朋之入手当出于实物交易与掳掠"，"彝铭有掠贝俘金之事多见"，但他没有分析海贝的具体出产地与运输路线。郭沫若还分析了从天然海贝到仿贝的历史进程。由于当时海贝很难获得，"以其为数甚少而不易得，故殷周人皆宝贵之。贝穷则继之以骨，

---

1   郭沫若：《释朋》，第107页。
2   同上，第108页。
3   同上，第110页。

继之以玉,而骨玉均效贝形。继进而铸之以铜"。[1]郭沫若援引罗振玉在《殷墟古器物图录》中的说法来佐证天然海贝之珍贵与难得,故有仿贝之出现,包括作为铜贝之一的蚁鼻钱。他进一步指出,贝朋为颈饰时,"其来多得自实物交换,则虽有货币之形,尚无货币之实"。[2]那么,海贝是什么时候变成货币的呢?郭沫若说,海贝"其实际用为货币,即用为物与物之介媒者,余以为亦当在殷周之际",而他的证据就是甲骨文和金文中的赐贝:"此事又古器物中赐贝之朋数殊可得其端倪。"[3]

当代中国学者几乎异口同声地肯定古代中国以海贝为货币。回顾总结殷墟六十年研究的历程,中国社会科学院考古研究所专家认为商代使用海贝为货币。[4]著名货币史专家黄锡全认为,贝币是从原始社会到夏商周的货币,也就是"中国最早的货币"。[5]对西周时期亢鼎的释读和研究,更增添了黄锡全的信心。

亢鼎中的"贝"

上海博物馆 1998 年在香港古玩市场购得亢鼎,此鼎三足立耳,

---

1 《释朋》,第 110 页。
2 同上,第 111—112 页。
3 同上,第 112 页。
4 《殷墟的发现与研究》,第 402—403 页。
5 黄锡全:《先秦货币通论》(紫禁城出版社,2001),第 1—52 页。

腹底与三足有相应的三个圆凸；器表无纹饰，仅口沿下有一突起的箍；鼎高 28.5 厘米，口径 25.8 厘米，重 1 800 克，器内壁有铭文，原来为锈斑遮蔽，清洗后发现铭文 8 行 49 字，其中合文 6 字；器主为亢，所以定名为亢鼎（图 37、图 38）。[1]

关于亢鼎的年代，马承源指出，亢鼎铭文记载"亢"为"大保"遣办交易，"大保"始于周康王（周成王之子，为西周的第三代天子）时期，因此亢鼎属于西周早期。正是这个时代，使得亢鼎对于研究海贝，特别是认定海贝为货币的学者有特别的意义，因为以往提到交易中有海贝的铭文主要在西周中期。

那么，铭文究竟是什么意思呢？根据马承源和黄锡全的解释，亢鼎是一桩交易的记录：其中买方是大保（官名）公（爵称），也就是召公奭，他和周公一样是西周初期最重要的人物，卒于康王年间，大约活跃于公元前 11 世纪下半叶；卖方是"样亚"；中间人是"亢"。这桩交易大致过程为，买方召公奭委托中间人亢用五十朋海贝从卖方样亚处购买珠玉，并送给卖方鬯一瓶、邕一坛、牛一；样亚则送给中间人亢红铜二钧，以示感谢。[2] 马承源指出，亢鼎的铭文是"西周早期用贝币交易玉器的最早记录"。"用贝币做交易媒介，以往见于西周中期的铭文，由亢鼎铭文可知，它发生的时期还应提早"[3]，因而非常珍

1　马承源：《亢鼎铭文——西周早期用贝币交易玉器的记录》，《上海博物馆集刊》第 8 期（2000），第 120—123 页。
2　同上，第 121 页；Li Yung-Ti，"On the Function of Cowries，" 9；黄锡全：《西周货币史料的重要发现——亢鼎铭文的再研究》（文物出版社，2009），第 40—49 页；黄锡全：《中国货币历史的估定》，《古文字与古货币文集》，第 695 页。
3　《亢鼎铭文——西周早期用贝币交易玉器的记录》，第 120、122 页。

贵。马承源在这里直接用了"贝币"这个词，表明他认定亢鼎里提到的"贝"就是货币（交易媒介）。为什么他认为亢鼎的海贝是货币呢？其中的一个关键原因是"買"（买）字的出现。马承源指出，"买字在金文中数见，大都为族氏之名或私名"，"买字用为买卖交易之义，金文中以亢鼎为初见"。[1] 既然亢鼎中的"买"字义上就是现在语言中的购买，那么，亢鼎中的"贝"自然就是贝币，也就是一种货币无疑了。不过，马承源又谨慎地说，"当时交易媒介并不单是贝朋，而且还有附加值，或赠送某些礼品"，也就是送给卖方的鬱一瓶、邕一坛、牛一；他解释说，"如果不送这些礼品，这个交换就不够满意，这是西周特殊的交换方式，表明它还不是纯粹用单一的交换媒介计值的市场，实物交换的习惯并未完全销歇"；因此，"亢鼎铭文反映了西周早期从实物交易转变到贝朋兼用实物市场的存在"。[2]

马承源的这个发现令黄锡全格外激动，他在不同的文章中都强调了亢鼎铭文的重要意义，称"这篇铭文是西周早期用贝作为货币进行交易的最早、最直接的文字记录，对确定贝是西周货币有重要意义"，而且"买字在文句中的位置，就是购买，字义非常明确。这是西周金文最早出现直接记录买卖的文字"。[3] 他又说："西周金文中第一次出现'买'字，并准确无误地记述用海贝购'买'珠玉，这一史实，无可争议。这对确定海贝是西周货币有重要意义，对于研究相关文字及搞清有关问题是难得的佐证材料，其交换价值也是研究西周货币购买

---

1 《亢鼎铭文——西周早期用贝币交易玉器的记录》，第 121 页。
2 同上，第 122—123 页。
3 《西周货币史料的重要发现——亢鼎铭文的再研究》，第 39—40 页。

力的重要依据,涉及买卖双方及中间人几者之间的关系,对于研究当时的买卖也很有价值","由此可以确定,西周早期海贝的确已经是货真价实的中间媒介——货币"。[1] 不仅如此,黄锡全还进一步判定,"西周铜器铭文所记周王或大臣、贵族之间作为赏赐的海贝也无疑是货币",并枚举西周金文的赐贝记录。

然而,赐贝早在商代的金文中就出现了,那么,商代赐的贝是不是货币呢?黄锡全的答案是非常明确的:"根据西周早期海贝是货币,可以判定殷商时期作为赏赐的海贝也应是货币。"他指出,货币历史应包括金属铸币和实物货币两个阶段,"似可将实物货币(包括海贝)的时间暂且推定在夏代或者夏代以前的新石器时代晚期(这一推测还要根据中国文明史的确认而定)"。[2] 一言以蔽之,黄锡全不但认为海贝在西周是货币,在西周之前的商代也是货币,甚至在传说中的夏代乃至夏代以前的新石器时代晚期也可能是货币。姑且不论这种由后推前的方式能否为人接受,关键的问题还是在于把价值等同于货币。笔者认为,从财富的象征到价值的衡量手段以及交易的媒介(货币),海贝在商周似乎启动了这样的过程,但直到西周早期,海贝虽然偶尔在精英阶层中承担货币的部分职能,但它还不是货币;至于在普通大众层面,可以说,海贝因为价值昂贵,尚未进入寻常百姓家。

---

1 《中国货币历史的估定》,第 696 页。
2 同上,第 699 页。

"用作宝尊彝"

李永迪不同意海贝在古代中国是货币的论断。他一针见血地指出，海贝在古代中国是货币这种观点把一系列密切相关却有着本质不同的概念——财富、价值和货币——完全等同起来了。他具体分析说，持上述观点的学者严重地误读了金文中赐贝的功能。[1] 李永迪仔细审读了许多用来支持海贝是货币的考古与文献案例，总结说，在商代和西周时期，海贝更可能是在装饰、随葬和礼仪中发挥作用。他分析指出，海贝直到西周中期才承担价值尺度的职能，而价值尺度不过是货币的一种职能而已。

李永迪关于西周中期以后海贝承担价值尺度之职能的观点，使人联想到半个世纪前杨联陞的观点。杨联陞小心翼翼地指出，在商代和西周，由于物物交换占据了统治地位，"很明显，海贝不过在几个贵重物当中偶尔被当作货币使用"。[2] 杨联陞的话里有一个限定词"偶尔"，这使人不得不思考衍生的问题，"偶尔被当作货币使用"的贵重物是货币吗？以笔者看来，抛开时代造成的差异，这两位学者的观点趋于一致。笔者的解读是，在商周时期，毫无疑问，海贝被视为珍宝，在政治生活（王与公侯的关系）和礼仪中有着突出的位置，其间，海贝承担了货币的某种或部分职能，但依然不是货币。

商周青铜器中赐贝的记录频繁被用作"海贝是货币"的直接证据。

1　Li Yung-Ti, "On the Function of Cowries," 1–26.
2　Yang Lien-sheng, *Money and Credit in China* (Cambridge Mass.: Harvard University Press, 2nd print, 1971), 13.

这些金文文献常常记录了商王或周王赐给公侯海贝（往往以"朋"为单位）的事迹。在赐贝若干朋的后面，往往跟着最常见的一个句式，那就是"用作宝尊彝"；虽然有时候具体表述略有差别，但句式相似相近，意思一致。中国的学者总是将"用作宝尊彝"理解成"（赏赐的海贝）被用来制作这件尊贵的器物"；按此说法，则海贝或用来购买铸造青铜器的原料，或用来支付人工工资，或兼而有之，如此，海贝定然是货币无疑。[1] 这个三段论看似天衣无缝，实际上却是误读"用作宝彝尊"而导致的错误推论。江上波夫数十年前就指出，"用作宝彝尊"的意思是，"因此，（我）作了这个宝彝尊"，或者"在这样的情况下，（我）作了这个宝彝尊"。[2] 如此，则"赐贝"和"作宝彝尊"并没有直接的因果关系，而是一个场景中的相关情节，也就是：某公（或侯不等）做了某事，获得商王（周王）的赏识，商王（周王）于是赏赐给某公海贝若干朋，某公为了纪念这个荣耀，铸造了某个青铜器，并镌刻铭文（永远流传）。这大概才是对商周时代赐贝礼仪比较符合实际情况的解读。

不过，由于海贝是贵重物，它们逐渐具有了价值尺度的职能。在记录以货易货的金文中，海贝有时就作为价值尺度出现。裘卫盉就是一个例子，其铭文记录了以田换裘服和玉器的交易，其中玉器的价值就是以八十朋海贝来衡量，裘服的价值以二十朋海贝来衡量。[3]

裘卫盉，1975年2月陕西岐山县董家村1号青铜窖藏出土，通

1　Li Yung-Ti, "On the Function of Cowries," 5.
2　Namio Egami, "Migration of Cowrie-Shell Culture," 720; Li Yung-Ti, "On the Function of Cowries," 17.
3　Li Yung-Ti, "On the Function of Cowries," 7.

高29厘米，口径20.2厘米，重7.1千克；束颈，口沿外侈，有盖，鼓腹，连裆，足作圆柱形，管状长流，鋬为长舌兽首状，盖与器以链环相接；盖沿及器的颈部均装饰着垂冠回首分尾的夔龙纹，流管装饰三角雷纹（图39、图40）。裘卫盉是西周恭王时期铸造的温酒器，与廿七年卫簋、五祀卫鼎、九年卫鼎称"裘卫四器"。

铭文原文如下：

> 隹（唯）三年三月，既生霸壬寅，王再旂于丰，矩伯庶人取瑾璋于裘卫。才（裁）八十朋，厥贮，其舍田十田。矩或取赤虎（琥）两、麀𩊱两𩊱鞈一，才（裁）廿朋。其舍田三田。裘卫乃𩰫告于伯邑父，荣伯，定伯，𣄰伯，单伯，乃令（命）参（三）有司，司徒，微邑，司马单旗，司工（空）邑人服，眔受田。燹、𧻚、卫小子𨍰逆者（诸）其卿（飨），卫用作朕文考惠孟宝盘，卫其万年永宝用。

裘卫盉铭文共计132个字，记载了周恭王三年，一个名叫矩伯的奴隶主为向裘卫（一个精明富有的皮货商）换取觐见天子之物，即玉质礼器（价值八十朋）和皮裘礼服（价值二十朋），分两次付给了裘卫以交换田地。裘卫将此事报告给执政大臣，得到了大臣们的认可，还进行了授田仪式，因此铸造了这件青铜器。

裘卫盉铭文表明，海贝作为价值尺度已经用来衡量田地、玉器和裘服的价值了。[1] 可是，铭文并没有表明海贝有没有在交易现场出现，

1　Li Yung-Ti, "On the Function of Cowries," 7-8.

这一百朋（八十朋第一次，二十朋第二次）有没有从一方交到另一方手里。从铭文和其他相关情景看，应该是没有。因此，李永迪指出，海贝是"概念上的标准"，它们无须成为货币便具有这个职能。[1]虽然价值尺度是货币的一种职能，但裘卫盉并不能证明海贝在此次或者其他交易中扮演了货币的角色。

不只裘卫盉如此，李永迪对亢鼎的解读也反驳、推翻了上述学者的论断。他分析说，在亢鼎的铭文中，海贝"看起来是被交换物，而不是支付手段"，因此"更像是以货易货"。[2]此外，关于亢鼎铭文中"买"字的解释，李永迪指出，虽然"买"后来确有用钱购买的意思，但"买"字第一次在西周铭文中出现时，不应该臆测它就是"购买"之意。[3]正因为如此，李永迪认为，在西周早期和中期的赐贝礼仪中，海贝没有扮演货币的角色；绝大多数用来支持海贝是货币的金文，都经不起仔细推敲。[4]我们所看到的现象是，海贝因具有价值尺度职能而逐步在政治礼仪中展现出这一货币职能，[5]但它们还不是货币。

其实，前辈货币学家彭信威对贝币也曾经犹疑。他说"中国最早的货币，的确是贝"[6]，但关于海贝何时成为货币，他并没有给出一个确切的年代，而是模糊地说："贝币在中国的演进，大概经过两个阶段：先是专用作装饰品，这应当是殷商以前的事；其次是用作货币，

---

[1] Li Yung-Ti,"On the Function of Cowries," 9.
[2] Ibid., 11；《亢鼎铭文——西周早期用贝币交易玉器的记录》。
[3] Li Yung-Ti,"On the Function of Cowries," 11. 甲骨文中许多关于财富和经济行为的字都以"贝"字为偏旁部首，这种造字方式从许慎以来就被用来引证海贝就是货币。这种推理同样将财富、价值和货币混为一谈，不足为据。
[4] Li Yung-Ti,"On the Function of Cowries," 11.
[5] Ibid.
[6] 《中国货币史·序》，第2页。

这大概是殷代到西周间的事。"[1] 他对甲骨文中的贝和金文中的赐贝解读十分谨慎，说，"卜辞中提到贝字的地方虽然相当多，但提到贝朋的地方非常少，而且文句简短，看不出用意来。因为单说锡贝朋，可以看作一种支付，也可以看作一种礼物。不过贝壳在殷代就成了一种贵重品，卜辞中的贝字有时同现代的财字差不多"。如此看来，彭信威似乎倾向于认为甲骨文中的贝并没有交换媒介的职能，多数情况下是财富的代表。实际上，他基本上否定了海贝在殷代是货币的说法，理由如下。[2] 其一，将"用作宝彝尊"这类铭文简单地解释为用海贝来购买青铜原材料或支付人工费用，这是穿凿附会。其二，在赏赐的物品单子里，海贝虽然最常见，可是还有其他二三十种物品，如马、弓、田、裘等，如果海贝是货币，那么这些应该也是货币。其三，如果海贝是货币，那么赐贝多的情形，铸造的彝器应该大；赐贝少，相应的彝器应该小，可是铭文中没有这种对应现象。因此，彭信威认为，商代的海贝还是贵重物和装饰物，"没有货币的意义在内"。那么，周代呢？彭信威说：在货币经济上看来，周初和殷代是属于同一个发展阶段的，"仍是以贝朋为主要的支付工具，甚至可以说是真正的货币"。而后他举了西周的例子说："因为《遽伯睘彝铭》所记遽伯睘作宝尊彝用贝十三朋的事，俨然是记账的口气。"[3] 大致说来，彭信威认为海贝在周代是货币。

回到"用作宝彝尊"。如果我们把赐贝和作宝彝尊这两个行为分开，那么我们就会发现，关于赐贝的金文不过就是"作宝彝尊"来记

---

1 《中国货币史》，第1章，第13页。
2 同上，第15页。
3 同上，第13—16页。

录王和公侯之间的互动而已。商王（周王）赐给礼物（不一定是海贝，虽然海贝最为常见），公侯作鼎彝来纪念此事，他们并没有看重或宣扬因此铸造的这件宝彝尊的经济价值，而是彰示此事给自己和家族带来的荣耀。这是所谓封建制度下王（天子）和公侯宣告天下，他们之间的特殊纽带依然存在并且得到了进一步加强。这不是一个记录用海贝来购买铜料或支付工资的账本。[1] 因此，赐贝的金文文献根本没有也不能用来证明海贝是货币。

古代中国什么时候有了货币，是不是时间越早就越好？对此，近人罗振玉的观点值得我们深思。他说："盖周以前为贸易时代，本无须化币，若夏、商已行化币，何以至周贸易之风仍未革？"[2] 罗振玉所说的"贸易时代"就是我们所说的物物交换的时代，他说的"化币"就是我们所说的货币。他指出货币的产生需要一定的历史条件，这完全符合经济学的原理，值得称赞；他认为中国的货币出现在春秋战国时期，也符合历史事实。

必须指出，并非所有当代中国学者都认为海贝在上古中国就是货币。2001年7月，中国钱币学会货币史委员会在峨眉山召开货币起源问题座谈会，与会者包括钱币学家、经济史家、历史学者、考古学者和金融学家，其中一些学者对海贝在商周时代就是货币的观点提出了疑义。吴荣曾在发言中说："在谈到货币起源时，一般通行的说法都是一说到贝，就是货币。我是很不同意这种说法的。在中国历史上，海贝确是起过货币作用，但还不能说是真正的货币，只能说是起到了

1　Li Yung-Ti，"On the Function of Cowries，" 13.
2　罗振玉：《俑庐日札》，罗继祖主编《罗振玉学术论著集》（上海古籍出版社，2010），第3卷，第100—101页。

胚胎性的作用。"刘森也持相似的看法："贝是怎样从海贝演变成货币的？这很值得研究。我从各种资料看下来，真要把它看作货币，最早只能是殷商时期。恐怕主要还是在奴隶主之间使用，主要不是通过交换取得的。它是财富的象征，但并不用去交换。所以我称之为'准货币'。贝的获取不一定都通过交换，还有战争、贡赋等等。从出土的墓葬等来看，也很难说它是货币。"江玉祥说他"基本不大同意那种贝一进入人类社会就是货币的观点"，他主张要从文化人类学的角度来研究古代社会的贝，也就是要解读贝的宗教和文化内涵，比如，三星堆的海贝"就不是货币而是祭祀品"。三星堆的发掘者陈显丹在发言中进一步指出了海贝在三星堆是作为祭品而不是货币。姚朔民审读了甲骨文中的有贝偏旁部首的字后，指出："其中基本可以释读并含意较清楚的从贝的字不过16个。这16个字中，有的是地名、方国名或人名，有的用于祭祀等活动，少数用于动词，但都看不出这些字的造字是专用于经济目的。因此，从文字角度看，说商代的贝用作货币恐怕还比较困难。"[1] 这些发言从各个角度质疑了海贝在商周时代就是货币的观点，与李永迪和笔者的观点基本是一致的。

需要注意的是，商周时代赐贝或交换都局限于王侯这些社会上层，是精英之间的政治和经济活动，而且赐贝本身的政治含义远远大于经济含义。虽然海贝贵重，甚至还是价值尺度，也就是衡量财富的手段，但是赐贝礼节中的海贝并不是货币。那么，如何解释亢鼎铭文中的交换或者买卖行为呢？其一，亢鼎铭文中的买方为召公，属于当

---

[1] 中国钱币学会货币史委员会：《货币起源问题座谈会纪要》，《中国钱币》2001年第4期，第30—36页。

时权倾一时的要人，因此，即使卖方样亚为普通商人，这个交易仍局限于精英阶层。其事被铭于亢鼎本身就是一个证据。其二，如黄锡全所言，西周初期，海贝价值颇高，一牛不过二十朋，一马不过四十朋，成王时遽伯铸造铜簋用贝不过十三朋，以此论之，海贝之拥有、赏赐、赠送以及偶尔的交换，依然是精英行为，所以它们只在金文、墓葬中出现，而几乎没有在普通人的生活中出现，也几乎没有在生活遗址的考古中被发现。可见，海贝并没有成为货币。笔者认为，海贝在商周经历了从价值尺度向货币转化的初始阶段，只有当海贝频繁地在物物交换中充当价值尺度，并进一步在非直接的物物交换中充当支付手段时，海贝才完成了从商品到商品货币的演化，成为货币。但是，直到西周中期，这个过程始终没有完成。为什么？

海贝为什么不是货币

综合上述，在商周时期，海贝是外来物，因其新奇稀罕而贵重，在统治精英的政治活动和礼仪中逐步承担了价值尺度的职能。它们象征着权力、地位和威望，因此成为赏赐礼仪中不可或缺的组成部分。海贝也被这些社会精英随葬入墓，以彰显他们的地位和财富，因此具有强烈的宗教文化意义。考古发现表明，古代中国使用海贝的高峰是西周时期，如相当多的赐贝记录和墓葬中的频繁发现所示。到了东周时期，海贝的使用急剧衰退，它不再具有此前的重要性。事实上，海贝在周代确实承担了货币的某些职能，如价值尺度，可能还作为贮藏手段；海贝和盐、布，以及金属铸币都曾经是这个时期的货币"候选物"，然而，海贝在先秦时期的中国并没有转化为货币。原因要从海贝的供应－需求链中去找。

某些物品会偶尔或经常承担价值尺度的职能，这种物品有可能发展成为货币，笔者称之为"货币候选物"。货币候选物能否演变为（被社会接受为）通用货币，取决于许多因素。除了它们的物理特性或优势（如体积、重量、可携带性、耐磨性以及本身价值），供应的平衡最为重要。所谓供应的平衡，是指一种持续的、不断接近充足的供应，亦即不会出现极度短缺或过于充足的供应，也不会出现因生产或运输过程而导致这种货币候选物价格激增等令人不可承受的情况。随着某个社会市场和商业化的发展，对交易媒介（也就是货币）的需求也相应增加，买卖双方必然寻求并从货币候选物中挑选出某种形式的货币。一种货币候选物能否在挑选过程中战胜其他候选物，则取决于它是否能被持续地供应来满足市场的需要。假如没有充足的供应，社会无法持续性地获得这种货币候选物，那么它自然无法为这个社会的市场提供足够数量的货币，市场便会在第一时间将它排除；如果供应太过充足，它就会贬值，在竞争中被淘汰；如果某种货币候选物的生产、加工或者运输成本过高，那么它的价格会上涨，不但会遭到小额交易的排斥，市场也将无法承受这种昂贵的交易媒介，它同样也会被淘汰。

在历史进程中，海贝作为货币候选物在西周就遭遇了供应链难题。笔者认为，从金文中可知，海贝在商周时期是最有竞争力的货币候选物，然而，由于供应的短缺（如后来大量的仿贝所示）以及远距离长途运输的巨大成本，海贝只能拥有并保持贵重物的地位，无法满足日益增长的（或大或小的）交易需求而成为货币。正是由于价值昂贵，海贝基本上只在贵族阶层流转使用，无法深入平民阶层。因此，人们很少在商周时期的平民生活遗址或者平民墓葬中发现海贝。

为什么海贝在古代印度、东南亚大陆一些王国以及西非成为"零钱"，在古代中国却没有成为货币呢？距离是个关键问题。古代中国作为一个庞大的经济体，需要相当数量的货币供应，无论是金属铸币还是海贝。而海贝的产地马尔代夫离中国实在太远了，从那座印度洋岛屿到中国要经过千山万水，途经许许多多的国家和社会，因此经济上说，海贝从这么远的地方到达中国的运输成本很高，从一地到另一地辗转的转口贸易也很难保证其相对稳定的供应。价格高昂且供应不稳定，自然就排除了海贝成为货币的可能。假设（这只能是而且永远是假设）海贝在古代中国成为货币，那它也一定是所谓"大钱"，因为它背后有高昂的运输成本。在中国，唯一的例外是云南，原因如下：其一，云南和东南亚及印度洋在空间距离和文化上接近；其二，海贝在云南成为货币时间相对较晚，约在9—10世纪，比商代至少晚了2 500年以上，比西周末期晚了1 600年以上。

当然地理因素不是唯一的障碍。人们会问，为什么与马尔代夫直线距离5 000千米以上（姑且不计海洋和沙漠的阻挡）的西非马里王国，进口并使用海贝作为货币？其实和云南的例子一样，这里我们需要考虑时间因素。西非的货币经济的出现比中国晚得多，至少晚了千年以上。古代中国早在公元前第一个千年中期以前就迫切地需要货币的出现，那时的海贝和布等物品都已被列入货币候选物名单了。

因此，马尔代夫和古代中国的距离排除了海贝发展成为中国最早货币的可能性，即使海贝在商周时期已经承担了货币的部分职能，即使后来海贝在印度、东南亚和西非成为完美的货币。海贝的稀缺性使其在中国和印度都是财富的象征；在印度，由于供应数量相对充足，海贝转化为小额货币；而在古代中国，由于难以解决供给问题，海贝的高度稀缺性使得它只能是贵重物、财富的象征，而不能成为交换媒介。印度洋实在太远了，海贝的运输和供应非常不稳定，无法持续、可靠地供中原地区的市场和社会使用。正因如此，商周时期各个诸侯国和地区都不约而同地制造各种仿贝，特别是铜贝。铜贝完美地结合了海贝和金属铜这两种货币候选物的优点，克服了海贝来源问题，解决了通用货币的问题。

总结本章，对于殷商时期的海贝，无论是古人还是现当代学者，他们都持有相同或相近的观点。关于海贝的性质，他们都认为是货币；关于海贝的来源，他们都认为来自南海或者中国的南方。正如本章所述，这两个结论都经不起推敲，都是谬误。商周时期中国北方的海贝来自印度洋的马尔代夫，经过草原之路到达黄河流域；这些海贝被商周的统治阶层视作贵重品，承担着重要的政治、经济（包括货币的部分职能）、文化和宗教职能，但它们并不是货币。[1]

---

1 刘拓博士生前曾略作此论，可惜笔者未能得见。刘拓：《中国考古遗址出土宝贝科动物研究现状》，《古代文明研究通讯》第 70 期（2016 年 9 月），第 19—37 页。

第四章

囤积江南：
琉球进贡的马尔代夫海贝

引子：云南的贝币

大约从9世纪开始，一直到明清交替之际的17世纪中期，位于中国西南边疆的云南（包括南诏国和大理国）一直使用海贝作为货币（贝币）。尤其是在元明时期，海贝与纸钞、黄金、铜钱，特别是白银一起，构成了当地的多元货币体系，并在相当长的时期内起到了关键的作用。海贝不但用于民间贸易，也得到官方的认可和接受，被用来缴纳赋税，以及支付文武官员、军士的俸禄。海贝也不仅仅用于日常的小额交易，同样可用于房屋田地等大额买卖。在民间，市场自发产生了海贝与白银的兑换率，兑换率随着各地的供需变化而波动；与之同时，元明两朝政府对海贝和其他货币的兑换也有规定。此外，至少在16世纪下半叶，云南出现了"巴行"，也就是海贝兑换点，这表明海贝作为货币对云南社会和市场具有重大意义。

在云南，海贝被称为海𧴩、海𧵅、贝子、𧵅子等。云南并不临海，海贝是从哪里来的呢？现在绝大多数学者认为，从南诏国开始，云南使用的贝币是从印度洋的马尔代夫群岛来的。既然云南所用海贝的最终来源是马尔代夫，那么，云南和东南亚之间的通道便成为海贝进入云南最初和最主要的路线，这并没有什么可以让人怀疑的。

可是，元代江南居然存有大量海贝，政府一度运输江南的海贝到云南；到了明代，江南依然存有大量海贝。这便引出了本章要讨论的问题，那就是江南海贝的来源。笔者经查阅《明实录》、元明清时期的其他文献，以及琉球的《历代宝案》，认为元明时期江南的海贝除了少部分是由马尔代夫或者东南亚诸国进贡的，绝大多数是从琉球而来，而其最终来源依然是印度洋的马尔代夫群岛。

元代：从江南到云南

元明两代的文献都提到了囤积江南的海贝，以及商人曾经将江南的海贝运到云南牟利。自元代以来，云南的海贝绝大多数是从缅甸和暹罗而来的，也有不知数目的海贝从交州和江南而来。

1276年（至元十三年），中书省就江南海贝一事上奏，内中详细透露了江南的海贝和云南的关系，以及中央政府的政策。[1]《通制条格》卷十八"私贝八"详载此事，不妨全文引用如下：

> 至元十三年四月十三日，中书省奏：云南省里行的怯来小名的回回人，去年提奏来，"江南田地里做买卖的人每，将着贝八子去云南，是甚么换要有。做买卖的人每，私下将的去的，教禁断了。江南田地里，市舶司里见在有的贝八子多有。譬如空放着，将去云南或换金子或换马呵，得济的勾当有。"奏呵，"那般者。"圣旨有呵，去年的贝八子教将的云南去来。其间，那里的省官人每说将来，"云南行使贝八子的田地窄有，与钞法一般有。贝八子广呵，

---

[1] 方慧：《从金石文契看元明及清初云南使用贝币的情况》，杨寿川编著《贝币研究》（云南大学出版社，1997），第149-151页；《关于元代云南的"真贝八""私贝八"问题》，《贝币研究》，第211页；Hans Ulrich Vogel, *Marco Polo Was in China: New Evidence from Currencies, Salts and Revenues*(Leiden and Boson: Brill, 2013), 250–1。

是甚么贵了，百姓生受有。腹里将觔子这里来的，合教禁了"。说将来呵，两个的言语不同有。"那里众官人每与怯来一处说了话呵，说将来者。"么道，与将文书去来。如今众人商量了说将来，"将入来呵，不中，是甚么贵了，百姓每也生受有。百姓每将入来的，官司将入来的，禁断了，都不合教将入来。"么道，说将来有。"俺商量得，不教将入去呵，怎生？"奏呵，"休教将入去者"。圣旨了也。钦此。[1]

以上引用的是元代白话，大致意思如下。1275 年（至元十二年），云南行省有个叫怯来的"回回人"上书中书省，称江南商人经常把江南的海贝运到云南。这事虽然是被禁止的，可是他们仍然私下偷运。现在江南市舶司里有很多海贝，都白白地放着，不如运到云南去换金子和马，这可是很好的生意。怯来的提议获准，朝廷把江南的海贝运到了云南。可是，云南行省的官员上奏说，云南省内使用海贝做货币的地方有限，海贝一多，物价就上涨了，老百姓负担不起。因此，中书省让云南行省的官员和怯来商议此事，大家同意禁止商人私运江南的海贝去云南，同样也要禁止官府把江南市舶司的海贝运到云南。忽必烈同意了这个建议。

《通制条格》关于"私觔"的记录很有意思，值得细细推敲。其一，我们知道，元初之际，江南已经是云南海贝的来源之一。伯希和曾

---

[1] 方龄贵校注：《通制条格校注》（中华书局，2001），第 552 页。傅汉思（Hans Ulrich Vogel）推测怯来可能是云南行省的一个高级官员。按，方龄贵认为"怯来"就是《元史》卷 133 有传的"怯烈"，"西域人，世居太原由中书译史从平章政事赛典赤经略"。傅汉思之推测无误。引文改动了个别明显的错字，即将"贵子""禁子"的"子"改为"了"。

指出，明代云南的海贝"由正常的海洋贸易进口而来"[1]，这难道是说，江南市舶司从海洋贸易中得到了大量海贝？江南当然不产海贝，江南市舶司或民间的海贝只能从东南亚或者孟加拉湾而来；而且，很可能就是作为压舱物而来，因为海贝在江南不是畅销的商品，更不是货币。其二，江南的商人知道在遥远的西南方的云南，人们使用海贝当货币，于是他们从江南运送海贝到云南去，很可能是为了交换金银或者马等特产。由于元朝政府禁止他们这样做，所以他们运去的海贝叫作"私贝八"，如《通制条格》所记。[2] 金、银在云南都相对便宜，而马在江南很贵，因此，江南—云南的海贝贸易理论上利润可观。注意到江南商人偷运海贝的暴利后，云南省的官员有两种反应。第一种，看到了海贝从江南涌入云南所带来的巨大灾难，也就是物价飞涨，民生艰难；第二种，认为官府把闲置海贝从江南运到云南，购买当地的金银和马，可以获得丰厚的回报。最后，云南行省达成共识，一致认为应该禁止从江南输入海贝，并报请朝廷批准。

那么，元代江南的海贝是从哪里来的呢？目前没有发现可以回答这个问题的直接史料。从明代的史料看，元明时期江南海贝的最终来源都是马尔代夫，其输入途径有四种：第一是马尔代夫直接进贡，这主要是在明代；第二是郑和宝船直接带回；第三是从东南亚，如马六甲、爪哇、暹罗诸国等辗转进贡而来；第四，也就是本章分析的，琉球是明代江南海贝的最主要贡献者。其中第二、三种途径还只是推测，目前没有史料，故此处略过不提。

1　Paul Pelliot, *Notes on Marco Polo* (Paris: Imprimerie Nationale, Librairie Adrien-Maisonneuve, English version, 1959), vol. 1, 548.
2　Hans Ulrich Vogel, *Marco Polo Was in China*, 252.

马尔代夫的进贡

到了明代，郑和下西洋直接促成了马尔代夫和明代的朝贡关系。普塔克分析指出，马尔代夫曾于1416年、1421年和1423年三次向明廷进贡，可惜的是，《明实录》记载的贡物中只写了马和"方物"。[1] 海贝当然属于马尔代夫的"方物"。也许海贝就是作为压舱物来到中国的，这就可以解释为什么江南的仓库里存有天文数字的海贝了。

明末以郑和下西洋为主题的小说《三保太监西洋记》就记录了"溜山国国王八儿"向明朝元帅献上"银钱一万个，海贝二十石"的情节，并对海贝加以说明，称"其国堆积如山，候肉烂时，淘洗洁净，转卖于他国"，此段辗转抄于马欢、巩珍可知。[2] 此外，马尔代夫国王的礼物当中还有各种宝石、降真香、龙涎香、椰子杯、丝嵌手巾、织金手帕、鲛鱼干，这些或是马尔代夫的特产，或是马尔代夫从斯里兰卡和印度（两地均以盛产宝石著称）交换而来。这些与元代汪大渊和明代马欢的记载基本一致，由此可见小说作者罗懋登上述叙述之可靠。汪大渊记载，"北溜"，也就是马尔代夫，"地产椰子索、𧴩子、鱼干、大手巾布"；马欢也记载了椰子索、龙涎香、海𧴩、马鲛鱼干、手巾等。因此，罗懋登书中有关海贝的信息应当具备真实的历史基础。

---

1 Roderich Ptak, "The Maldive and Laccadive Islands in Ming Records," *Journal of the American Oriental Society*, vol. 107, no. 4 (Oct.-Dec. 1987): 681. Laccadive Islands 即古溜山国。
2 ［明］罗懋登著，陆树崙、竺少华校点：《三宝太监西洋记通俗演义》（上海古籍出版社，1985，又名《三宝太监西洋记》《三宝开港西洋记》，以下称"《西洋记》"），上册第775页；Ptak, "The Maldive and Laccadive Islands," 692。

明初：从南京到云南

和元代一样，明初江南尤其是南京国库里存有大量海贝，并几次调拨江南的海贝到云南。

1437年（明正统二年），"行在户部奏，云南系极边之地，官员俸除折钞外，宜给与海𧴩、布、绢、段、疋等物。今南京库有海𧴩数多，若本司缺支，宜令具奏，差人关支。从之"[1]。三年后的1440年（正统五年），由于云南该年税粮不足，户部再次请求将南京的海贝运到云南，"折支余俸"。《明实录》记载："行在户部奏，云南夏秋税粮数少，都、布、按、三司等官俸月支米一石，乞将南京库藏海𧴩运去折支余俸。上命支五十万斤，户部选官管送，不许迟误。仍敕云南布政使司务依时直准折，以称朕养贤之意，俟仓廪有储，即具奏闻，如旧支米。"[2] 明英宗还强调两点：第一，海贝要按照当时的市场价格折换，以免官员吃亏；第二，一旦云南粮食充足，仍旧发米给各级官员。

由此可见，15世纪明代中央政府确实掌握着相当数量的海贝。这些海贝主要藏于南京官仓，以1440年调拨的50万斤（约2.5亿克）海贝看，所藏是一个天文数字。以马尔代夫所产的货贝而言，大约400个重1磅（约454克），则50万斤海贝相当于2亿多枚海贝。此外，这些海贝不是云南省藩库的储备，而主要贮藏在南京。明代中央政府既然能从南京调拨海贝去云南，则如元代一样，江南官库必然贮存有

1　《明英宗实录》卷35，《明实录》（三）（台湾"中央研究院"历史语言研究所校印，1984），第2529页。
2　《明英宗实录》卷68，《明实录》（三），第2684页。

海贝。查《明实录》可知太祖和太宗两朝，户部每年人口财政统计时，确实有海贝的数字（表4-1）。

表4-1 《明实录》洪武永乐两朝户部统计之海𧵅数量[1]

年份	海𧵅（索）	年份	海𧵅（索）
1393（洪武二十六年）	316 000余	1412（永乐十年）	341 144
1402（建文四年）	48 894	1413（永乐十一年）	338 689
1404（永乐二年）	321 721	1415（永乐十三年）	343 238
1406（永乐四年）	342 322	1416（永乐十四年）	333 389
1407（永乐五年）	33 720	1420（永乐十八年）	331 006
1408（永乐六年）	340 465	1424（永乐二十二年）	332 006
1411（永乐九年）	334 883		

从表4-1可知，除了个别年份（1402年和1407年），户部统计每年年底国家贮有海贝都在30万索（1索有80个）以上。这个数字不能和元代云南省官库相比，即便和1440年的50万斤海贝比，也只是个零头。以1424年计，332 006索海贝为2 656万枚，不过是2亿多枚海贝（50万斤）的1/8。这提醒我们不得不思考两个问题。第一，假如永乐年间的统计是正确的（正确的可能性很大），永乐至正统不过三十多年，为什么国库突然多了这么多海贝？我们不能排除郑和宝船后期从印度洋带回的海贝。可是，查永乐年间海贝数目基本在33万~34万索上下略微浮动，实在怀疑宝船带回的可能性。最大的可能性就是郑和宝船之后，吸引了东南亚乃至印度洋的商船到来，

---

[1] 表中数字从韩国作电子版《明实录》（http://sillok.history.go.kr/mc/main.do）搜索"海𧵅"得来。

这些商船带来了许多海贝。其中最大的供应者很可能就是琉球和马尔代夫（正统年间三次入贡）。第二，这些海贝藏在何处？笔者以为这30多万索海贝主要在南京的户部仓库，如前所引正统二年户部的奏折："（云南）官员俸除折钞外，宜给与海𧴪、布、绢、段、疋等物。今南京库有海𧴪数多，若本司缺支，宜令具奏，差人关支。"

明代江南海贝除少数由马尔代夫直接进贡外，最主要的供应者应当是琉球，因此我们不得不说海天之遥的琉球。

琉球来的海贝

琉球在明清时代是中国的一个海上藩属国。从地理上看，琉球群岛处在亚热带海域，海贝在那里可以生长。不过，琉球输入明王朝的海贝最可能来自马尔代夫。首先，历史上并无证据表明琉球列岛有采集、使用或者向邻近地区出口海贝的习俗。其次，在1373—1570年的近200年里，琉球与东亚和东南亚建立了广泛而紧密的贸易联系，有数百艘船只前往东南亚的安南、暹罗、北大年、马六甲、苏门答剌、吕宋、爪哇，以及东亚的中国、日本和朝鲜等多个国家和地区。[1] 此外，明朝1433年颁布的禁海令结束了郑和下西洋的航程，给琉球发展海洋贸易带来了黄金机遇：位于东亚边缘的琉球迅速成为

1　Shunzō Sakamaki, "Ryukyu and Southeast Asia," *The Journal of Asian Studies*, vol. 23, no. 3 (May, 1964)：383-9. 北大年位于泰国南部，今属泰国，主要人口是信仰伊斯兰教的马来人。

连接东北亚和东南亚的枢纽。1430—1442 年，至少有 31 艘琉球船舶前往阿瑜陀耶、旧港和爪哇。[1] 这些船只一般满载中国的货物，如瓷器，前往交换东南亚生产或转口的货物；返航后，琉球便将东南亚的货物转口到东亚各国，特别是中国。因此，1434 年琉球朝贡带到中国的 500 多万枚海贝并非偶然。此前郑和下西洋的宝船曾经到达马尔代夫，这一事实，再加上元代汪大渊和明代马欢的相关记载，以及江南市舶司中的海贝记录，都指向一个推论，那就是元明时期，马尔代夫的海贝也已通过东南亚到达江南。

鉴于琉球在此期间和东南亚的紧密联系，海贝自然而然地被琉球船只作为压舱物带回。琉球本身不使用海贝，但可能知道云南使用海贝，也知道江南储有海贝，因此特意将海贝作为琉球的"方物"，献予明朝。此外，琉球使臣私下也携带海贝，利用朝贡之机为自己牟利。明代规定，琉球朝贡的路线主要是乘海船到福州，然后走陆路到北京；考虑到风向，也可乘海船到浙江宁波，然后走陆路到北京。综合上述，琉球虽然不产海贝，但它从东南亚转口海贝到了中国的东南（福建）和江南（浙江）地区。

我们不妨看下明代的中文文献，先看《明实录》。凡琉球朝贡，《明实录》泛称"奉表贡马及方物"，偶尔提到的具体贡物，前期除了马，还有硫黄，后期增加了胡椒、苏木、香；琉球《中山世谱》记载，贡方物、马、硫黄、胡椒、苏木，则两国文献相符。[2] 我们知道，其实马、

1　Anthony Reid, "An 'Age of Commerce' in Southeast Asian History," *Modern Asian Studies*, vol. 24, no. 1 (Feb., 1990): 6.
2　《中山世谱》，高津孝、陈捷主编《琉球王国汉文文献集成》（复旦大学出版社，2013），3—5 册。

硫黄、苏木和各种香并非琉球特产，马可能从朝鲜、日本或安南而来，硫黄等物大致得于东南亚，那么，"方物"又是什么呢？

笔者遍查《明实录》，发现虽然涉及琉球进贡的绝大多数史料没有提到具体的方物，但是也有个别史料直接提到了海贝（海巴）。这些海贝主要是琉球使臣自行携带到中国，用来交易获利的。理论上，朝贡使团除朝贡礼品外，不得携带其他物品，尤其禁止私自携带商品到中国来买卖。因此，琉球使臣私带海贝，遭到接待方，也就是福建和浙江两省官员的干涉。

《明英宗实录》卷十五记载，1436年（正统元年），"琉球国使臣漫泰来结制等言，初到福建时，止具国王进贡方物以闻，有各人附赍海螺壳九十、海巴五万八千，一时失于自陈，有司以为漏报之数，悉送入官，因乏赍装，恳乞给价。上命行在礼部悉如例给之"。[1] 大致意思就是，琉球使臣自己带了大海螺壳 90 个，海贝 5.8 万个，因为这些是私人货物，所以没有列在琉球的贡品单子上。而福建接待的官员发现了这些海螺和海贝（因为需要空间存放），认为琉球使臣漏报了贡品，便把海螺和海贝没收了。琉球使臣就向英宗皇帝坦陈，这些海贝是用来补助其行程的，希望官府按价补偿。明英宗皇帝明白，各国使臣借公营私是朝贡的潜规则，所以命令礼部按照惯例补偿琉球国使臣。

第二年，浙江又有官员就类似事件发表了建议。《明英宗实录》卷二十七记载，1437年（正统二年），"浙江市舶提举司提举王聪奏，琉球国中山王遣使朝贡，其所载海巴、螺壳亦宜具数入官。上谓，礼部臣曰，海巴、螺壳，夷人资以货殖，取之奚用？其悉还之，仍著为

1　《明英宗实录》卷15，《明实录》（三），第 2427—2428 页。

令。"[1] 浙江市舶司提举王聪认为，琉球使臣船只载来的海贝和海螺应该全部没收入官仓。这里虽然没有直接说海贝和海螺是使臣私自携带的，但参考场景，大致如此。明英宗皇帝还是持宽容的立场，他引用礼部官员的话说，海贝和海螺是夷人用来牟利的，我们拿来有什么用呢？因此下令浙江市舶司把没收的海贝和海螺还给琉球使臣。以上两事，均涉及琉球使臣私带海贝违禁的事，《明史》可以为证。《明史》记琉球国云："正统元年，其使者言：'初入闽时，止具贡物报闻。下人所赍海𧴄、螺壳，失于开报，悉为官司所没入，致来往乏资，乞赐垂悯。'命给直如例。明年，贡使至浙江，典市舶者复请籍其所赍，帝曰：'番人以贸易为利，此二物取之何用，其悉还之，著为令。'"[2] 这条记载可与《明实录》互证，而琉球使臣私带海贝之事确凿。

上述第一则史料提到的海贝数额似乎不大。我们知道，海贝作为压舱物，数目庞大，上岸需占用房屋或仓库堆放。《明宣宗实录》卷八十九谈到为宁波琉球馆驿建造"收贮之所"，似乎可以管窥海贝之事。1432 年（宣德七年），

> 浙江温州府知府何文渊奏："瑞安县耆民言，'洪武、永乐间，琉球入贡，舟泊宁波。故宁波有市舶提举司、安远驿，以贮方物馆穀，使者比来，番使泊船瑞安，苟图便利，因无馆驿，舍于民家，所贡方物无收贮之所；及运赴京道经冯公等岭，崎岖艰险，乞自今番船来者令仍泊宁波，为便行在。"礼部言："永乐间琉球

1　《明英宗实录》卷 27,《明实录》（三），第 2493 页。
2　《明史》（中华书局，1974）卷 323，第 8384 页。

船至,或泊福建,或宁波,或瑞安。今其国贡使之舟凡三,二泊福建,一泊瑞安,询之,盖因风势使然,非有意也。所言瑞安无馆驿,宜令工部移文浙江布政司于瑞安置公馆及库,以贮贡物。"上曰:"此非急务。宜俟农隙为之。"[1]

也就是说,因为风向,琉球使臣的海船有时会停靠浙江宁波或瑞安;而瑞安没有馆驿可供住宿,也没有库房可以作为贡物的"收贮之所",因此请求当地政府同意修建馆驿和库房。我们或许可以猜测,修建"收贮之所"也是为了存放海贝。

以上是《明实录》中关于琉球海贝到江南的三份直接和间接的材料,虽然它们依然太过简略模糊,但对我们理解海贝贸易也不无裨益。我们不妨也看一下琉球的《历代宝案》,略加比较,则可知海贝虽然也是从马尔代夫经东南亚转运而来,但确实被列入琉球"方物"。《历代宝案》是琉球国所存1424—1867年的官方档案,以中文写就,由琉球本地学者编纂而成,涉及自明洪武年间到清末琉球与中国、日本、朝鲜以及东南亚各国的政治和经济贸易往来,文献价值非常高。

《历代宝案》第一次提到琉球进贡海贝是在宣德九年(1434年)。"宣德九年五月初一日",琉球国中山王尚巴志向明朝进贡,除各种刀、扇子、屏风、上漆果盒外,还有"硫黄四万斤、鱼皮四千张、各种磨刀石陆千叁伯叁拾斤、螺壳八千五百个、海巴五百五十万个"[2]。明代官员接到琉球使臣后,清点了贡品,发现实际上海巴有 5 888 465 个,

---

[1] 《明宣宗实录》卷89,《明实录》(三),第2205页。
[2] 《历代宝案》(台湾大学图书馆,1972)第1集,卷12,第401页。

"计官贯官报五千五百贯，等余三百八十八贯四百六十五个"[1]。588万多个海贝，相当于1.3万余斤，这不是个小数目。可惜的是，在此后琉球向明代的进贡礼单中，再也没有海巴。不过，根据《明实录》，琉球确实继续携带海巴入贡。

  1666年（康熙五年），当清代和琉球就进贡方物商讨时，永乐年间的成例就被翻了出来。"永乐以来谕令贰年壹贡，进贡方物马、刀、金、银、酒海、金银粉匣、玛瑙、象牙、螺壳、海巴、摺子扇、泥金扇、生红铜、锡、生热夏布、牛皮、降香、木香、速香、丁香、黄熟香、苏木、乌木、胡椒、硫黄、磨刀石。"[2]海巴自永乐以来始终是贡品之一，而其只在礼单上出现一次的原因，恐怕是海巴是压舱物，上不了台面？何况，上述贡品将近三十种，一般在进贡礼单上出现的也不过几种而已。以上所谓琉球方物，除磨刀石和螺壳外，其他基本上不是从日本来，便是从东南亚来。《明会典》明明白白地列举了琉球的贡物，包括"马、刀、金、银、酒海、金银粉匣、玛瑙、象牙、螺壳、海巴、摺子扇、泥金扇、生红铜、锡、生熟夏布、牛皮、降香、木香、速香、丁香、檀香、黄熟香、苏木、乌木、胡椒、硫黄、磨刀石"[3]。16世纪20年代黄省曾在其《西洋朝贡典录》中又提到了琉球的贡物，也明明白白地写了"海巴"，可惜的是，很多校注者把海巴与刀这两种贡物误会为"海巴刀"。[4] 此外，17世纪初张燮在其《东西洋考》中

---

1 《历代宝案》卷16，第534—536页。一贯等于一千个。
2 《历代宝案》卷6，第188—189、196页。
3 ［明］申时行等修：《明会典》(中华书局,1979)，卷105，第572页。
4 ［明］黄省曾，张燮著，谢方校注、点校：《西洋朝贡典录校注·东西洋考》(中华书局,2000)，第53页。

保存了明代万历年间漳州月港的两张货物征税单，其中便有"螺钿"：1589 年（万历十七年）每石征银二分；1617 年（万历四十五年）每石征银一分七厘。[1] 笔者颇以为"螺钿"就是元代汪大渊所说的"𧓼子"及明代的"海𧓼"、"海䝯"或"海巴"。不仅因为"螺"字表明属性，"钿"字与"𧓼"、"䝯"或"巴"同音；更重要的是，螺钿的税是根据重量征收，这表明螺钿体积很小；而其他螺如鹦鹉螺和尖尾螺等，则根据个数征税（每百个征银若干）。[2] 如此，则螺钿应当是指海贝无疑。隆庆开关后，商船只在马六甲海峡和苏门答腊岛北端以东的东南亚海域（即张燮所谓的东西洋）往来。因此，这些运到漳州的海贝大致从马六甲海峡沿岸的港口而来，其最终来源还是印度洋的马尔代夫。

日本学者新井白石在其编撰的《南岛志》中说，琉球"通国贸易，古时用海巴。厥后，国铸铜钱用之。既久，散亡少余。唯今用谷布之属。若其与中国交易银货，则此间所产矣"；他还进一步解释说，"海巴，贝也"。[3] 按，新井白石说琉球的贸易"古时用海巴"，而后开始铸造铜钱，明显地将海贝与铜钱相提并论，也就是认为海贝在早期琉球社会是作为货币使用的。这个说法明显受到自司马迁以来中国学者就认为海贝是古代中国货币这一观点的影响，简单地把货币等同于财富或者价值，当然是不对的。此外，新井白石也没有说明琉球的海贝

1　［明］黄省曾、张燮著，谢方校注、点校：《西洋朝贡典录校注・东西洋考》（中华书局，2000），第 143、145 页。
2　同上，第 142—143、145 页。
3　［日］新井白石：《南岛志》［山城屋佐兵卫出版，嘉永六年（1853）］，早稻田大学图书馆藏"卷下""食货第九"。《南岛志》是新井白石根据中国、琉球、日本三国文献编成的琉球国史地志。

是哪里来的。根据本章此前的分析，琉球的海贝当时是从东南亚转运来的，主要运往明代，即使有少量留在琉球，也不至于成为货币。

有读者提出，琉球附近海面不是也产海贝吗？难道琉球不知道采集家门口的海贝，非要进口马尔代夫的海贝进献？这个问题非常尖锐，也没有文献或考古可以证实或证伪，但笔者依然倾向于认为，琉球进贡的海贝应当是来自马尔代夫的。首先，琉球档案如此丰富，却没有提及采集海贝的习俗或传统，因此我们大致可以推定琉球没有这种风俗。而没有这种风俗的关键原因在于：海贝没有用处。须知，宋元时期的江南地区不用海贝，只有云南采用海贝，琉球在明初和中国建立朝贡关系时才得知这一点，知道得比较晚。其次，假如琉球在家门口采集大量海贝，其资源或远远不如马尔代夫，不如顺手在东南亚港口接过印度洋来的压舱物——海贝，这样反而费用低廉。因此，笔者认为，琉球的海贝最初来源是马尔代夫，琉球将其从东南亚转运而来，主要利用朝贡贸易输往明代中国，海贝在琉球也许有少量留存，但不至于成为货币。

综上所述，在元明时期，随着中国与东南亚、印度洋来往的密切，以及海洋贸易的发达，马尔代夫出产的海贝不仅早就通过东南亚大陆进入中国云南，而且运到江南地区，且数量相当可观，以致元明两朝都曾调拨海贝到云南使用。至于江南的海贝，虽然其源头都是马尔代夫，但到达江南的途径大致有四条，其中洪武年间与中国建立朝贡关系而后又和东南亚密切往来的琉球王国是明代江南海贝最主要的贡献者。

第五章
「不朽」的「黑石号」：考古和文献中的「无钉之船」

海底沉睡 1 170 年

1998 年,人们在印尼勿里洞岛附近海域发掘出一艘相当于中国晚唐时期的阿拉伯(波斯)式沉船——缝合船"黑石号",这是在南海发现的年代最早的沉船(之一),也是最早往返于西亚和中国的海舶。[1] "黑石号"大约在公元 826 年之后沉没,在南海海底沉睡了约 1 170 年。虽然木制船体的许多部位已经腐烂,但也有遗骸依然不朽,足以令人惊叹。更令人称奇的是,人们在"黑石号"上发现了 6 万多件遗留物品,给我们留下了空前丰富的古代航海信息。

"黑石号"沉船以及船上商品和其他物品,对研究"海上丝绸之路"特别是中国和西亚(阿拉伯世界)的贸易和文化交流以及航海技术,意义十分重大。本章以此为重点,先综合分析了目前海洋考古发现的一些阿拉伯式沉船(包括"黑石号"在内),而后结合中西方文献,归纳出阿拉伯式船只的建造特点,即用椰索捆绑船板,船体不用铁钉和油灰。因此,"黑石号"代表的阿拉伯式船也就是"无钉之船"。

目前的考古发现表明,阿拉伯式无钉之船最早完成了从西亚到达中国的远洋之旅,航行于从东非到南海广阔的亚洲海域。本章随后根据古希腊、波斯、阿拉伯和欧洲文献等,进一步考察分析了围绕阿拉伯式无钉之船在海洋亚洲衍生流传的海底磁山传说,指

---

[1] 海洋考古表明,这是一艘阿拉伯式远洋海船,其目的地是西亚,可是我们无法区分具体是阿拉伯人还是波斯人所有,故学者一般称其为阿拉伯式船。

出海底磁山之说几乎从一开始就落地于马尔代夫。这是因为马尔代夫既是东西方航海的枢纽，又因季风、海流和礁石的危险而远近闻名。

其实，在托勒密（Ptolemy）记载海底磁山后不久，这个传说就传播到了古代中国。本章随后钩稽从晋代到明末的中国文献，指出古代中国早在晋代就接受了海底磁山的传说，而且认定它发生在马来半岛附近。宋、元、明时期，中国人航行进入印度洋世界，登临马尔代夫群岛，发现这一群岛地理位置关键而凶险，便将中国文化中的"弱水"概念加于马尔代夫。到了16世纪末，《西洋记》已经在大写特写"西洋"海中的"吸铁岭"了。《西洋记》中的"吸铁岭"堪称海底磁山最新、最详尽的版本，是中国人对印度洋知识的糅合与发挥。

结合东西方考古发现和文献记录，海洋考古和中西文献中的"无钉之船"这个历史事实，以及衍生的海底磁山传说，彰显了"海上丝绸之路"承载的中国和印度洋（阿拉伯）世界的海上贸易以及由此产生的文化交流，这对理解海洋亚洲内部的互动不无裨益。

海洋考古首次发现的缝合船

1998年，人们在印度尼西亚勿里洞岛附近海域发掘出一艘唐代的沉船，这是南海海洋考古史上最重要的发现。在这艘被称为"黑石号"的海舶上，共出土各类器物（瓷器、金银器等）6万多件，其中长沙窑的瓷器5.9万余件。"黑石号"的重大意义不仅仅在于船上发现的丰富多样的商品和航海用品，更重要的是，它是南海发现的年代最早的沉船（之一）。船上的一件长沙窑瓷器有"宝历二年七月十六"的落款，这表明沉船约发生在宝历二年（826年）后的几年之间，也就是9世纪早期，相当于晚唐时期。

虽然这艘远洋海舶装载的几乎都是中国商品，船上也必然有中国水手或商人（以发现的砚台和擀面杖为证），但这并不是一艘中国建造的海舶，也不是一艘为中国商人所有的海舶，而是一艘阿拉伯人制造的船。相应地，可以说，这是一艘阿拉伯海舶。这是根据发掘出来的"黑石号"残骸得出的结论。

非常幸运，"黑石号"虽然在海底埋藏了1 100多年，但船体基本保持完整，残存船体长度为15.3米；据此推断，"黑石号"全长可达18米。[1] 船板厚为4厘米，长度20~40厘米不等；船板表面留有清晰的捆绑痕迹；绳索穿过约5~6厘米间隔的孔，从两侧将船板一块一块地绑紧固定，船体内外木板的缝隙均有填充物填塞防水。[2] 根据造船技术和船体残骸判断，起初学者们认为这是一艘印度或阿拉伯的船；[3] 后来进一步的分析则倾向于认为，这是一艘阿拉伯式船。因为每一块木板都有捆绑，既无木楔也无铁钉，学界称之为"缝合船"。这种制造无钉之船的技术正是阿拉伯人的发明。"黑石号"捆绑船板而不使用铁钉的技术表明，它来自印度洋西部，即西亚的阿

1　Michael Flecker，"A Ninth-Century Arab Shipwreck in Indonesia: The First Archaeological Evidence of Direct Trade with China," in Regina Krahl, John Guy, J. Keith Wilson, and Julian Raby eds., *Shipwrecked: Tang Treasure and Monsoon Winds*, Smithsonian Books, 2011, 101 & 106.
2　Ibid., 103.
3　Ibid., 335-54.

第五章 "不朽"的"黑石号": 考古和文献中的"无钉之船" | 157

拉伯世界。[1]

如果上述的证据还不够充分的话, 船体使用的木材则驱散了所有的疑云。[2] 澳大利亚和以色列特拉维夫大学的科学家对船体各个部分的木材进行了两次单独分析, 结论不尽一致。不过, 后者是专门从事水下木材分析的, 因此结论相对可靠和准确。澳大利亚的科学家通过七份木材样本的分析研究认为, 除了其中两样(船体框架和锚)可能来自非洲, 其他都是印度特产的木材, 并非产于非洲或中东。[3] 这似乎表明"黑石号"是一艘印度船。可是, 历史文献表明, 阿拉伯由于缺乏木材, 经常从印度进口木材。因此, 对木材产地的分析不能排除阿拉伯造船的可能性。特拉维夫大学的分析结论与澳大利亚的完全不同。

特拉维夫大学的分析表明, 八个样本中有五个是非洲缅茄木。这种树只产于非洲, 尤其是其东北部、东部、西部和中西部的热带地区; 第六个样本为另一种非洲特产拜宾德缅茄, 来自非洲中部、西部和中西部的热带地区; 第七个样本可能为非洲圆柏, 产于非洲东部山区至阿拉伯半岛西南部也门一带; 第八个样本比较特殊, 为柚木, 产于印度、缅甸和东南亚其他地区。[4] 这样, 以色列的结论和澳大利亚的分析大相径庭。澳大利亚的分析认为, 除了一种样本来自非洲, 其余都

1　Michael Flecker, "A Ninth-Century Arab Shipwreck in Indonesia: The First Archaeological Evidence of Direct Trade with China," in Regina Krahl, John Guy, J. Keith Wilson, and Julian Raby eds., *Shipwrecked: Tang Treasure and Monsoon Winds*, Smithsonian Books, 2011, 101.
2　Ibid., 384.
3　Ibid., 117.
4　Ibid., 117.

来自印度；以色列的分析却表明，除了一种可能来自印度，其余都来自非洲。因此，"黑石号"只能是在中东地区建造的，很可能就在也门或者阿曼。[1] 反过来说，为什么不可能是印度建造的呢？因为印度有多种木材，建造船只根本不需要从非洲经阿拉伯地区进口木料。

木材之外，船上的绳索（包括捆绑船板的绳索和航海使用的缆绳）也同样重要。可是对绳索的分析越发困难。"黑石号"遗存的绳索样本很少，且一旦干燥就结为硬块，一旦浸泡又凝成糊状。最初的电子显微镜扫描分析认为样本是麻。麻广泛分布于高加索地区、印度北部和伊朗，在中东也可以获得。不过，麻绳虽然结实，经海水浸泡却容易腐烂。因此，用麻绳来捆绑船板不能不让人产生疑问。[2]

此外，相关研究表明，"黑石号"船体的防水填料为产自东南亚、澳大利亚的千层树皮，而东南亚至今仍在使用白千层树皮填塞船板之间的缝隙。更有意思的是，有学者认为捆绑船板的绳索是由朱槿制成。朱槿原产于中国南部，很早就传到了东南亚。朱槿的茎皮纤维可以制成绳、麻袋、网和粗布等。如果这个结论正确的话，那么沉没于印度尼西亚海域的"黑石号"，此前很可能在东南亚进行过修缮，特别是用东南亚的材料对船板和缝隙重新进行捆绑和填充。[3]

无独有偶，2013 年，人们在泰国曼谷以西的湿地里发现了一艘和"黑石号"同时代的阿拉伯（波斯）式沉船。残留的船体长 18 米，

1　Michael Flecker, "A Ninth-Century Arab Shipwreck in Indonesia: The First Archaeological Evidence of Direct Trade with China," in Regina Krahl, John Guy, J. Keith Wilson, and Julian Raby eds., *Shipwrecked: Tang Treasure and Monsoon Winds*, Smithsonian Books, 2011, 117.
2　Ibid., 117.
3　Ibid., 118.

整体可能长达 35 米，比"黑石号"要大；时间约为 8 世纪末或 9 世纪上半叶，建造技术与"黑石号"一致。这艘船的目的地应该是中国，途中前往位于泰国的堕罗钵底时沉没或被废弃。[1] 可惜的是，在这艘沉船上发现的物品不多，目前还在研究之中。

2004 年在阿曼祖法儿附近的一个考古发现也为比较研究"黑石号"沉船提供了宝贵的参考。这次发现的虽然只是约 10—15 世纪的几块船板，但是残存信息非常丰富，特别是存有"黑石号"缺乏的捆绑船板的绳索，因而格外引人注意。[2] 遗存的绳索和现在使用的材料一样，都是椰子（*Cocos nucifera*）；缝隙之间的填充物也是椰壳纤维。[3] 由此看来，笔者倾向于认为"黑石号"最初的绳索应该就是椰索；[4] 至于它在东南亚某港口修缮时利用了东南亚的材料，那就是另外一回事了。事实上，"黑石号"残存的绳索究竟是什么材质、是哪里生产的，目前还没有结论。

根据考古的发现和研究可知，"黑石号"是在南海发现的最早的阿拉伯式沉船，也是在南海首次发现的无钉之船。它以无可辩驳的证

---

1 Michael Flecker, *Early Voyaging in the South China Sea: Implications on Territorial Claims*, Nalanda-Sriwijaya Centre Working Paper No.19（Aug 2015）, 35; Jacques Connan, Seth Priestman, et al., "Geochemical analysis of bitumen from West Asian torpedo jars from the c. 8th century Phanom-Surin shipwreck in Thailand, "*Journal of Archaeological Science*, Vol. 117（May 2020）: 1-18; 钱江,《泰国湾附近出水的波斯舶》,《国家航海》2021 年第 2 期, 133—160 页。

2 Luca Belfioretti & Tom Vosmer, " Al-Balīd Ship Timbers: Preliminary Overview and Comparisons, " *Proceedings of the Seminar for Arabian Studies* 40（2010）: 111-118.

3 Ibid., 111 &116.

4 Simon Worrall, "Made in China: A 1, 200-year-old Shipwreck Opens a Window on Ancient Global Trade, " *National Geographic*（June 2009）, https://www.nationalgeographic.com/magazine/2009/06/tang-shipwreck/.

据表明，9 世纪时阿拉伯地区和中国之间已经开展了直接的贸易往来。当然，由于当时阿拉伯和波斯的地理和文化关系，我们无法区分这是一艘波斯的、印度的还是阿拉伯的船，只能以阿拉伯式船代称。[1] 有意思的是，在印尼、泰国和阿曼发现的阿拉伯式沉船，时间跨度从 9 世纪到 15 世纪，也都是无钉之船。中西文献对这种无钉之船也早有记载。

中西文献中的无钉之船

关于古代海洋亚洲的无钉之船，中西文献均有记录。不妨先以大家熟知的马可·波罗的描述做一个介绍。1291 年，马可·波罗奉忽必烈之命，从泉州出发护送蒙古阔阔真公主经海路到伊儿汗国与阿鲁浑汗完婚。约在 1292 年年底或者 1293 年年初，马可·波罗在印度洋（阿拉伯海或波斯湾）看到了和"黑石号"一样的阿拉伯式船。他写道：

> 忽鲁谟斯建造的船只是全世界最差的，也是最危险的，将乘船的商人和其他乘客置于巨大的风险之中。它们的缺陷就在于船只建造没有用铁钉；使用的木材太坚硬，很容易像陶土那样裂开。如果想打个铁钉，木材反弹，常常破裂。船板也不堪铁钻，哪怕小心至极。只好采用木钉或木楔，把它们连接；而后，用印度核桃

1　Michael Flecker, "A Ninth-Century Arab Shipwreck in Indonesia," 102.

第五章 "不朽"的"黑石号":考古和文献中的"无钉之船" | 161

外壳的纤维制成绳索绑缚。印度核桃果实很大,外壳包覆着如马鬃一般神奇的毛。在水里浸泡发软之后,外壳的丝线就用来制作绳索,后者又用来捆绑船板。这些绳索耐水耐用。船底也没有用沥青,而是用麻絮混合鱼油加以填塞。这些船只不过一帆一舵一层甲板而已。装载货物时,以兽皮覆盖船板;马就站在兽皮之上运往印度。它们也没有铁锚,而是另一种锚具。这样的后果是,当恶劣天气到来时——海上总是波涛汹涌,船只往往被冲上岸而沉没。[1]

马可·波罗所说的"印度核桃"就是椰子;他提到的"另一种锚具"大概就是木制的锚具,分量比铁锚轻,因而船只容易被大风吹走。此外,既然有椰子纤维,何必用麻絮?因此,马可·波罗说的"麻絮"可能是谬误。可是,反过来说,对"黑石号"的初步研究表明,它的填塞物中可能包含麻絮。因此,我们也不能轻易否定马可·波罗。

马可·波罗之后的三十年,意大利方济各会托钵僧鄂多立克(Odorico da Pordenone,1286?—1331年)到达印度洋。他在波斯湾一带乘坐"船身中无铁钉的船",抵达印度西海岸的塔纳。他说:"人们使用一种称为舟楫(Jase)的船,它仅用线来缝联。我登上其中一艘,而且我在上面找不到一枚铁钉。如此上船后,我在二十八天内来到塔纳。"[2]

1　Manuel Komroff, *The Travels of Marco Polo* (W. W. Norton & Co. Inc, 1953), 48-49.
2　[意]鄂多立克等著,何高济译:《鄂多立克东游录》,《海屯行纪 鄂多立克东游录 沙哈鲁遣使中国记》(中华书局,2002),第 43 页。Henry Yule, trans. and ed., *The Book of Ser Marco Polo, The Venetian: Concerning the Kingdoms and Marvels of the East* (Cambridge: Cambridge University Press, 2010), 57. 何高济翻译的"线"略微不妥,应当作"索"或"绳"比较恰当。

马可·波罗和鄂多立克介绍的波斯湾的船只，不久之后就被一个中国人看到了。元代的汪大渊曾两次泛舟大海。大约在1330年（至顺元年）冬天，汪大渊从斯里兰卡登临马尔代夫群岛；次年春夏之间季风改向之后，他就乘船北上抵达南印度，而后可能到了波斯湾。在波斯湾的甘埋里，汪大渊看到了同来贩马的"马船"。他说："其地船名为马船，大于商舶，不使钉灰，用椰索板成片。每舶二三层，用板横栈，渗漏不胜，梢人日夜轮戽水，不使枯竭。下以乳香压重，上载马数百匹，头小尾轻，鹿身吊肚，四蹄削铁，高七尺许，日夜可行千里。"[1] 关于甘埋里是何地，学者们意见不一。无论它是不是多数认为的忽鲁谟斯，以马船而论，甘埋里必在波斯湾一带，而马船为阿拉伯式船则可知。

关于马船，汪大渊的描述和马可·波罗基本是一致的。最重要的特征当然是"不使钉灰，用椰索板成片"。不过，马可·波罗对马船的评价很低，认为其建造简陋，不堪风雨，而且船体很小，不过一帆一舵一层甲板；汪大渊则不同。他首先指出，马船比一般商船要大，原因当然是它要用来运马。"每舶二三层，用板横栈"，"下以乳香压重，上载马数百匹"，则马船之大可知。由于马船的特点，渗水严重，所以需要有人专门排渗水，故"梢人日夜轮戽水，不使枯竭"。此外，汪大渊所说的马船，不仅用来载马、贩马，也用来运载其他货物，如各种香料尤其是印度西岸盛产的花椒，其实本质上就是商船。他说："所有木香、琥珀之类，（地）（均）产自佛郎国来，商贩于西洋互易。去货丁香、豆蔻、青缎、麝香、红色烧珠、苏杭色缎、苏木、青白花

---

[1] ［元］汪大渊著，苏继庼校释：《岛夷志略校释》（中华书局，1981），第364页。

器、瓷瓶、铁条，以胡椒载而返。椒之所以贵者，皆因此船运去尤多，较商舶之取，十不及其一焉。"[1]

汪大渊还记载了印度洋贸易使用马船的其他情况。小唄喃"居民懒事耕作，岁藉乌爹运米供给。或风信到迟，马船已去，货载不满，风信或逆，不得过喃巫哩洋，且防高浪阜中卤股石之厄。所以此地驻冬，候下年八九月马船复来，移船回古里佛互市"[2]。古里佛"地产胡椒，亚于下里，人间俱有仓廪贮之。每播荷三百七十五斤，税收十分之二，次加张叶、皮桑布、薇蔷水、波罗蜜、孩儿茶。其珊瑚、珍珠、乳香诸等货，皆由甘理、佛朗来也。去货与小唄喃国同。蓄好马，自西极来，故以舶载至此国，每疋互易，动金钱千百，或至四十千为率，否则番人议其国空乏也"[3]。既然马船至少可以航行于波斯湾和印度洋西岸乃至东岸之间，那么，它应该经得住相当大的风浪。因此，汪大渊对马船（阿拉伯式船）的介绍实际上推翻了马可·波罗的负面评价。不过，不能简单地说马可·波罗的记录就是错的，因为各类马船大小、功能不同，建造材料和质量当然也不一样。近海航行的船只和远洋航行的海舶相比，材料和质量差别就很大了。

接下来看看郑和宝船中马欢、巩珍等人的记录。马欢在介绍溜山国时提到了当地的造船方式："其造番船皆不用钉，止钻其孔，皆以此索联缚，加以木楔，然后以番沥青涂缝。"[4] 巩珍在《西洋番国志》中大致复述了马欢的说法，还提供了其他细节："椰子皮穰打成粗细

1　《岛夷志略校释》，第 364 页；Ralph Kauz and Roderich Ptak,"Hormuz in Yuan and Ming sources," *Bulletin de l'École française d'Extrême-Orient*, Vol. 88（2001）：39-40.
2　《岛夷志略校释》，第 321 页。
3　同上，第 325 页。
4　[明] 马欢著，万明校注：《明钞本〈瀛涯胜览〉校注》（海洋出版社，2005），第 74 页。

索，收积盈堆，各处番舡皆贩去卖与造舡等用。盖番人造舡不用铁钉，止钻孔，以椰索联缚，加以木楔，用沥青涂之至紧。"[1] 巩珍非常明确地提到了"不用铁钉"，给船板"钻孔"，用"椰索联缚"，而后"加以木楔"，最后"用沥青涂之至紧"，基本上介绍了阿拉伯式船的建造方式，可以说是中西文献中最全面的记载，非常珍贵。

马欢和巩珍提到的马尔代夫及其北部拉克代夫群岛的船就是缝合船。首先，无论桅杆、船体、船板还是船帆、船绳等，船只所用材料几乎全部来自岛上所产的椰树，[2] 而不是从印度或非洲进口的硬木。其次，他们证实了马可·波罗和汪大渊的观察。马欢说这种船"其锁孔皆以索缚"，巩珍补充说"盖番人造舡不用铁钉，止钻孔，以椰索联缚"，则马尔代夫的船和"黑石号"一样，属于阿拉伯式的"无钉之船"。再次，马欢和巩珍还证实了马可·波罗的观察，这种无（铁）钉之船"加以木楔"，即采用木楔来代替铁钉。又次，马欢和巩珍都指出，人们还用沥青来填塞涂抹船板之间的缝隙，并且"涂之至紧"。这是马可·波罗和汪大渊都没有注意到的细节，却和"黑石号"吻合。[3] 马可·波罗说马船用麻絮混合鱼油填塞缝隙，同时船舱铺上牛皮，以防止海水渗进船体；汪大渊则根本没有提到填塞物，他直接说"不使钉灰"。钉就是铁钉，灰就是油灰，中国传统以麻絮等纤维混合石膏、

---

1 ［明］巩珍著，向达校注：《西洋番国志·郑和航海图·两种海道针经》（中华书局，2000），第33页。

2 George F. Hourani, *Arab Seafaring: in the Indian Ocean in Ancient and Early medieval Times*, revised and expanded by John Carswell（Princeton, New Jersey: Princeton University Press, 1995），91.

3 Michael Flecker, Pauline Burger, Armelle Charrié-Duhaut, Jacques Connan and Pierre Albrecht，"The 9th-Century-AD Belitung Wreck, Indonesia: Analysis of A Resin Lump，" *The International Journal of Nautical Archaeology* 39（2）(2010)：384.

桐油捣至泥状来填塞船体的缝隙，防止渗水。[1] 由此可知，汪大渊没有看到马尔代夫使用填充物来防水，他的马船船体缝隙直接漏水，"渗漏不胜，梢人日夜轮戽水，不使枯竭"。

16世纪初，葡萄牙人到达印度洋，马上发现了当地的无钉之船。他们指出，马尔代夫当地的船，无论大小，都由棕榈树干制成，加以木楔，由椰绳绑缚，其帆也是由棕榈叶编成，这些船只坚固轻巧，主要用于在岛屿之间来往，有时也用于航海至印度南部的马拉巴尔海岸。[2]

那么，如何理解上述记录的诸多抵牾之处呢？传统的阿拉伯式船当然也用本地或邻近地区的木材。柚木等硬木坚硬耐久，是造船的理想材料；海边或海岛的椰树也常用来建造船只，虽然其质量无法和非洲或印度的木材相提并论。不过，有学者指出，椰树在海里浸泡数月后反而比较耐腐蚀。[3] 因此，马尔代夫用椰树来造船，并不奇怪。此外，船只建造的年代不同，精细程度差别很大，同时种类很多，大小不一，功能各异，这些都造成船体上的差异。近海的小船用普通的本地椰树制作，远航的海舶用材质较好的柚木等木材建造，也是理所当然。以船板为例，各处发现的厚度往往不一，这是因为船板厚度与船只的大小和功能直接相关。远洋海舶"黑石号"的船板厚度可达4厘米，而在阿曼发现的船板厚度在1.8~2厘米，大约就在近海航行。中世纪的

1　行文至此，笔者不由想起40多年前先父在建德江边造船，他填充油灰的情景依稀在目。
2　"Early Notices of the Maldives," in François Pyrard, *The Voyage of François Pyrard of Laval to the East Indies, the Maldives, the Moluccas and Brazil* (here in after *The Voyage of François Pyrard*)，edited by Albert Gray & H. C. P. Bell (Cambridge: Cambridge University, 2010)，vol. III, 479.
3　Michael Flecker，"A Ninth-Century Arab Shipwreck in Indonesia," 115.

旅行者一般只注意到他们亲眼看到的一处或一类船只，故其描述或评论之细微处往往有矛盾，不足为奇。

综合上述，由考古和文献可知，阿拉伯式无钉之船航行于波斯湾到阿拉伯海，以及印度洋中北部靠近印度半岛的马尔代夫一带，其建造也不限于阿拉伯世界，马尔代夫附近乃至印度沿海地区都借用了无钉之船的关键技术。马尔代夫群岛对无钉之船的意义尤为重大，因为当地盛产造船必需的材料——椰索。

"地产椰子索"

椰树是马尔代夫的特产，遍布各个岛屿。中世纪时外人登临此地，看到满目葱茏的椰树林，所以印象极其深刻。玄奘在《大唐西域记》中说，僧伽罗"国南浮海数千里，至那罗稽罗洲。洲人卑小，长余三尺，人身鸟喙。既无谷稼，唯食椰子"[1]。那罗稽罗，梵文为 nārikela，即"椰子"；那罗稽罗洲，按其方向，即为马尔代夫，则马尔代夫又有"椰树之岛"的别称。

椰树不但是马尔代夫最基本、最重要的食物来源，也为各类工具、交通、房屋和船舶提供了必要的建筑材料。人们用它来编织席子和绳索，后者是船只制造和航海的必需品。马尔代夫盛产的椰索是用椰子

---

1 ［唐］玄奘述，［唐］辩机编，季羡林等校注：《大唐西域记校注》（中华书局，1985），第884—885页。

外壳的纤维——椰棕——制造的,椰棕强韧、耐腐蚀,是航海绳索的理想材料。用椰棕制作椰索是一个漫长的过程,常常需要几个月之久,极其考验制造者的技术和耐心。先把椰壳埋在潟湖或沼泽的泥潭里,让海水充分浸泡;数月后,再将海水濡透的椰壳挖出,去掉外面的硬壳;而后攫取稍微露出来的纤维一端,将椰子放在坚硬的木板上,用木槌大力敲打,使纤维从椰瓤和外皮中逐步分离出来;再用海水清洗分离出来的纤维,而后晒干;待纤维干透后,便可纺织成椰索、椰席、椰帚等。马尔代夫的椰索拉力出众,经得住海水的长久浸泡,因此驰名内外,不仅在本地的船上使用,而且深受外国水手的欢迎,是外来船只必购之物。

汪大渊就注意到用椰壳纤维制作的椰索是马尔代夫的特产。他说马尔代夫"地产椰子索",可他并没有提到椰子索的用处。直到谈到马船时,他才提及椰索的功能。马欢则提供了更多细节。他说,马尔代夫的椰索"堆集成屋,各处番船上人亦来收买,贩往别国,卖与造船等用"。而印度西海岸"古里国"(今卡利卡特)用椰子"外包穰打索造船"。[1] 巩珍大致复述了马欢的描述。16世纪的黄省曾提到古里时也注意到椰子,说:"其利椒、椰。椰子之种也,富家千树,以为恒业。其资用也,浆为酒,肉为糖、饭,穰为索,壳为碗,为酒食器,亦可厢金,木以架屋,叶以盖。"[2] 以上是中文古籍中关于马尔代夫椰索的记载,而中世纪中东、欧洲文献中的相关记载就更多了。

1030年左右,阿拉伯旅行家比鲁尼(Al-Biruni,973—1048年)

---

1 《明钞本〈瀛涯胜览〉校注》,第69、74页。
2 《西洋朝贡典录校注·东西洋考》,第100页。

分享了他的观感。他根据出口的特产，直接称马尔代夫为"海贝之岛"，把拉克代夫叫作"椰索之岛"。[1] 实际上，椰索和海贝一样都盛产于马尔代夫，拉克代夫的产量是无法和马尔代夫相比的。总之，马尔代夫椰索在印度洋世界的重要性是无可比拟的，著名旅行家伊本·白图泰的观察便可以证明。

比汪大渊晚了十年左右，伊本·白图泰也登临马尔代夫。他在岛上居住了一年半，因此对马尔代夫异常熟悉。马尔代夫的椰索自然也给他留下了深刻的印象。椰索由椰子壳制成，"它的纤维细如发丝，编织成绳索，他们不用钉子而是用这些椰索造船；同时还当缆绳"[2]。"马尔代夫的椰索出口到印度、中国和也门，其质量远超麻绳。印度和也门的船只就用这些椰索穿缝为一体，因为印度洋充满岩礁，铁钉钉成的船只如果碰上岩石，就会破碎，而椰索连接的船只有一定的弹性，即使撞到岩石，也不会碎裂。"[3] 作为在海上航行很久的旅行家，伊本·白图泰当然有资格评论和赞赏马尔代夫出口到国际市场上的椰索。有一次，伊本·白图泰从法坦（或许是南印度泰米尔纳德邦的德维帕丹）登上了八艘船中的一艘，向也门进发。[4] 我们大致可以判定，他乘坐的就是由马尔代夫出产的椰索制作的缝合船。

1　"Early Notices of the Maldives," 431. 需要指出，早期人们对毗邻的拉克代夫和马尔代夫区别一直不够分明。

2　Ibn Battuta, *Travels in Asia and Africa: 1325—1354*, translated and selected by H.A.R. Gibb with an Introduction and Notes (Abingdon and New York: Routledge and Kegan Paul LTD, Paperback, 2011)，114.

3　Ibid., 243.

4　Ibid., 265.

第五章 "不朽"的"黑石号":考古和文献中的"无钉之船" | 169

1602年7月2日,法国水手弗朗索瓦·皮拉尔的船在马尔代夫的一个环礁触礁失事,被当地居民救起,后他在马尔代夫生活了将近五年。[1] 因此,弗朗索瓦·皮拉尔有了解马尔代夫社会的难得机会,留下了关于17世纪马尔代夫日常生活的内容丰富且形象生动的描述。他注意到椰树的重要性,称椰子树"在岛上自然繁殖,并没有人工培育;它们提供了外来客户所需的各种各样的东西,比如椰索,这是所有船只的必备工具";他还注意到"世界各地的商人源源不断地来到马尔代夫,带走马尔代夫丰富的特产";他进一步强调,"最大宗的贸易就是椰索"。[2] 国王向其臣民征的税,根据他们的谋生手段,以椰索、海贝和鱼干等实物形式交纳。[3] 由此可见,马尔代夫出产的椰索是建造阿拉伯式无钉之船的必需材料,也是海上航行必备的缆绳,广受印度洋世界的欢迎。"黑石号"建造时最初使用的绳索,应当就是马尔代夫出口的椰索。"黑石号"船体遗存的绳索,由于一千多年的浸泡,目前尚无法最终确定其材料,但笔者倾向于认为它是椰索,而不是麻绳。

话说回来,虽然以"黑石号"为代表的无钉之船是西印度洋世界使用了上千年的航海工具,并且最先完成了从西亚阿拉伯地区到中国的远洋航行,但无钉之船并非西印度洋海舶专有的特色,古代中国也有无钉之船。

1　Albert Gray and Harry Charles Purvis Bell, "Introduction," *The Voyage of François Pyrard*, 2010, vol.1, xxii. Horsburgh Atoll,又叫戈伊杜环礁(Goidhoo Atoll),在马尔代夫首都马累西北向约95千米处。
2　Gray and Bell, *The Voyage of François Pyrard*, vol.1, 236.
3　Ibid., 228.

古代中国的无钉之船

需要指出,无钉之船是相对有钉之船而言的,这是因为人类社会先有了无钉之船而后才发明了有钉之船。无钉在前,有钉在后。然而,有钉之船对无钉之船先是诧异,而后歧视。以常理度之,无钉之船必然发明于铁钉产生之后。人类社会当然是先有无钉之船,而后才有有钉之船——最早的独木舟,就是无钉之船。以此论之,无钉之船并不限于阿拉伯世界。唐代和唐以前的中国文献不仅仅记载了胡人的无钉之船,也记录了中国自有的无钉之船。

早在晋代,中国人就注意到南方用包括椰子和桄榔在内的各种材料制成绳索并连木为舟的情形。晋代的嵇含指出胡人用南方的桄榔树皮绑缚船板,是因为桄榔树皮遇水浸泡后反而柔软,这和伊本·白图泰对椰索优点的解释是一样的。嵇含说:"桄榔,树似拼榈实。其皮可作绠,得水则柔韧,胡人以此联木为舟。"[1] 桄榔制舟的传统至少延续了几个世纪,唐代的刘恂就介绍过桄榔对无钉之船的重要性。

刘恂在唐昭宗时期(888—904年在位)曾任广州司马,他在《岭表录异》中写道:"桄榔树枝叶并蕃茂,与枣、槟榔等小异,然叶下有须,如粗马尾,广人采之,以织巾子。其须尤宜咸水浸渍,即粗胀而韧。故人以此缚舶,不用钉线。"[2] 这里他说的是桄榔树的须,而不

---

[1] [晋]嵇含著,鲁迅、杨伟群校:《南方草木状》,《历代岭南笔记八种》上册(广东人民出版社,2011),第17页。

[2] [唐]刘恂:《岭表录异》卷中,《历代岭南笔记八种》上册,第60页。

是嵇含说的树皮。刘恂还指出，广人采了桄榔须后编织成"巾子"，至于是否编成绳索，尚不清楚。至于桄榔须的特点，刘恂所说与嵇含无异，也就是耐腐蚀，不怕海水浸泡，且浸泡后反而膨胀坚韧，所以非常适合用于捆缚船板。最后，刘恂用了四个字"不用钉线"，这也是阿拉伯式船的关键特征。

除了桄榔须，刘恂还记录了海船利用"橄榄糖"来填塞船板之间的缝隙，这是造船的防水技术。他说，橄榄"树枝节上生脂膏如桃胶。南人采之，和其皮叶煎之，调如黑饧，谓之橄榄糖。用泥船损，干后坚于胶漆，著水益干耳"[1]。所谓"橄榄糖"，也就是把橄榄树脂或树胶混合橄榄叶，加水煎成糊状，然后填塞到船缝里。水分挥发后，橄榄糖便和缝隙完全合为一体，比传统的涂漆坚固；入水后不但不会泡软，反而"益坚"。橄榄糖的这种特征非常适合用于航海商船。因此，刘恂总结说："贾人船不用铁钉，只使桄榔须系缚，以橄榄糖泥之。糖干甚坚，入水如漆也。"[2] 所谓贾人船，就是海船；而唐代广州的海船几乎都是东南亚和阿拉伯（波斯）的船。[3] 749年（天宝八载），唐代高僧鉴真第五次东渡日本失败，遇风暴后漂流到海南岛，而后到广州，见珠江之中"有婆罗门、波斯、昆仑舶，不知其数；并载香药、珍宝，积载如山。其舶深六七丈。师子国、大石国、骨唐国、白蛮、赤蛮等往来居（住），种类极多"[4]。从名称判断，这些船大致来自东南亚和印

---

1 《岭表录异》卷中，《历代岭南笔记八种》上册，第62页。
2 同上，第52页。
3 关于唐代广州湾的外国海船，参见 Edward H. Schafer, *The Golden Peaches of Samarkand: A Study of T'ang Exotics*（Hauraki Publishing, 2014）。
4 [日] 真人元开著，汪向荣校注：《唐大和上东征传》（中华书局，1979），第74页；又见[法] 费琅著，冯承钧译：《昆仑及南海古代航行考》（中华书局，1957），第8页。

度洋，其中肯定就有阿拉伯式无钉之船；更何况广州当时还有许多来自印度洋（狮子国和大食）的商人居住。

　　刘恂在广州做过官，熟悉广州港停泊的无钉之船不足为奇；其实，比他早数十年的慧琳在《一切经音义》中就介绍了用椰索和"葛览糖"制作的"无钉之船"。慧琳是西域疏勒国人，一直居住在长安，却熟知缝合船，不得不令人惊叹唐人对海洋亚洲的了解。关于椰子，慧琳在《一切经音义》中说，"广州多有，叶堪为席"，"皮堪为索，缚舡舶，耐烂"；[1] 又说其"叶堪为席，皮堪为索以缚船舶，耐水而不烂且坚，大舶尽用"[2]。谈到无钉之船时，他说，"海中大船曰舶"[3]；又说"舶，大船也，长二十丈载六七百人者是也"[4]；"舶，海舟也，入水六十尺，驱使运载千余人，除货物，亦曰昆仑舶。运动此船，多骨论为水匠，用椰子皮为索绑缚，葛览糖灌塞，令水不入，不用钉鍱，恐铁热火生；累木枋而作之，板薄恐破。长数里，前后三节，张帆使风，亦非人力能动也。"[5] "海中大舟也，入水六十尺，累枋木作之"[6]；"海中大船也，累枋木为之，板薄不禁大波浪，以椰子皮索连之，不用铁丁，恐相磨火出。千人共驾，长百丈。"[7] 慧琳所说的"累枋木作之""用椰子皮为索绑缚"与马可·波罗和汪大渊记载的造船方式是一致的。

1　《一切经音义》，第 581 页。
2　同上，第 1554 页。
3　同上，第 213 页。
4　同上，第 304、394 页。
5　同上，第 1014 页。
6　同上，第 1444 页。
7　同上，第 1467 页。

慧琳没有提到刘恂所说的桄榔须为索捆缚船板，他一直谈的都是椰索，对椰索耐海水腐蚀和"葛览糖"防水的特点非常清楚；虽然他没有到过南方沿海之地，但他依据的信息都是通过陆上"丝绸之路"而来，对驰骋于印度洋的缝合船，他的描述应当比刘恂可靠。

以上是宋代之前中国人关于外国无钉之船的记载。其实，古代中国也有自己的无钉之船。曾在广西任职的周去非就在《岭外代答》中记载了"藤舟"。他说："深广沿海州军，难得铁钉桐油，造船皆空板穿藤约束而成。于藤缝中，以海上所生茜草，干而窒之，遇水则涨，舟为之不漏矣。其舟甚大，越大海商贩皆用之。"[1] 从两广沿海因为铁钉桐油缺乏而不得不通藤条从船板空中穿过以捆缚船板可知，这种造船方式和"黑石号"相同，就是阿拉伯式的。那么，两广地带的"藤舟"也是一种无钉之船，只不过这种船使用藤条，而阿拉伯式船是以椰绳为索。成书于983年的《太平御览》中也有类似的记载："《异物志》曰：科藤，围数寸，重于竹，可以为杖。篾以缚舡及以为席，胜于竹也。"[2] 可见，藤舟在南方流传已久。此外，周去非指出"其舟甚大，越大海商贩皆用之"，这表明藤舟也可以作为泛海的商船使用，其制作和材料应当相当考究。

当然，无钉之船在早期人类社会普遍存在，因为人类最先发明的船——独木舟——就是无钉之船。周去非也介绍了广西当年巨大的独木舟"刳木舟"。他写道："广西江行小舟，皆刳木为之，有面阔六七

1　［宋］周去非著，杨武泉校注：《岭外代答校注》（中华书局，1999），第218页。周去非（1135—1189），字直夫，温州人，南宋隆兴元年（1163）进士。历任钦州教授、广西静江府县尉、浙江绍兴府通判。他任静江府县尉时撰成《岭外代答》。
2　［宋］李昉等：《太平御览》（中华书局，1960），第4册卷995，第4405页。

尺者。虽全成无罅，免繻袘之劳，钉灰之费，然质厚迟钝。忽遇大风浪，则不能翔，多至沉溺。要不若板船，虽善不能为矣。钦州竞渡兽舟，亦刳全木为之，则其地之所产可知矣。海外蕃船，亦有刳木者，则其为木，何止合抱而已哉！"[1]

中世纪的人已经习惯了使用铁器和铁钉，对无钉之船是相当诧异的。唐代的慧琳称，无钉之船不用铁钉的原因在于"恐铁热火生""恐相磨火出"，这估计是他自己的解释。其实，造船不用铁钉既是早期人类在进入铁器时代之前的普遍状况，也与人类进入铁器时代后所在地的资源和传统有关。如果某地没有铁矿，冶铁业不发达，或者输入的铁器昂贵，人们必然会寻求其他材料或方法来解决对铁器的需求。这就是周去非谈到的广西的状况。因为没有铁钉，当地造船时就用藤捆绑而成所谓"藤舟"。可以想到，岛屿社会和游牧部落一般而言比较缺乏铁器，马尔代夫群岛的情况就很明确，既不生产铁钉，又不用铁钉造船。阿拉伯式无钉之船的起源大致如此。有了铁钉，它被引入造船也需要一段时间，因为一种传统的改变并非一夜之间可以实现。

拥有有钉之船的社会觉得无钉之船异常，因而对其起源加以揣测。慧琳认为无钉之船克服了铁钉摩擦起火的弱点，西方则流传着另一则逻辑相似但内容不同的传说来解释无钉之船的来源及其合理性，那就是海底磁山。更有意思的是，几乎从一开始，印度洋的马尔代夫群岛就是海底磁山的所在地，不能不令人拍案称奇。

---

[1] 《岭外代答校注》，第219页。

海底磁山

马尔代夫是航海必需品椰索的出产地,也是约两千年前即开始流传的海底磁山所在地。所谓海底磁山,就是指海底有磁铁形成的山脉或海床,经过此地的船只因船上的铁钉、铁锚和其他铁器而被磁铁吸住,无法前行,甚至沉没。这当然是子虚乌有。即使海底有磁石,能够吸引船上的铁器,也无法将整艘海船吸住。毕竟,海船的主要材料是木材,铁器只占了其中非常少的一部分。然而,海底磁山的传说不但流传时间很长,流传的地理空间也很广阔,这似乎从另一方面旁证了阿拉伯式无钉之船的航海优势。在耐撞等方面,如伊本·白图泰所言,无钉之船可能确有其优势。或许正是因为没有铁钉,阿拉伯式海舶才得以在印度洋上乘风破浪,直抵西方垂涎三尺的丝绸和瓷器产地——中国。如此说来,无钉之船和海底磁山是正反两面相辅相成的,实在有点意思。不妨来初步探索一下两者之间的联系。

2世纪的托勒密在其《地理志》中就把海底磁山锁定在马尔代夫群岛附近。"人称一共存在有十个相互毗连的岛屿,统称为马尼奥莱群岛,装有铁钉的船只都要被吸住难行,也许是岛屿中出产大磁石(Pierre d'Héraklès)的缘故。所以,那里的人们要在滑道中造船。这些岛屿中居住有一些被称为马尼奥莱人的食人生番。"[1] 马尼奥莱

---

[1] [法]戈岱司编,耿昇译:《希腊拉丁作家远东古文献辑录》(中华书局,1987),第43—44页。

群岛大致就是现在的马尔代夫群岛。为什么托勒密认为马尔代夫是海底磁山所在之处呢？这其实是由马尔代夫所处的航海战略位置所决定的。马尔代夫处在斯里兰卡西南向，从南到北一竖排开，正是东西方海洋贸易的必经之处。从红海、阿拉伯海或波斯湾出发的海船，如果继续东航，往往要经过此处；风暴也会将一些计划前往印度半岛东南岸或斯里兰卡（以及马来半岛或东南亚）的船吹到马尔代夫。此外，马尔代夫群岛岛屿众多，礁石林立，在西方世界早就有"万岛"之称；加上群岛海峡众多，季风变化和洋流复杂，很容易导致外来船只失事。这样，作为东西海洋交通要道的马尔代夫自然成为不熟悉季风和当地航道的外来船只的高危海域，于是托勒密等人就将磁石吸铁导致船只停滞不前乃至沉没的传说安在了马尔代夫这里。

到了4—5世纪，海底磁山的传说就发展成无钉之船起源的根据。根据曾经到过印度和中国的主教修士阿杜利斯的引述，"在阿拉伯海和波斯海中有上千个岛屿，马尼奥莱群岛服从于锡兰。在这后一个群岛之中，人们还发现过一种所谓磁石，它用本身所具有的力量吸住所有铁制品。所以，如果一艘安装有铁钉的船只在这些岛屿靠岸，立即就会被吸住，这种石头中所蕴藏的力量会阻止船只由此返归。所以人称此地的船只均是以木楔制造的"。[1]人们不仅相信马尔代夫有巨大的磁石吸引了带有铁钉的船只，导致船只无法通行；而且因此建造了没有铁钉的船只，以躲避马尔代夫的磁石，所以"此地的船只均是以木楔制造的"。此后的巴拉迪尤斯复述："如果人们所介绍的一

---

[1] 《希腊拉丁作家远东古文献辑录》，第75页。

切均系确切的话,那么在这一岛屿(锡兰)附近还有成千的其他岛屿,均被厄立特里亚海所环抱。因为被称为马尼奥莱的岛屿出产磁铁,具有吸铁的特性。当带有铁钉的船只航行至这些岛屿时,就会被磁石的这种磁性所吸住再也无法重新离开了。所以,到达这个大岛的船只都是特制的,完全不使用铁,而只用木楔。"[1] 简而言之,马尔代夫海底磁石的传说给阿拉伯式无钉之船的起源提供了一个合理但不算完美的解释。

以上记录只强调了无钉之船没有铁钉,仅用木楔,并没有提到其他情况,尤其是椰索的关键作用。10世纪初的阿拉伯旅行家马苏第的《黄金草原》一书则是第一次具体记载无钉之船乃由椰索捆绑而成这一关键细节的非中文文献。他说:"在地中海的克里特岛附近,曾发现用椰子树纤维系在一起的有洞的柚木板,这些木板是从被海浪冲击而遇难的船只上脱落下来的。这种结构的船只有在阿比西尼亚海沿岸地区才使用。在地中海航行的船只和大食人的船只均为钉子结构;而在阿比西尼亚海,因为海水的腐蚀,铁钉变得易碎,容易断裂,极不牢靠,故迫使船只制造商用涂有油脂和柏油的纤维绳代替铁钉连结船板。"[2] 阿比西尼亚就是东非的埃塞俄比亚,因此,马苏第说东非附近也就是印度洋西部地区的船只是无钉之船。似乎是因为那里的海水腐蚀特别严重,所以"用纤维绳代替铁钉连结船板";而在地中海的船只,无论是希腊的、埃及的还是阿拉伯的,"均为钉子结构"。

---

1 《希腊拉丁作家远东古文献辑录》,第74页。
2 [法]费琅编,耿昇、穆根来译:《阿拉伯波斯突厥人东方文献辑注》(中华书局,1989)上册,第119页。

马苏第的记录有三点格外值得关注。第一点，他说无钉之船的残骸是在地中海的克里特岛附近发现的，而当时红海和地中海并无运河沟通，所以他用这个例子来推断，"海洋是相通的，而且从中国和新罗绕突厥地区运动，通过来自大洋的某一渠道流向马格里布"[1]。他的推论当然是正确的。在他千年之前，腓尼基人就完成了环非航行。第二点，马苏第提到了无钉之船的制造材料和方法。船板是用柚木做的，木板上有孔，然后用椰子纤维制作的椰绳捆绑；椰绳外表涂有油脂和柏油，以增加防水防腐性。这些描述和在阿曼发现的船板情况是完全一致的。不过，读者需要注意的是，慧琳关于椰索捆缚船板的记录不但比马苏第早了一百多年，而且细节也相对清楚，还提供了用"葛览糖"填塞船缝防水的信息。也就是说，中文文献对阿拉伯式无钉之船建造细节的记载不但比阿拉伯及其他文献早，而且更加具体和完备，这不能不令人惊叹。第三点，马苏第说，大食（也就是阿拉伯）在地中海的船只是有钉子的，可是他似乎不知道，阿拉伯人在印度洋上用的是无钉之船。

无钉之船的历史事实和海底磁山的流言蜚语，二者在马尔代夫的结合，实在是海洋亚洲一段回味无穷的插曲，令人不得不瞩目马尔代夫在海洋史上不可或缺的地位。从航海历史追溯，读者可以推断，一般是先有"船（无钉之船）"，使得人们到达某地成为可能，而后人们才会认识到某地航海的危险，并广为宣扬。因此，马尔代夫的重要性（地理位置和出口商品）和危险性在印度洋世界广为人知。更令人惊奇的是，这些事实和传闻在中国古代文献中也早有记录。以下继续

---

1 《阿拉伯波斯突厥人东方文献辑注》上册，第119页。"马格里布"泛指北非西部一带。

分析古代中国关于无钉之船和海底磁山的文献记载，尤其是相关的两点：其一，马尔代夫海域之凶险令古代中国认为它就是上古传说中的"弱水"；其二，是海底磁山的中国化。

印度洋的"弱水"

马尔代夫群岛附近海域的凶险一直为印度人和阿拉伯人所知。10世纪前后的伊卜拉希姆·本·瓦西夫在《〈印度珍异记〉述要》中写道："据说，（大洋里）有一万二千八百个岛屿。那里旋涡翻动，海浪滚滚。当船只来到这里，便原地旋转，直至沉没……"[1]"原地旋转，直至沉没"这句话和海底磁石吸引有钉之船以致沉没的情节实在太像了。而这种洋流、风暴和礁石交织的险恶，很快就被前来的中国人注意到了。

汪大渊对此就深有体会。他说："舶往西洋，过僧伽剌傍，潮流迅急，更值风逆，辄漂此国。候次年夏东南风，舶仍上溜之北。水中有石槎中牙，利如锋刃，盖已不完舟矣。"[2]也就是说，船舶经过僧伽剌（斯里兰卡）附近，那里洋流迅急，如果碰上逆风的话，船很容易被风吹漂到马尔代夫附近；这样，只能等到第二年夏天东南季风起来时，才能从马尔代夫向北行驶。汪大渊所说的"潮流迅急，更值风逆"

---

1 《阿拉伯波斯突厥人东方文献辑注》上册，第159页。
2 《岛夷志略校释》，第264页。

与瓦西夫笔下的"旋涡翻动,海浪滚滚"完全吻合。汪大渊还提到了马尔代夫的暗礁,它们"利如锋刃",失事船只很容易被扎得四处破裂。瓦西夫的"原地旋转,直至沉没"描述的其实就是汪大渊所指的船只碰了暗礁而沉没的情形。

此后郑和宝船上的马欢、巩珍和费信都谈到风暴、暗流和礁石对外来船只的危害。马欢指出:"设遇风水不便,舟师失钉舵船过其溜,落潟水,渐无力而沉没,大概行船谨防此也。"巩珍大致抄录马欢的记录,云:"行舡者或遇风水不顺,舟师针舵有失,一落其溜,遂不能出。大概行舡,谨防此也。"费信则简洁地说"若商船因风落溜,人船不得复矣",又作诗一首强调了马尔代夫航路的危险,其中有"盘针能指侣,商船虑狂风"和"虽云瀛海外,难过石门中"两句。[1] 马欢的"落潟水,渐无力而沉没",巩珍的"一落其溜,遂不能出",费信的"因风落溜,人船不得复",以及瓦西夫所说的"当船只来到这里,便原地旋转,直至沉没",都是船只触礁沉没的意思。

和汪大渊相比,马欢等人对马尔代夫的了解详细多了。以地理而论,马欢他们不但知道马尔代夫将近两千个岛屿组成了几个大的岛屿群,也就是所谓的八溜或九溜;他们还观察到,除八溜外,马尔代夫"再有小窄之溜,传云三千有馀溜"[2]。"小窄之溜",以后的文献称"小窄溜"或"小溜"。如谢方指出,马尔代夫群岛为南北走向的两组平

---

[1] 《明钞本〈瀛涯胜览〉校注》,第73页;《西洋番国志·郑和航海图·两种海道针经》,第32页;[明]费信著,冯承钧校注:《星槎胜览校注》(华文出版社,2019),第108页。

[2] 《明钞本〈瀛涯胜览〉校注》,第72页。

行狭长的珊瑚礁岛群，其中较大的岛屿都在东边一线上，所谓"八溜"或"九溜"即分布在此；西边还有一系列环礁，面积更小，数量更多，这就是"小窄溜"。[1] 这些小岛比邻丛生，暗礁林立，外来船只到此或不熟悉水道礁石，或因风暴失控，非常容易触礁沉没，因此这些小岛臭名远扬。马欢等人就以"弱水"称之，声称"所谓弱水三千，正此处也"。[2] 马尔代夫附近的海流／海域险恶，因此马欢认为这里就是古代中国传说中记载的"弱水"。

关于弱水，从先秦的《山海经》到《史记》及《后汉书》都有记载，其地理位置或在西北（往往和流沙相提并论），或在东北，并非专指某条河流。"弱水"之名源于水"羸弱"不能浮舟，往往称"其力不能胜芥"，故无法渡河。后来的文献想象力更丰富。成书于明代中后期的《西游记》第二十二回讲述了唐僧、孙悟空和猪八戒途经流沙河收服沙僧的故事。其中描述流沙河的情况为"八百流沙界，三千弱水深。鹅毛飘不起，芦花定底沉"。流沙河即为"弱水"，此前加以"三千"这个数量词，言其无边无垠也。后人往往以为"三千弱水"首见于《西游记》，其实不然，15 世纪初的马欢已经把"三千弱水"加诸万里之遥的溜山国了。

马欢首倡马尔代夫"弱水"之说，遂为其他人因袭，从而把想象中位于中国北部或西北的内河"弱水"移植到印度洋。巩珍说，"其馀小溜，尚有三千馀处，水皆缓散无力，舟至彼处而沉，故行船谨避，不敢近此经过。古传弱水三千，正此处也"，"行舡者或遇

1　谢方：《中国史籍中之马尔代夫考》，《南亚研究》1982 年第 2 期，第 6 页。
2　《明钞本〈瀛涯胜览〉校注》，第 72 页。

风水不顺,舟师针舵有失,一落其溜,遂不能出。大概行舡,谨防此也"。[1] 费信也概论曰:"传闻有三万八千余溜山,即弱水三千之言也。"[2] 黄省曾在其《西洋朝贡典录》(成书于正德十五年,即 1520 年)中大致抄录了上述诸书,称马尔代夫"又西有小窄溜,是有三千,是皆弱水,即所谓'弱水三千'者焉。一曰有三万八千余溜,舟风而倾舵也,则坠于溜,水渐无力以没。其小窄溜之民,巢穴而处,鱼而食,草木而衣"[3]。这并不令人感到奇怪,值得注意的是后面的一句话:"《山海经》诸古书及郦道元所引论弱水多矣。虽通人辨士,莫之能明也。兹复知有溜山弱水矣。见览虽益广远,而天地之大,终不能穷焉。"[4] 可见,明代以马尔代夫海域为弱水并非沿袭古说,而是宋、元、明以来中国和印度洋世界深入交流的结果。马尔代夫海域的险恶,导致它在西方世界以海底磁山闻名,在中国则博得了"弱水"的大名。[5]

其实,海底磁山的传说在中国也流传颇广,只是古代中国没有明确其地理位置,而是先泛称南海而后指向西洋。笔者将在下文中介绍成书于 16 世纪末的章回体小说《西洋记》对西洋"吸铁岭"的描述,这是关于海底磁山的详尽的中国版本,从中亦可管窥"海上丝绸之路"带来的文化交流。

---

1 《西洋番国志·郑和航海图·两种海道针经》,第 32 页。
2 《星槎胜览校注》,第 108 页。
3 《西洋朝贡典录校注·东西洋考》,第 78 页。
4 同上,第 79 页。
5 笔者此处强调马尔代夫海域航行的危险性,是在马尔代夫作为航海枢纽的语境下讨论。实际上,频繁的贸易往来使得马尔代夫居民和印度洋世界对其航海情况(季风、洋流和海峡)相当熟悉。

"吸铁岭"

海底磁山的传说早在晋代就传到了中国。关于磁石，《太平御览》卷九八八引用《南州异物志》曰："涨海崎头，水浅而多磁石。外徼人乘大舶，皆以铁鍱鍱之。至此关，以磁石不得过。"[1] 也就是说，南海某处陆地附近有磁石，所以外国人的有钉之船就被海底磁山吸住，不能通航，也就不能到达中国。这其实是托勒密传说的简明中国版。

中国人进入印度洋相对较晚，以《汉书》《地理志》的记载，黄门使者辗转到达黄支（位于今印度南部）的时间在汉武帝时期或者之后，也就是公元前1世纪前后。就时间和空间而言，海底磁山的传说应当是自西向东流传的。而《南州异物志》是三国时期（220—280年）吴国丹阳太守万震对南海诸岛所作的记载，以此论之，则磁石之山的传说在托勒密后不久就"乘船"到了中国。

那么，磁石大致位于何处呢？《太平御览》卷七九〇云："《南州异物志》曰：句稚，去典逊八百里，有江口，西南向，东北行，极大崎头出涨海中，浅而多磁石。"[2] 则句稚国即为海底磁山。比《南州异物志》稍晚的《太清金液神丹经》基本照录上述所引《太平御览》两条，云："句稚国去典逊八百里，有江日（按：应作口），西南向，东北入，正东北行。大崎头出涨海中，水浅而多慈石。外徼人乘舶船皆

---

1 《太平御览》，第4册卷988，第4372页。
2 同上，卷790，第3501页。

铁叶，至此崎头，阁慈石不得过，皆止句稚，货易而还也。"[1] 饶宗颐经过考证，认为句稚国当在马来半岛。[2] 以当时航海实情，印度洋之来贸易止于马来半岛，这是完全可以理解的，故云"皆止句稚，货易而还也"。

《太平御览》之后，海底磁山的传说在中文文献中鲜见。唯周去非在《岭外代答》中对"藤舟"的记录，同样显示了托勒密传说的影响。他解释藤舟制作之所以不用铁钉时说，"而或谓要过磁石山而然，未之详尔"[3]。虽然说不知道真假，但周去非知道这个传说则一目了然。此外，周去非还把磁山的传说从海洋引入内河，他说："今蜀舟底以柘木为钉，盖其江多石，不可用铁钉，而亦谓蜀江有磁石山，得非传闻之误？"[4]

宋元时代中国和印度洋海上交通极为发达，加上明初郑和下西洋，因而中国对印度洋世界的了解达到空前的高峰。郑和下西洋之后，由于海禁政策等因素，到了16世纪后，几乎没有中国船只进入印度洋，中国和印度洋的联系反不如宋元和明初时期频繁和深入。不过，关于印度洋的知识仍然在中国民间流传。16世纪初黄省曾的《西洋朝贡典录》是集大成的史地著作，可谓精英学者的知识体系。成书于明万历二十五年（1597年）的《西洋记》则是以郑和下西洋事件为本而创作的章回体小说，其中包含许多海洋知识，可以说是民间对西

---

1 《太清金液神丹经》，卷下"勾稚国"。引自饶宗颐：《〈太清金液神丹经〉（卷下）与南海地理》，《中国文化所学报》第3卷第1期（1970年9月），第42页。
2 同上，第43页。
3 《岭外代答校注》，第218页。
4 同上，第218页。

洋的想象和观念,颇值得注意。《西洋记》是明代罗懋登所著的长篇神魔小说,受《封神榜》和《西游记》影响很深,可是艺术水平远远不及前两者。《西洋记》关于"西洋"的描述和艺术创作,有很多直接源于汪大渊、马欢和黄省曾等人,也有一些间接杂糅了不知出处的素材。其中,罗懋登对"西洋"海中"吸铁岭"的大写特写,可以说是自托勒密以来的海底磁山传说最晚也最详尽的版本,是印度洋知识在中国的糅合和发挥,颇值得玩味。

《西洋记》从燃灯古佛下凡辅助郑和下西洋的情节开端,全书多处提到吸铁岭,最主要的有第二回和第二十一回。第二回记载燃灯古佛下凡投胎为碧峰长老之前,在普陀山和观音菩萨一起说法,四海龙王闻之前来送宝。其中,西海龙王送的是滑琉璃:

> 第三班跪着的白脸素衣,呼庚吸辛,手儿里捧着一个碧澄澄的滑琉璃。老祖道:"第三位是谁?"龙王道:"弟子是西海小龙神敖顺。"老祖道:"手儿里捧着甚么?"龙王道:"是一个金翅吠琉璃。"老祖道:"是何处得来的?"龙王道:"这琉璃是须弥山上的金翅鸟壳,其色碧澄澄,如西僧眼珠子的色。道性最坚硬,一切诸宝皆不能破,好食生铁。小神自始祖以来,就得了此物,传流到今,永作镇家之宝。"老祖道:"要他何用?"龙王道:"小神海中有五百里吸铁岭,那五百里的海底,堆堆砌砌,密密层层,尽都是些吸铁石,一遇铁器,即沉到底。舟船浮海,用它垂在船头之下,把那些吸铁石子儿如金熔在型,了无滓渣,致令慈航直登彼岸。"老祖也点一点头,想是也有用他处,轻轻的说道:"吩咐他南赡部洲发落。"龙王把个手儿望上躬一躬,你看好个金翅

吠琉璃,只见他一道清风,掠地而去。[1]

此处西海龙王敖顺把吸铁岭说得明明白白。吸铁岭位于"西海"海底,长达五百里,"堆堆砌砌,密密层层,尽都是些吸铁石,一遇铁器,即沉到底"。虽然这里所说的"西海"是神话中的"西海",不能和郑和的"西洋"直接对应,但是从罗懋登的选择和方位而言,"西海"和西洋吻合。因此,尽管《西洋记》的"西海"与郑和的西洋以及现在的印度洋不是一一对应的,但也表明了罗懋登描写的吸铁岭的地理位置和托勒密的海底磁山大致相符。换过来思考,罗懋登为什么不选择"南海"呢?要知道,以地理方位来看,南海和《南州异物志》记载的"涨海"也是吻合的。

此外,吸铁岭和海底磁山的关键因素也完全吻合:一是位于海底,二是吸附铁器,导致船只不能前行,甚至沉没。《西洋记》第十四回燃灯古佛投胎的长老就对明朝皇帝解释说:"这个岭生于南海之中,约五百余里远,周围都是些顽石块。那顽石块见了铁器,就吸将去了,故此名为吸铁岭。"[2] 罗懋登虽然没有直接说吸铁岭会把船只吸到海底,但在介绍滑琉璃时,其意思是十分明确的。敖顺说,将滑琉璃"垂在船头之下,把那些吸铁石子儿如金熔在型,了无滓渣,致令慈航直登彼岸",目的就是克服磁石的吸力。这样,敖顺所说的船只是有钉之船也就昭然若揭了。毕竟,倘若是无钉之船,就无须悬挂滑琉璃了。

---

1 《西洋记》上册,第16页。
2 同上,第183—184页。此处将吸铁岭记在"南海"之中,与第四回和第二十一回皆不同。这大概因为《西洋记》完成后未能精心修订,前后行文不一处颇多。如第四回和第二十一回克服吸铁岭之法,情形也不尽相同。

因此，滑琉璃和吸铁岭的背后，是有钉之船和无钉之船的区别。很明确，三宝太监的中国宝船就是有钉之船。

《西洋记》第二十一回具体讲述了如何过吸铁岭，其法与第四回介绍的悬挂滑琉璃大有不同。到了吸铁岭，长老"写下了一道牒文，当时烧下"，"玉帝看了牒文，即时准奏，传下一道玉旨，钦差三十六天罡，统领天兵四队，往西洋大海吸铁岭下，搬运宝船上铁锚兵器等项，不得有违"。

只见三十六天罡领了天兵四队，竟自驾起祥云，望西洋大海而来。见了古佛，领了佛旨，把些宝船上的铁锚兵器，无论大小，无论多寡，一会儿都搬到西洋海子口上去了，各自驾转云回。长老心里又想道："铁锚兵器虽是搬运去了，这些大小船只，却都是铁钉钉的。我身上的金翅吪琉璃，也要得个好力士，才用的快捷。"好个碧峰长老，念上一声佛，佛法一时生，转身写了一个飞票，差了一个夏得海，竟投西海中龙宫海藏而去。只见西海龙王敖顺，接了佛爷爷这一个飞票，票说道："票仰西海龙王，火速统领犀侯鳄伯一千水兽，前到宝船听候指使，毋违。"龙王领了飞票，即时点齐一千水兽，统率前来，见了佛爷爷，禀说道："适承飞票呼召，不知有何指挥？"长老道："敬烦列位，替我把这些船只，抬过吸铁岭砂河，径往西洋海子口上。须在今夜，不得迟误鸡鸣。"龙王道："抬便容易抬得，只是尽在今夜，似觉得限期太促了些。"长老道："我还有你一个宝贝在这里。"龙王道："正是，正是。若是佛爷爷拿出那个金翅吪琉璃来，照着前面后面，抬的便轻巧了。这五百里路，不消呼吸之间。"长老取出一个宝贝,交付龙王。龙王拿了这个宝贝,亲自领头。后面一干水兽抬了船只,一会子就是西洋海子口上。龙王交还了琉璃,说道:"佛爷爷,这铁砂河今日经过了,这个宝贝却有十年不生铁,却有十年走得船。"长老道:"要他千万年走船。"龙王拜辞,领着水兽而去。[1]

这样,宝船就顺利通过了吸铁岭。

以吸铁岭为例,《西洋记》收录、保留、吸收并改编了许多海洋知识,表明中国与印度洋包括阿拉伯世界的贸易往来也增进了文化交流。这些文化交流,长期以来逐渐被本土化掩盖了其本源,因而难以溯源。不过,比较中西文献,其雪泥鸿爪有时亦可稍窥。

最后的无钉之船

那么,阿拉伯式海舶无钉之船是什么时候从海上消失的呢? 16世纪初,葡萄牙人首次到达印度洋时,看到了这种无钉之船的普遍使用;而后一两个世纪内,其他欧洲人对此也有连续的记录。不过,最晚的文献记录还是由乾隆年间的澳门官员提供的。

乾隆九年(1744年),印光任担任首任澳门同知,他和继任者张

---

[1] 《西洋记》上册,第279—280页。滑琉璃(金翅吷琉璃)不但可以令磁石失效,从而让宝船显得轻巧,而且有夜明珠的效力,可以在晚上照明。

汝霖都对澳门加强了管理和控制。印光任在任内首次制定了管理蕃舶及寄居澳门夷人规约七条，对来往澳门的各种船只比较了解。印、张二人编著的《澳门纪略》居然提到了无钉之船："蕃舶视外洋夷舶差小，以铁力木厚二三尺者为之，锢以沥青、石脑油。碇以独鹿木，束以藤，缝以椰索。其碇以铁力水杪底二重。或二樯、三樯，度可容数百人。行必以罗经，掌之者为一舶司命。每舶用罗经三，一置神楼，一舶后，一桅间，必三针相对而后行。向编香字号，由海关监督给照，凡二十五号。光任分守时有一十六号。比汝霖任内，止一十三号。二十余年间，飘没殆半，澳蕃生计日绌。"[1] 此处，印、张二人明确地将"外洋夷舶"与"蕃舶"分开，前者指的是欧洲来的轮船，而后者指的是东南亚和印度洋传统蕃夷的海舶。他们介绍了其建筑材料（铁力木）、防漏材料（沥青、石脑油）、木碇之使用，特别是建造方式（束以藤，缝以椰索），同时没有提到铁钉的使用，表明"蕃舶"就是传统的阿拉伯式无钉之船。可惜的是，船只的具体主人或来源是东南亚还是印度洋，无法得知。

印、张二人还明确地告诉我们，直到18世纪四五十年代，虽然无钉之船已经逐渐没落，但还在亚洲海域航行。正如前文所述："向编香字号，由海关监督给照，凡二十五号。光任分守时有一十六号。比汝霖任内，止一十三号。二十余年间，飘没殆半，澳蕃生计日绌。"也就是说，最初澳门海关登记的无钉之船有25艘，到了印光任任内（1744—1746年），仅剩16艘；再过两三年，至张汝霖任内（乾隆

---

1 [清]印光任、张汝霖著，赵春晨点校：《澳门纪略》（广东高等教育出版社，1988），第155—156页。

十一年也就是1746年权澳门同知,两年后实授),仅余13艘。这段中文文献不仅是对海洋亚洲中无钉之船的有力旁证,恐怕也是世界上关于航行在东亚和西亚之间的阿拉伯式无钉之船最后的文献记载了。

既然乾隆时期澳门仍有印度洋来的无钉之船,可以想见,东南亚的某些港口如马六甲、旧港、雅加达和马尼拉,必然也有这样的船舶往来。实际上,直到20世纪末,仍有少量无钉之船在印度洋和阿拉伯海航行,主要用于近海运输和打鱼,其独特的建造方式也只有少数老船工掌握。遗憾的是,2004年12月26日印度洋海域发生强烈地震,引发了高达30米的海啸,摧毁了印度洋沿岸仅有的几艘无钉之船。悲观地估计,目前还在使用或保存在博物馆的无钉之船屈指可数。

阿拉伯式无钉之船虽然渡过了浩瀚的印度洋和南海,从西亚抵达广州,完成了万里之遥的海上航行,也游弋在东非附近海域,可是它们也有缺陷,无法承受非洲南端(马达加斯加岛以南)的风暴与海浪。"千真万确,这些船无法通行于好望角的暴怒的狂风。"里斯本"印度办公室"的文员巴罗斯明确地指出。[1]

巴罗斯的时代见证了葡萄牙飞扬跋扈的大黑船在从大西洋到印度洋及太平洋广阔海域上劈波斩浪的场景。那时候,如阿曼出土的沉船船板所示,阿拉伯式缝合船虽然还在使用,但基本已不再奔赴中国的港口。"黑石号"沉没后的两三百年间,宋代中国制造的海舶航行于从东海、南海直到印度洋的广阔亚洲海域,逐渐取代了阿拉伯式船,占据了主导地位。在南海发现的沉船就揭示了这个趋势。[2] 1973年在

---

1 "Early Notices of the Maldives," 482.
2 Michael Flecker, *Early Voyaging in the South China Sea*, 39.

泉州湾发现的"泉州一号"和近几年发掘的"南海Ⅰ号"便是明证。需要指出的是，到了12—13世纪，中国的造船技术也传到了东南亚。东南亚的船只一方面接受了西印度洋缝合船的整体框架，另一方面也接受了中国船只对铁钉的使用，从而综合了海洋亚洲东西两端的造船技术。

　　以上搜罗东西方各种文献记录，并结合最新的海洋考古发现，对最早往返于中国和阿拉伯海的阿拉伯式无钉之船进行了考证分析，并借此扩大分析自无钉之船衍生的海底磁山之传说，从考古、历史和传说三者结合的角度彰显了"丝绸之路"承载的中国与印度洋（阿拉伯）世界的海上贸易，以及伴随而来的文化交流，对理解海洋亚洲内部的互动不无裨益。笔者相信，以传统的史地资料为基础，对比和联系散见于各类古籍的中西文献，充分利用近二三十年海洋考古的最新发现，必将推动"海上丝绸之路"研究取得新进展。正如笔者在他处指出，感谢海洋考古技术最近几十年的跨越式发展，海洋史的研究已经从文献时代步入考古时代。

第六章

宋代中国的海洋突破：
『泉州一号』航线新考

从三佛齐返航吗

　　1973年8月，人们在泉州后渚港发现一条宋代沉船。考古发掘和分析表明，这是一艘宋末远洋返航的中国海船。在船上发现的香料、药物数量巨大，占出土遗物的第一位，可以说，这是一艘"香料之船"。这艘船完工于咸淳七年（1271年）之前，曾数度远洋，但旋即沉没于咸淳七年之后某年，[1]甚至很有可能就废弃在1277年夏秋之际。[2]

　　需要指出的是，1973年发现的这艘宋代海船对当代中国的海洋史研究意义重大。正是在该船的发掘和研究基础上，中国学者于1979年3月26日至4月4日在福建省泉州市召开了"泉州湾宋代海船科学讨论会"。会议期间，有专家学者提出成立一个全国性的学会来研究中国海外交通史，获得全体代表的一致赞同。4月4日，在讨论会闭幕前，中国社会科学院历史研究所、中山大学东南亚历史研究所、暨南大学历史系、复旦大学历史地理研究室、杭州大学宋史研究室、厦门大学历史系、福建省社会科学院、福建师范大学和福建省泉州海外交通史博物馆（以下简称"泉州海交馆"）等单位正式联合成立"中国海外交通史研究会"。大会还与泉州海交馆联合出版《海交史研究》（1978年创刊），这是最早专注于海洋史研究的

1　福建省泉州海外交通史博物馆编：《泉州湾宋代海船发掘与研究（修订版）》（海洋出版社，2017），第66—67页。
2　同上，第84—85页；陈高华、吴泰：《关于泉州湾出土海船的几个问题》，《泉州湾宋代海船发掘与研究（修订版）》，第160页。

中文学术刊物。[1] 因此，这艘宋代海船对中国海洋史研究和学科建设都具有开创性的意义。可喜的是，学界一直没有对其命名，笔者借此机会再次呼吁以"泉州一号"称之，以彰其贡献。

自该船发掘以来，学者们对它进行了全面和深入的研究，成果基本都收入了泉州海交馆编写的《泉州湾宋代海船发掘与研究（修订版）》（以下正文、注释均简称《发掘与研究》）。其中最重要的结论，以笔者的理解，莫过于指出这是一条建造于宋代的中国远洋木帆船，[2] 它航行于南海等海域，有可能是从三佛齐返航回到泉州，正好碰上宋元交替的战乱而被抛弃乃至损毁、沉没。[3]

关于这艘海船的航行路线，《发掘与研究》指出，宋元时期与中国往来的航线区域很广，包括今天的东南亚、印度半岛、波斯湾沿岸、阿拉伯半岛乃至埃及、东非和地中海等70多个国家和地区，而泉州作为中国宋元时期的对外交通大港，是通往海外的重要门户。根据史籍，当时泉州对外交通的航线主要有三条："一是自泉州启航，经万里石塘至占城，再由此转往三佛齐（印尼巨港附近）、阇婆（爪哇）、渤泥、麻逸等地"，即从泉州到东南亚；"二是由泉州放洋过南海，越马六甲海峡到故临，进入波斯湾、亚丁湾，远达非洲东海岸"，即从泉州经东南亚到印度洋，最远可能抵达东非海岸；"三是由泉州北上，经明州，转航高丽、日本"，亦即从泉州至朝鲜和日本；"我

1　《海交史研究》是创刊较早的全国性学术刊物，对推动海洋科技史的发展贡献颇大，可惜因为它是专门史，不符合学术界流行的综合刊物标准，至今一直不是所谓的 C 刊，实在遗憾。
2　《发掘与研究》，第66页。
3　同上，第79页。

们对于出土的这艘海船沉没前的航行范围,也即航线问题的看法倾向于上述三航线的第一条,也就是说它航行于南海等海域,有可能是从三佛齐返航的"。[1]

《发掘与研究》的研究基本完成于20世纪70年代末至80年代初,在当时海洋史研究尚未兴起、中国国内外学术交流极其有限、海洋考古发现和研究异常稀罕的情况下,开风气之先,对宋代海船进行了全面的分析,得出了经得起时间考验的结论。三十多年后,笔者重新学习,一方面受益匪浅,另一方面对照中国国内海洋考古和海洋史研究的新进展,觉得意犹未尽。特别是泉州湾宋代海船的航行路线问题,笔者认为,一方面,《发掘与研究》的结论采用了相对保守同时谨慎稳妥的立场,彰显了前辈学者谨慎的学风;另一方面,虽然这个相对保守的解释立足于充分的证据,经得起考验,也就是说,这艘宋代海船必定曾经航行于东南亚海域,也有极大的可能甚至的确到过三佛齐,但它似乎排除了该船到过印度洋乃至是从印度洋返航的可能性,在某种程度上低估了该船承载的历史信息,未能体现宋元时期中国航行技术和海洋贸易的实际情况。因此,笔者结合目前的考古和国内外文献,重新解读《发掘与研究》的考古分析,特别是海贝和香料的相关研究,认为泉州湾宋代海船从印度洋返航的可能性颇大。以下从宋代海船发现的香料、货贝和环纹货贝、船体附着物的地理分布、宋元两代中国海舶航行印度洋的文献,以及在南海发现的另外两艘宋代海船这五个方面加以论述,不妥之处,还请方家指正。

---

1 《发掘与研究》,第79页。

可能来自印度的香料

从宋代海船船舱出土的遗物非常丰富，除各种工具外，还有香料、药物、金属器、陶器、瓷器、铜钱、铁钱、编织物、皮革制品、果核、贝壳、动物骨骼等，"计有14类、69项"，"其中香料药物占第一位，数量最大"。[1]

以香料看，包括降真香（降香）、沉香、檀香、胡椒、槟榔、乳香和龙涎香，其中"香料木占出土遗物总数的绝对多数，未经脱水时其重量达4700多克。它们分布于各舱，而以第三、四、五舱为最多。香料木多为枝栎状，长短粗细不同，出土时多系断段，一般长度为3~10厘米，个别的长168厘米，直径1~4厘米。刚出土时颜色清鲜，有紫红和黄色。散乱于船舱的堆积层中，有的还由绳索绑扎成，经药物工作者鉴定证实。香料中降真香最多，檀香次之"。[2] 对于这些香料（有些在中医药中被作为药物），《发掘与研究》做了仔细的统计、研究和分析。

降真香在"各舱普遍发现，出土时表里呈绛色，或附有外皮，或皮已脱落。洗净阴干后，仍呈绛色。试用火烧，冒出的烟尚有降真特有的香味"；檀香"各舱亦均有发现。出土时色泽鲜明，有紫、黄二种，而黄色较多"；沉香"出于第二舱，块头不大，外观纹理保持沉

1　《发掘与研究》，第26页。
2　同上。按，4700多克当为"4700多斤"之误，参见《发掘与研究》第27页表二和第79页。

香的特点"。[1] 胡椒"经淘净收集的，约 5 升，它混在各舱近底部厚约 30~40 厘米的黄色沉渣中，是海船中出土香药为数仅次于香料木的药物。出土时夹有类似棕叶和竹编的残片，有些胡椒还夹在叶与叶之间的夹缝间。它可能是当时包装胡椒的残余物。经淘净，颜色一般呈白色，颗粒大致尚完好，但也有部分变成棕黑色，一部分肉腐壳存，烂成一团"；乳香"经检选的有 6.2 克，其他尚混杂在龙涎中尚待处理。在第二、三、五、六、九、十、十三等舱的黄色沉渣中和龙涎香、胡椒搅拌在一起。乳香形态不变，滴乳分明，经鉴定已是属于索马里原乳香一类，虽泡浸海中数百年，多数成分尚未发生明显变化"；龙涎香"出于第二、三、五、六、九、十、十三等舱近底部的黄色沉渣中。出土时与乳香、胡椒等杂物混凝在一起，成小块状与碎散状。色灰白，嗅之尚有一些带腥的香气。经检选 1.1 克进行鉴定是较纯的龙涎香"。[2] 当时有人描述："出土的龙涎香，二小块共 1.1 克，外态很像堵塞船上板缝的桐油灰，用镊子夹取时有轻虚感，颜色即现在的龙涎香加上盐硝色，这一点点的样品亦经福建师范大学高分子研究室初步鉴定可能是龙涎香。"[3] 最近的科学分析也证实在"泉州一号"发现的香料的确包括龙涎香，令人欣喜。[4]

《发掘与研究》在论证泉州湾宋代海船"航行于南海等海域，有可能是从三佛齐返航"时，首先就以香料药物作为直接的证据，笔者

---

1 《发掘与研究》，第 26 页。
2 同上，第 31 页。
3 赵正山:《参加泉州古船出土香药鉴别记》,《海交史研究》(1978)，第 61—62 页。
4 蒋建荣:《泉州湾宋代海船出土部分香料的科学研究》，北京科技大学博士学位论文（2021），第 69—78 页。

简述如下。第一，宋代泉州大量进口香料药物，而出土海船的舱中出有香料药物 4 700 多斤，占全部出土遗物之绝对多数，所以这是一艘"香料胡椒舶"，与历史情况完全吻合，其他一些出土物品也间接为此提供佐证。[1] 这是对香料药物和宋代海外贸易特点的一般概述，笔者完全赞同。

第二，《发掘与研究》认为："出土的香料药物，均为南海诸国及阿拉伯沿岸的舶来品。其主要产地：降真香出三佛齐（印尼巨港附近）、阇婆（爪哇）；檀香出阇婆；沉香出真腊（柬埔寨）；苏木出交州（越南）、阇婆；胡椒出苏吉丹（爪哇中部）；槟榔出南海诸国；乳香出于大食（阿拉伯半岛南部）；龙涎香出自非洲；玳瑁出于占城；朱砂、水银国内外皆产，但交阯、波斯亦产之。总之从海船出土的香料药物多为南洋诸国所产，或为东南亚一带集散的货物。它表明船是航行于以上国家的海域。"[2] 以上这段话把香料与其具体产地联系起来，认为其"多为南洋诸国所产，或为东南亚一带集散的货物"，这个结论也大体不错，但仔细分析，有几处值得斟酌。

降真香、沉香和苏木的主要产地为东南亚地区，这是没有疑问的。早于泉州湾沉船近百年的周去非在其《岭外代答》中就指出，沉香来自东南亚诸国；[3] 晚于泉州湾海船不过几十年的汪大渊在其《岛夷志略》中提到降真香和苏木时，也指出其主要产地和品质最佳者都在东南亚诸地。[4] 不过，印度洋世界也出降香、沉香和苏木，只是数

1　《发掘与研究》，第 79—80 页。
2　同上，第 80—81 页。
3　《岭外代答校注》，第 241—243 页。
4　《岛夷志略校释》，第 70、114、153、190—191、237、240、261 页。

量可能不多。北宋的洪刍在其《香谱》中引用《唐本草》说，沉水香"出天竺、单于二国"[1]。郑和宝船的通事马欢也指出，溜山"土产降香不广"[2]。南宋中后期的赵汝适亦指出，印度半岛的故临国"土产椰子、苏木"[3]。因此，东南亚确实为宋、元、明时期降真香、沉香和苏木的主要产地，但与此同时印度洋世界也出产这三类木香。有意思的是，泉州湾宋代海船船舱内降真香的显微鉴定和化学分析似乎都表明印度是其原产地。全部六个降真香样品，显微判定"其来源系豆科植物印度黄檀"[4]；化学鉴定表明，"出土降香各组分的保留时间和峰形更接近于印度黄檀"，"被鉴定的出土样品是豆科黄檀属（Dalbergia）的一种降香。从固体进样气相色谱图分析，原植物很可能是印度黄檀（Dalbergia sissoo Roxb）"[5]。需要指出的是，印度黄檀原产地为印度、巴基斯坦、尼泊尔等南亚地区，东南亚不是原产区。假如以上科学分析正确的话，那么，泉州湾宋代海船出土香料中最多的降香最终源头也是印度。

至于檀香，虽然印度和东南亚都是原产地，但檀香是随着佛教而传入中国的。因此，檀香的使用源自印度，而后传播到东南亚各地和中国；檀香最早的出口地应当是印度，而后东南亚开始参与，特别是帝汶岛。

1　［宋］洪刍等著，田渊整理校点：《香谱（外四种）》（上海书店出版社，2018），第8页。
2　《明钞本〈瀛涯胜览〉校注》，第74页。
3　［宋］赵汝适著，杨博文校释，［意］艾儒略著，谢方校释：《诸蕃志校释·职方外纪校释》（中华书局，2000），第68页。
4　南京药学院、南京林产工业学院、福建省药品检验所：《泉州湾出土宋代木造海船舱内降香的显微鉴定》，《发掘与研究》，第264页。
5　《泉州湾出土宋代木造海船舱内降香的化学鉴定》，《发掘与研究》，第270页。

关于胡椒,《发掘与研究》说"胡椒出苏吉丹(爪哇中部)",这就完全忽视了印度作为胡椒最早和最主要产地的历史事实。印度半岛西南部的喀拉拉邦地处马拉巴尔海岸,濒临阿拉伯海,从古埃及时代就以出产胡椒闻名,在葡萄牙人到来之前的两三千年里向地中海世界输出这种著名的香料。古里、柯枝等地都是东西海洋贸易航线上著名的商港所在。唐代段成式在《酉阳杂俎》中写道:"胡椒,出摩伽陀国,呼为昧履支。其苗蔓生,极柔弱。叶长寸半,有细条,与叶齐,条上结子,两两相对。其叶晨开暮合,合则裹其子于叶中。形似汉椒,至辛辣。六月采,今人作胡盘,肉食皆用之。"[1] 摩伽陀国即古印度十六国之一,昧履支为胡椒梵文"marica"之译音。[2] 赵汝适虽然在《诸蕃志》中指出了胡椒盛产于阇婆,但最后又说:"或曰南毗无离拔国至多,番商之贩于阇婆,来自无离拔也。"[3] 南毗国就在马拉巴尔海岸的古里一带。如此,则唐宋时中国人已经明白印度盛产胡椒;而掌管泉州市舶司的赵汝适从海外商人口中得知,阇婆虽然出产胡椒,但其出口的胡椒有一部分是自印度来的。此后游历了东南亚和印度洋的汪大渊对胡椒非常注意,他指出了爪哇盛产胡椒,但认为印度下里的胡椒更著名,其他地方的胡椒可能是下里的"余波"。下里"地产胡椒,冠于各番,不可胜计。椒木满山,蔓衍如藤萝,冬花而夏实。民采而蒸曝,以干为度。其味辛,采者多不禁。其味之触人,甚至以川芎煎汤解之。他番之有胡椒者,皆此国流波之余也"[4]。根据苏继庼的

1　[唐]段成式:《酉阳杂俎》下册(中华书局,2018),第373页。
2　《诸蕃志校释·职方外纪校释》,第196页,注释1。
3　同上,第195—196页。
4　《岛夷志略校释》,第267页。

观点,下里就在柯枝附近,在柯枝兴起之前,下里是印度最著名的胡椒中心。[1] 此外,古里的胡椒仅次于下里。苏继庼认为古里(古里佛)即南毗国,"地产胡椒,亚于下里,人间俱有仓廪贮之。每播荷三百七十五斤,税收十分之二"[2]。又小唄喃"地产胡椒、椰子、槟榔、溜鱼";东淡邈"地产胡椒,亚于阇婆"[3]。到了明代,马欢也记载柯枝的胡椒贸易异常繁盛,"土无他产,只出胡椒,人多置园圃种椒为业。每年椒熟,本处自有收椒大户收买,置仓盛贮,待各处番商来买。论播荷说价,每一播荷该番秤二百十五斤封剌,该番秤十斤,计官秤十六斤,每一播荷该官秤四百斤。卖彼处金钱一百一个,直银五两"[4]。因此,宋、元、明时代,印度胡椒的生产和出口不亚于东南亚。"泉州一号"上的胡椒不见得只产自爪哇,还有可能直接购买自印度,或者是在爪哇购本地产胡椒和从印度贩卖过来的胡椒。

《发掘与研究》指出乳香出于大食(阿拉伯半岛南部),这是完全正确的。北宋的丁谓在其《天香传》中写道:"熏陆、乳香长大而明莹者,出大食国。彼国香树连山野路,如桃胶松脂委于石地,聚而敛之,若京坻香山,多石而少雨,载询番舶,则云:昨过乳香山,彼人云:'此山不雨已三十年矣'。"[5] 洪刍则引用称乳香即"南海波斯国松树脂"[6]。周去非指出,大食国下的麻离拔国产乳香、龙涎。[7] 北宋

---

1 《岛夷志略校释》,第268—269页,注释1。
2 同上,第325、237—238页,注释1。
3 同上,第277—279页、第321—323页。
4 《明钞本〈瀛涯胜览〉校注》,第61页。
5 [宋]丁谓:《天香传》,《香谱(外四种)》,第5页。
6 《香谱(外四种)》,第11页。根据中国古籍判断,东南亚和南亚均有所谓的波斯国。
7 《岭外代答校注》,第99、101页,注释2。

政和五年（1115年）进士叶廷珪曾于南宋高宗绍兴十八年（1148年）知泉州，著有《南蕃香录》一卷，其中说："一名熏陆香，出大食国之南数千里深山穷谷中。其树大抵类松，以斧斫树，脂溢于外，结而成香，聚而为块。以象辇之，至于大食。大食以舟载，易他货于三佛齐，故香常聚于三佛齐。三佛齐每岁以大舶至广与泉。广、泉二舶视香之多少为殿最。"[1]

马欢对阿拉伯半岛产乳香的描写也比较细致。位于阿拉伯半岛的祖法儿"土产乳香，其香乃树脂也。其树似榆而叶尖长，彼人斫树取香而卖"[2]。费信记载，溜洋国（马尔代夫）"地产龙涎香、乳香"，祖法儿国也出产龙涎香和乳香。[3] 因此，"泉州一号"上的乳香，来自阿拉伯世界无疑。

《发掘与研究》称"龙涎香出自非洲"，此句需要斟酌修正。唐代段成式在其《酉阳杂俎》中记载，位于索马里附近的拨拔力国"在西南海中"，"土地唯有象牙及阿末香"。[4] 阿末香音译自阿拉伯文"anbar"（意思是琥珀，因其颜色如琥珀），也就是龙涎香；后来法国人称其为"ambergris"，意为"灰色的琥珀"。

叶廷珪说："龙涎，出大食国。其龙多蟠伏于洋中之大石，卧而吐涎，涎浮水面。人见乌林上异禽翔集，众鱼游泳争嘬之，则没取焉。然龙涎本无香，其气近于臊。白者如百药煎而腻理，黑者亚之。如五灵脂而光泽，能发众香，故多用之以和香焉。"[5] 此后的周去非说，麻

1　［宋］陈敬：《陈氏香谱》，《香谱（外四种）》，第63页。
2　《明钞本〈瀛涯胜览〉校注》，第77页。
3　《星槎胜览校注》，第108、101页。
4　《酉阳杂俎》上册，第112页。
5　《陈氏香谱》，《香谱（外四种）》，第72—73页。

离拔国"产乳香、龙涎"[1]；他还具体介绍了龙涎香："大食西海多龙，枕石一睡，涎沫浮水，积而能坚。鲛人采之以为至宝。新者色白，稍久则紫，甚久则黑。因至番禺尝见之，不薰不莸，似浮石而轻也。"[2]"大食西海"就是印度洋西部的阿拉伯海一带。

据汪大渊记载，位于东非的层摇罗地产"红檀、紫蔗、象齿、龙涎"等。[3] 更重要的是，他曾亲自登临苏门答腊岛西北海域中一个出产龙涎香的小岛（Bra 或 Ronda），并称之为"龙涎屿"。他写道："屿方而平，延袤荒野，上如云坞之盘，绝无田产之利。每值天清气和，风作浪涌，群龙游戏，出没海滨，时吐涎沫于其屿之上，故以得名。涎之色或黑于乌香，或类于浮石，闻之微有腥气。然用之合诸香，则味尤清远，虽茄蓝木、梅花脑、檀、麝、栀子花、沉速木、蔷薇水众香，必待此以发之。此地前代无人居之，间有他番之人，用完木凿舟，驾使以拾之，转鬻于他国。货用金银之属博之。"[4] 马欢则是第一个明确指出马尔代夫出产龙涎香的人。他说："龙涎香，其渔者常于溜处采得。如水浸沥青之色，嗅之无香，火烧腥气。价高贵，以银对易。"[5] 这样，中国旅行家发现了印度洋东部的岛屿也产龙涎香。

结合苏莱曼（Sulaiman）、马可·波罗、伊本·白图泰、汪大渊、马欢等诸多中世纪旅行者的中西文献材料，我们大致可以判定，印度洋是亚欧大陆龙涎香的最主要产地，而其东部孟加拉湾诸岛屿以及西

1　《岭外代答校注》，第 99 页。
2　同上，第 266 页。
3　《岛夷志略校释》，第 358 页。
4　《岛夷志略校释》，第 43—44 页。
5　《明钞本〈瀛涯胜览〉校注》，第 74 页。

部阿拉伯海和东非的诸岛屿是古代龙涎香的著名产地。或者说，在宋元时代，东南亚海域并不产龙涎香，三佛齐等地的龙涎香其实是从印度和阿拉伯而来的。这样看来，香料中的乳香和龙涎香不产于东南亚，完全是印度洋的产物；而在泉州湾宋代海船中，二者也被放在一起。在沉船的 13 个舱内均发现香木和胡椒，而乳香和龙涎只发现于第二、三、五、六、九、十和十三舱。[1] 这说明乳香和龙涎香或者购于同一处，或者购于同一卖家。此外，数量最多的降香也可能来自原产地印度。

陈大震的《大德南海志》编撰于大德八年（1304 年），略晚于泉州湾宋代沉船的时代，其中就有"舶货"。"舶货"中的"香货"包括"沉香，速香，黄熟香，打拍香，暗八香，占城，麓熟，乌香，奇楠木，降香，檀香，戎香，蔷薇水，乳香，金颜香"；"药物"则包括胡椒，丁香等；"诸木"包括苏木、射木、乌木、红柴。[2] 这些从南海来的香货和药物包括了泉州沉船上的全部品种，而此处"南海"所指的范围当然远远不止现在中国的南海以及东南亚的海域，也包括印度洋。

综合上述分析，笔者认为，《发掘与研究》认为"海船出土的香料药物多为南洋诸国所产，或为东南亚一带集散的货物"完全正确；其中降真香、沉香、苏木出自东南亚诸国也符合事实，不过这些印度也有出产，而且科学分析指向了从船上发现的降真香原产地是印度而不是东南亚；"檀香出阇婆"则不够确切，因为印度是最早的檀香

---

1 《发掘与研究》，第 27—30 页。
2 ［元］陈大震：《大德南海志》，北京大学南亚研究所编《中国载籍中南亚史料汇编》（上海古籍出版社，1994），第 707—709 页。

使用地和出口地；"胡椒出苏吉丹（爪哇中部）"的说法需要做重大修正，因为相较于东南亚，印度作为著名的胡椒产地历史更悠久；"乳香出于大食（阿拉伯半岛南部）"完全正确；"龙涎香出自非洲"的说法也需要做重大修正，因为龙涎香本身是海洋产品，文献记载产地东非的龙涎香实际上出产于印度洋；此外，印度洋东部孟加拉湾一带的岛屿以及东西航线必然要经过的马尔代夫群岛也产龙涎香。汪大渊是第一个有明确记载的登临印度洋两个龙涎香产地——龙涎屿和马尔代夫——的中国人，他甚至可能还是第一个为龙涎屿这个此前无人定居的小岛命名的人。这一切都指向印度洋是龙涎香的产地，东南亚海域并不出产龙涎香。正如《发掘与研究》所指出的，三佛齐只是这些印度洋商品的集散地。不过，由于乳香和龙涎香只产于印度洋，而印度同样生产胡椒和降真香，则泉州湾宋代海船自印度洋返航的可能性大大增加了。因此,《发掘与研究》排除这艘宋代海船自印度洋返航的可能性，似乎谨慎有余。

除了乳香和龙涎香（以及降真香），泉州湾宋代海船出水的遗物中还有两样也只产于印度洋，那就是货贝和环纹货贝。它们同样指向并大大增加了这艘中国海船自印度洋返航的可能性。

海贝

《发掘与研究》指出："船舱出土的贝壳有货贝，水晶凤螺、芋螺、银口凹螺和乳玉螺等，以货贝为多。这些贝壳大都产于南海区域。"[1] 其中的贝壳包括"货贝和环纹货贝：共 2 000 多个，其中第九至第十三舱出土最多，有 1 200 多个，第三至第五舱次之，有 300 多个，其他各舱也有出土，但数量较少……货贝色泽呈黄色或淡黄褐色，有的背面具一枯黄色环纹，为环纹货贝；有的表皮脱落，皆呈暗灰色"。[2] 其出水具体情况如表 6-1。

表 6-1 "泉州一号"各舱出水的海贝

舱位	数目（个）	舱位	数目（个）
1	11	6	12
2	17	9	1 000
3	50	12	69
4	48	13	1 079
总计			2 286

注：此表仅列出发现贝壳的舱位。人们在船底和船边还发现 100 多个。[3]

对于环纹货贝、货贝这两种海贝，《发掘与研究》有具体的介绍和分析。其一，环纹货贝，数目不详。"贝壳略呈卵圆形，较小而坚固。壳前部狭，后半部两侧稍扩张。背面中央凸起，呈淡灰兰色或灰白色，周围有一个橘黄色环纹。壳口狭长，内、外唇边缘各有 12 个排列稀疏而粗壮的齿。本种生活于潮间带中、低潮区的岩礁间，4—7 月为产卵期，以 4 月繁殖最盛"；"地理分布：本种分布于我国广东的龟龄岛、海南岛和西沙群岛，菲律宾、越南、印度尼西亚的苏门答腊

---

1 《发掘与研究》，第 62 页。
2 同上。此处贝壳数量与表 6-1 有出入，原书如此。
3 同上，第 30 页。

岛、澳大利亚及日本南部,为印度洋和西太平洋中部暖水种";"肉可供食用。贝壳色泽美丽,供观赏或药用。古航船舱出土标本,有些贝壳表面的橘黄色环纹仍很明显"。[1]

其二,货贝。"泉州一号"船舱内出土的货贝有 2 000 多个,其中以第九至第十三舱内最多,共有 1 600 多个;第三至第五舱内有 300 多个;其他各舱也有发现但数量较少。这些货贝"有的壳皮脱落而呈灰白色,有的色泽呈淡黄褐色、鲜黄色或淡灰绿色。贝壳小而坚固,近卵圆形。背面中间凸起,两侧低平,边缘坚厚。在贝壳后方两侧约壳长 1/3 处,突然扩张而形成结节。壳背面具有 2~3 条暗绿色横带和一圈纤细的橘红色环纹,但这种环纹常不明显,壳口狭长,灰白色,内、外唇缘齿数各有 11~13 个,壳内面为灰紫色";"地理分布:本种分布于我国的台湾、海南岛和西沙群岛,日本的本州南部以南,暹罗湾、马德拉斯、马尔代夫岛、波斯湾、阿曼湾、苏伊士、桑给巴尔、阿里阿湾、马尔加什、塞舌耳、查科群岛、苏拉威西、马诺圭里、澳大利亚、新喀里多尼亚、罗亚尔特群岛、夏威夷、社会群岛、图阿莫图等地";"货贝栖息于潮间带中、低潮区的岩石或珊瑚礁间,我国南海的货贝于 4 月产卵,卵囊淡黄色";"贝壳表面闪亮美丽光泽,可作装饰品和观赏,这是古代许多国家普遍作为货币使用的一种,肉供食用"。[2]

对于"海上丝绸之路"中的海贝,中文世界几十年来关注非常少。[3]

1　李复雪:《泉州湾宋代海船上贝类的研究》,《发掘与研究》,第 240 页。
2　同上,第 240—241 页。此处贝壳数量与上页有出入,原书如此。
3　唯一的例外是钱江老师,见钱江:《马尔代夫群岛与印度洋的海贝贸易》,《海交史研究》2017 年第 1 期,第 26—46 页。

笔者自 2000 年开始搜集、阅读相关文献，发现海贝这个问题对理解亚欧大陆的经济贸易联系特别是海洋贸易意义深远。在"泉州一号"上发现的 2 000 多枚货贝和环纹货贝是迄今为止东亚唯一的海洋考古发现，而这只不过是历史上海贝贸易的冰山一角。以下笔者就这两种海贝的产地和功能等问题一一加以分析。

货贝之所以如此命名，就是因为它的货币职能。它曾经被当作货币使用。货贝又称黄宝螺，俗名白贝齿。环纹货贝又称金环宝螺，其俗名也叫白贝齿。这两种海贝都有"白贝齿"的俗称，非常容易混淆。环纹货贝体积略大，背部有一道环纹，因而得名。这两种海贝，尤其是货贝，在世界历史上曾被广泛作为货币使用，因而得到学者们的关注。比较而言，虽然两者都曾经是货币，但货贝的重要性远远超过环纹货贝，是最重要、最主要的贝币。

关于货贝和环纹货贝的产地，过去中文研究大致称其广泛分布于太平洋和印度洋热带和亚热带海域，包括中国的东南沿海。虽然南海比如菲律宾附近是海贝的产区，可是从历史记录和考古发现来看，这些地区并没有成为前现代时期的主要海贝出口区域。只有印度洋的马尔代夫群岛，由于其天然的地理位置和气候条件，成为亚欧大陆唯一大量出口海贝的产地。以丰富的中文文献来看，关于古代东南亚各地风俗和物产的记录详尽繁杂，但这些文献从来没有提到过东南亚出产和出口海贝。因此，海贝来自东南亚的说法没有任何文献和考古材料可以直接或者间接加以证明，故基本可以排除海贝出自东南亚的说法。相反，东南亚大陆，如暹罗和清迈，乃至中国西南的南诏国和大理国使用的海贝，其来源相当明确，就是印度（印度洋）。此点马可·波罗早就明确指出。

至于在"泉州一号"上发现的海贝，笔者认为其来自印度洋马尔代夫群岛的可能性极大。首先，马尔代夫以盛产货贝闻名，历史上有一千多年是亚洲和非洲贝币的最主要提供者。根据同一物种的排他性，环纹货贝虽然在马尔代夫也有，但数量无法和货贝相提并论，这就是《发掘与研究》可以明确判定有 2 000 多枚货贝，却无法断定环纹货贝的数目的一个重要原因。这个情况与马尔代夫这两种海贝的实际比例是相符的。其次，马尔代夫货贝的一个特殊性在于其体积。关于太平洋和印度洋海域的货贝的尺寸，学者曾有统计（表 6-2）。马尔代夫出产的货贝体积最小（长约 12.5~16 毫米），继之以琉球的（15 毫米）和菲律宾的（16.4 毫米）。

表 6-2　货贝的栖息地及其长度[1]

栖息地	长度（毫米）	栖息地	长度（毫米）
马尔代夫	12.5~16	东太平洋	25.1
琉球	15.0	关岛	16.8
西澳大利亚	18.8	夏威夷	21.0
菲律宾	16.4	泰国	23.0

根据《发掘与研究》，从"泉州一号"上发掘的货贝可分为大、中、小三种，一般壳长 1.8 厘米，宽 1.4 厘米，高 0.8 厘米。[2] 因此，符合泉州湾海船货贝体积的出产海域只有马尔代夫、菲律宾、琉球和

1　Hogendorn and Johnson, *The Shell Money of the Slave Trade*, 9-12.
2　《发掘与研究》，第 62 页。

关岛，后两者又可直接排除。至于菲律宾，虽然欧洲殖民者到达东南亚后注意到那里出产海贝，可是传统的亚洲海洋文献并没有提到菲律宾的海贝；菲律宾成为重要贸易参与者的时间也相对较晚，如宋代的《岭外代答》和《诸蕃志》都没有提及菲律宾。因此，泉州湾宋代海船的货贝不可能来自菲律宾。

虽然某种产品在许多地方都有出产，但是一般而言，这种产品不见得就成为商品，这个产地不见得就成为出口地。某地的产品成为畅销商品，不仅和该地方此种产品的特点有关（如质量），而且与相关地区（也就是市场）以及交通运输等各个方面有关。海洋产品尤其如此。以海贝为例，虽然理论上在从太平洋到印度洋的热带和亚热带海域都出产海贝，实际上盛产并能出口的地区寥寥无几。有许多不可或缺的因素制约着海贝成为商品。首要是有无市场需求，也就是邻近社会是否需要海贝；如果是作为货币使用，则邻近社会是否有庞大的人口和繁荣的经济，同时是否缺乏小额货币；与市场同样重要的是运输，包括是否有港口、船舶和航运是否发达。以此论之，在海贝的诸多产区中，只有马尔代夫符合这些条件。而正是马尔代夫首先为印度（孟加拉地区）而后为东南亚大陆的勃固、暹罗以及中国的云南提供海贝；欧洲人东来之后，数以亿计的海贝又从马尔代夫经欧洲运到西非，欧洲人在那里购买黑人并将其运到美洲新大陆的种植园当奴隶。

我们不妨再回顾中文文献中有关东南沿海海贝的记载，综合讨论这些海贝的来源问题。

元初的文献已经直接指出，大量海贝经由海上到达江南。1276年，中书省就江南海贝之事上奏，内中详细透露了江南的海贝和云南的关系，以及中央政府的政策。[1]《通制条格》卷十八"私觊"详载此事，本书第四章已经引用，此处不再赘引。

《通制条格》关于"私觊"的记录很有意思，值得细细推敲。笔者此处只关心其来源问题。其一，我们知道，在元初之际，江南已经是云南海贝的来源之一。伯希和曾指出，在明代，云南的海贝"由正常的海洋贸易进口而来"[2]，这难道是说，江南的市舶司通过海洋贸易得到了大量的海贝？江南当然不产海贝，江南市舶司或者江南民间的海贝只能从孟加拉湾经东南亚而来。其二，在1275年前，江南也已经有了相当数目的海贝，由此可以推断，在宋元交替之际，也就是泉州湾宋代海船的时代，马尔代夫的海贝已经大量运达江南。它们或许以压舱物的形式运到了中国东南，而后卸下，但除了用作一般装饰，在江南并没有其他用途，就此滞留在仓库之内；直到商人发现云南使用海贝作为货币后，便贩运至西南边疆。

综上所述，宋元之际的文献表明，江南在宋末元初就存有大量海贝，数量大至引诱商人运往千里之外的云南贩卖获利，而政府官员也一度想仿而效之。因此，早在宋代沉船发现的时代，海贝已经在中国东南沿海大量登陆滞留，"泉州一号"宋代海船发现的两千多个海贝只不过是冰山一角。

《大德南海志》对元代江南海贝的来源记载或许有所启迪。其记载的"杂物"就有"觊子"；"诸蕃国"提及"南毗马八儿国"，此国

1　Paul Pelliot, *Notes on Marco Polo*, 546；《从金石文契看元明及清初云南使用贝币的情况》，杨寿川编著《贝币研究》，第149—151页；《关于元代云南的"真觊""私觊"问题》，同上书，第211页；Hans Ulrich Vogel, *Marco Polo*, 250–251。

2　Pelliot, *Notes on Marco Polo*, 548。

管辖印度洋和东非诸国，其中包括"条培"，[1] 苏继顾认为条培是"条培"的误抄，而后者就是阿拉伯语"Diba"或"Dvia"（岛屿）的音译，指的是盛产海贝的马尔代夫。[2] 如此，则元代文献大致记录了从马尔代夫抵达广州的海贝。

海贝在中国东南沿海几乎没有用处，那么，为什么会从马尔代夫来到这里呢？这就必须考虑到海贝这种商品的特殊性。长期以来，马尔代夫的海贝在海洋贸易中是作为压舱物使用的。伊本·白图泰说："他们从海里收集海贝，一堆堆地堆在沙滩上，海贝的肉逐渐腐烂消失，只剩下白色的外壳。在买卖中，大约40万个海贝和一个金迪奈尔（dinar）等价，但经常贬值到120万个海贝换一个金迪奈尔。他们用海贝换回孟加拉人的大米，而孟加拉人则把海贝当作钱用。在也门，海贝也是钱。在航行时，孟加拉人用海贝，而不是沙子作为压舱物。"[3] 正是由于作为压舱物的特殊性，在江南并无用处的海贝从马尔代夫跨经印度洋、马六甲海峡和南海到达东南沿海，尤其是宋元时代的泉州。

海贝到了中国必须卸载，以便把宝贵的空间腾挪给其他可用作压舱物的货物。从中国驶往东南亚和印度洋的海船常常使用瓷器作为压舱物，这可以从"黑石号"沉船和"南海Ⅰ号"沉船上得到证实。卸下船的海贝便滞留东南，如此，江南便有了大量海贝。1254年，蒙

1　《大德南海志》，第709页。
2　《岛夷志略校释》，第265页，注释1；Ptak，"The Maldive and Laccadive Islands，" 678, footnote 17.
3　Ibn Battuta, *Travels in Asia and Africa: 1325-1354*, translated and selected by H.A.R.Gibb with an Introduction and Notes (Abingdon and New York: Routledge and Kegan Paul LTD, Paperback, 2011), 242.

古大军征服了以海贝作为货币的大理国,因此二十多年后有官员提出从江南运海贝去云南,这是国家财政调拨举措,是相当自然的事。不要忘记,从南诏国开始,云南作为西南边疆不在中央王朝的直接管辖下已达七八百年之久,是元朝重新把云南和江南置于同一个中央政府的管辖之下。表 6-3 枚举了海上丝绸之路关于宋元时代海贝的一些文献,可以帮助理解泉州湾宋代海船上海贝的时代背景。

表 6-3　海上丝绸之路关于中国使用海贝的文献记载

时间	相关文献记载	
9—17 世纪	云南使用产自马尔代夫(经由今泰国和缅甸抵达)的海贝作为货币	
1275 年	元朝政府讨论把江南海贝运送至云南	
1277 年	泉州湾宋代海船载有海贝	
13 世纪 80 年代	马可·波罗到云南、缅甸,指出其贝币来自印度[1]	
1304 年	在《大德南海志》的"南海"舶货中提到海贝	
1330—1331 年	汪大渊指出,马尔代夫出产海贝,"海商每将一舶贝子下乌爹、朋加剌,必互易米一船有余。盖彼番以贝子权钱用,亦久远之食法也"	榜葛剌、勃固、罗斛、罗卫等地进口马尔代夫的海贝作为货币
14 世纪 40 年代	伊本·白图泰至马尔代夫,指出此地出产和出口海贝至孟加拉等地;后者使用海贝作为货币	
15 世纪 20 年代	马欢登临马尔代夫:"海𧵅彼人积采如山,罨烂其肉,转卖暹罗、榜葛剌等国,当钱使用"	

1　Henry Yule, trans. and ed., *The Book of Ser Marco Polo, The Venetian: Concerning the Kingdoms and Marvels of the East* (Cambridge: Cambridge University Press, 2010), 39, 45, 52 & 85.

综合上述，笔者认为泉州湾宋代海船上的货贝和环纹货贝应当来自马尔代夫。

关于海贝，还有一个小问题，那就是其功用。李复雪利用解剖镜检查"泉州一号"的海贝，发现一些货贝和环纹货壳内还有残余的肉质部和齿舌，有些贝壳内还有家蝇的蛹，蝇蛹外面一层半透明而坚固的几丁质外膜保持完整。李复雪认为这些货贝标本是"泉州一号"路过货贝产地时采集的，后来有些货贝肉质部腐烂，招来家蝇，家蝇产卵，孵化成蛹。"因此，这些货贝不是出售货物而换来的货币。如果这些货贝已当货币使用，必然要将货贝壳内的肉质部取出，洗刷干净。而且这些货贝没有被加工（如钻孔等），除一部分标本被海中污泥长期掩埋而腐蚀外，有些贝壳表面完整，色泽还很鲜艳，甚至贝壳表面的橘红色圈纹仍清晰可见。并没有发现因被当作货币使用而磨损的痕迹。"[1]

存在家蝇的蛹，表明有些海贝内部存在残余肉质部，它们在适当的温度和湿度下吸引了家蝇；同时，有些海贝表面完整，色彩鲜艳，则表明这些海贝上船时还很新鲜，没有被使用过，当然也不是货币。李复雪指出，货贝、环纹货贝、篱凤螺和水晶凤螺"很美观，壳表面光泽夺目，非常逗人喜爱，除肉食用外，可作装饰品和玩赏，环纹货贝还可供医药用。特别是篱凤螺在我国西沙群岛附近海域很多，渔民常下海采捕食用，或将鲜肉挖出加工为'螺肉干'"[2]。的确，货贝和环纹货贝在印度经常被制成装饰物如项链、手链和衣物饰品，同时还用

---

1 《泉州湾宋代海船上贝类的研究》，《发掘与研究》，第 245—246 页。
2 同上，第 246 页。

来镶嵌家具等。至于海贝是否被用来食用，笔者倾向于否。以马尔代夫而言，海产品非常丰富，中西文献从来没有当地居民食用货贝或环纹货贝的记载。而在印度，海贝是在内部软体部分腐烂洗净后才运到孟加拉等地的，因此也不存在食用的问题。只有在食物极端匮乏的情况下，人们才会食用这样非常小型的贝类。因此可以推断，泉州湾宋代海船上的海贝也不是食物。至于其内部残留的肉质部，可能是原来腐烂不完全、清洗不够干净而遗留下来的。

那么，这些货贝和环纹货贝是不是作为观赏用的呢？笔者以为可能性不大。作为观赏的物品，一般只需要少量即可，特别是在这种物品没有市场需求的情况下。因此，笔者认为，这些海贝不是观赏物。剩下的可能性只能是压舱物了。正是因为货贝和环纹货贝作为压舱物，所以被发现的多达 2 000 多枚。当然，作为压舱物的海贝，其数目实际上应该更大，当以几十万枚计算。可惜，泉州湾沉船的发现有限，笔者估计，当时或遭人掠走，或已沉诸海底无从发现了。《通制条格》1275 年的记录可为佐证。

李复雪认为，"由上述可见，古船的航向走南洋群岛这航线的。在返航途中，从货贝产地（我国海南岛以南海区）采到新鲜的货贝和环纹货贝等标本，供作观赏和食用，而不是当作货币使用的"[1]，这个论述需要修正。这些货贝和环纹货贝产自马尔代夫，是泉州湾宋代海船直接从马尔代夫或印度的港口获得，或者间接从东南亚港口如三佛齐购得，是压舱物，而不是观赏物或食物。

以此类推，在船上发现的几个海螺也并非作为食物。在船上发现

---

1 《泉州湾宋代海船上贝类的研究》，《发掘与研究》，第 246 页。

的所有螺，包括银口凹螺、水晶凤螺、篱凤螺、色带乳玉螺，每种数量不过 1~3 个，体积都比较小，体积最大的篱凤螺高不过 60 毫米，宽不过 35 毫米。[1] 很明显，虽然它们的肉可以食用，但其功用绝对不是食物，而是商人或水手携带的装饰物。

船体附着生物

《发掘与研究》在论证航行路线时的另一个重要证据是海船船体的附着生物多数来自东海和南海。"海船中出土的原附着于船体的海洋生物和贝类，都属于暖水种，大多适应于 25℃水温中生长，它们主要分布在我国的东海、南海，以及越南、新加坡、马来亚、菲律宾和印度尼西亚等的海域，值得注意的是其中的匙形脊船蛆和水晶凤螺、篱凤螺的模式标本产地在印尼，裂铠船蛆在新加坡，暹罗船蛆在暹罗。它们是一种以啮食木纤维为生的海生物，船木是它们最好的粮食。因此出土海船发现了这种附着生物的贝类，说明此船航行经过以上这些地区，为它的航线问题提供又一项证据。"[2] 这个论述强调了南海和东南亚海域，忽视了多数附着物也生长于印度洋的事实。

李复雪在"泉州湾宋代海船上贝类的地理分布"一表中枚举了 15 种海洋生物及其地理分布。[3] 虽然他在分析报告中指出印度洋是一

---

1 《泉州湾宋代海船上贝类的研究》，《发掘与研究》，第 238—240 页。
2 《发掘与研究》，第 81 页。
3 同上，第 245 页。

部分附着物的栖息地，但总体而言，其倾向所指还是南海和东南亚海域。他说："泉州湾宋代木造海船出土的贝类及其地理分布，除马特海笋、船蛆和巨铠船蛆在世界各海洋中分布较广以外，其余种类都是西太平洋或印度洋的暖水种，其中分布于我国南海至越南、菲律宾、马来西亚、印度尼西亚和日本本州中部以南等海域的种类有水晶凤螺和篱凤螺。分布于我国南海、菲律宾、越南、斯里兰卡、马来西亚和印度尼西亚等海区的种类有银口凹螺、龙骨节铠船蛆、暹罗船蛆和裂铠船蛆。而分布于我国南海和日本中部以南海区的仅有中华牡蛎和色带乳玉螺。"他强调："值得指出的是篱凤螺、水晶凤螺的模式标本产地在印度尼西亚，裂铠船蛆在新加坡、暹罗，而匙形脊船蛆的模式标本产地在菲律宾。我们在古船上发现的标本，与上述模式标本产地的标本形态基本上相同。"他总结道："总之，泉州湾宋代海船上出土的贝类产地主要集中在我国南海、越南、菲律宾、新加坡、暹罗湾、马来西亚、印度尼西亚和日本本州中部以南海区（有些种类是随着黑潮暖流分布至日本南部海区），而以我国南海（海南岛以南），越南至菲律宾等海区为最多。在我国南海出现的种类有 14 种，占总种数的 90.8%，而分布于我国南海、越南、菲律宾、新加坡、暹罗湾、马来西亚和印度尼西亚的种类有 11 种，占总种数的 73.3%。由此可见泉州湾宋代木造海船曾活动于我国南海（海南岛以南）、菲律宾、越南和暹罗湾海区，远达马来西亚、新加坡和印度尼西亚等海域。"[1]

李复雪的研究报告是十分有价值的，因为他在指出中国南海和东南亚海域是绝大多数附着物的产地时，也明确表明了印度洋同样是绝

1　《泉州湾宋代海船上贝类的研究》，《发掘与研究》，第 244 页。

大多数附着物的栖息地。由于他的表格对相关海域划分得太细,笔者将其略加合并和修正,使得贝类的地理分布更加清晰。表6-4把中国南部和东部海域,以及日本南部海域、越南、菲律宾、马来西亚、印度尼西亚和暹罗湾合并为一项(即中国东海、中国南海和东南亚其他海域),把斯里兰卡、印度洋和阿拉伯湾并入第二项(即印度洋),保留澳大利亚和太平洋中部。

表 6-4 泉州湾宋代海船上贝类的地理分布

标本	中国东海、中国南海和东南亚其他海域	印度洋	澳大利亚	太平洋中部
银口凹螺	+			
水晶凤螺	+	+	+	
篱凤螺	+	+	+	+
色带乳玉螺	+			
环纹货贝	+?	+	+	+
货贝	+?	+	+	+
中华牡蛎	+			
马特海笋	+	+	+	
龙骨铠船蛆	+	+		
船蛆	+	+	+	+
暹罗船蛆	+	+		
套杯船蛆	+	+		
裂铠船蛆	+		+	
巨铠船蛆	+			
匙形脊船蛆	+			
总计	15?	9	7	4

从表 6-4 可以看出，宋代海船上的 15 种贝类均在南海或东海栖息（若排除货贝和环纹货贝，则是 13 种），9 种在印度洋栖息。《发掘与研究》采取了保守稳妥的解释，指出宋代海船的目的地是东南亚。其实，乐观地看，这艘宋代海船的返航地是印度洋，这个论断也完全符合船上贝类的地理分布情况；特别是排除中国南海是货贝和环纹货贝的产地后，印度洋是这艘宋代海船返航地的可能性相当高。当然，任何一种情况都不能排除这艘船只是到了东南亚港口，如三佛齐，从那里获得印度洋的货物和海贝之后便返航的可能性。可是，如果我们综合考虑南宋至元初的中国海洋贸易，即那时中国的海船和商人已经频繁航行于印度洋，抵达南印度诸国及阿拉伯地区的情况，我们会得出结论，泉州湾的这艘宋代海船也是从泉州出发，驶往印度洋乃至波斯湾，而后从那里返航，却在家门口因为战乱而遭遇不测。以下笔者便重炒冷饭，从历代文献和考古中勾勒宋元中国和印度洋–阿拉伯世界的海上往来，为理解泉州湾的宋代海船，还原一个与在船上发现的香料和海洋生物相符合的历史场景。

文献中宋代的中国海舶、航线和中国商人

关于宋、元、明时期中国的海舶、海洋贸易和海商，历代文献不胜枚举，相关研究更是数不胜数，笔者在此自然无法一一讨论。不过，简要引述宋代文献中关于中国制造的海舶（泉舶和广舶）、它们前往印度洋的航线与日程，以及中国商人在印度洋世界活动痕迹的一些记

载,对于理解笔者提出泉州湾宋代海船应当自印度洋返航的结论不无裨益。以下笔者仅以12世纪周去非的《岭外代答》和13世纪赵汝适的《诸蕃志》这两种常见史料略加讨论。

周去非指出,"三佛齐国,在南海之中,诸蕃水道之要冲也。东自阇婆诸国,西自大食、故临诸国,无不由其境而入中国者"[1];"阇婆国,又名莆家龙,在海东南,势下,故曰下岸。广州自十一月十二月发舶,顺风连昏旦,一月可到"[2];"故临国与大食国相迩,广舶四十日到蓝里住冬,次年再发舶,约一月始达";"中国舶商欲往大食,必自故临易小舟而往,虽以一月南风至之,然往返经二年矣"[3]。蓝里即后来的南浡里,位于苏门答腊岛西北部。周去非在广西钦州任职,对以广州为基地的海洋贸易比较熟悉,他这里所说的"广舶"指的当然是在广州建造的中国海船;而上文说的"广州自十一月十二月发舶",都是指从广州出发的中国海船无疑。

赵汝适在《诸蕃志》中补充了中国港口特别是泉州至阿拉伯世界的航路细节。"南毗国,在西南之极;自三佛齐便风,月余可到"[4];"故临国,自南毗舟行,顺风五日可到。泉舶四十余日到蓝里住冬;至次年再发,一月始达";"每岁自三佛齐、监篦、吉陀等国发船,博易用货亦与南毗同。大食人多寓其国中"[5]。他说"泉舶四十余日"直接表明这是泉州的海舶,亦即中国制造的海船,也就是泉州宋代商船到达

---

1 《岭外代答校注》,第86页。
2 同上,第88页。
3 同上,第90—91页。
4 《诸蕃志校释·职方外纪校释》,第66页。
5 同上,第68页。

南印度的航程。提到大食的时候，赵汝适直接介绍了泉州到阿拉伯世界的航程。"大食在泉之西北；去泉州最远。番舶艰于直达，自泉发船四十余日，至蓝里博易住冬，次年再发，顺风六十余日方至其国。本国所产，多运载与三佛齐贸易，贾转贩以至中国。"[1] 他这里说"自泉发船"和上文"泉舶"应当是一致的，也就是从泉州出发到达波斯湾的中国海船。此外，他还直接提到了泉州和南印度的里程数及航行路线。"注辇国，西天南印度也，东距海五里，西至西天竺千五百里，南至罗兰二千五百里，北至顿田三千里。自古不通商，水行至泉州约四十一万一千四百余里。欲往其国，当自故临易舟而行，或云蒲甘国亦可往。"[2]

赵汝适在 1225 年以朝散大夫提举福建路市舶兼权泉州市舶，直接管辖泉州的海洋贸易，[3] 因此，他在《诸蕃志》中所记泉州的情况是当时的第一手资料，极其宝贵。他正处在"泉州一号"的时代，因此，他指出的泉州海舶驶达印度和大食的路线与航程，对理解这艘泉州湾宋代海船的航线有着直接的意义，必须加以慎重的考虑。

宋代中国的海船和商人抵达印度洋世界，销售中国瓷器和购买当地商品都需要时间，同时商船返回需要等待季风，因此水手和商人至少要在印度或阿拉伯港口停留休息数周之久。故汪大渊记载，在印度的八丹有中国人参与建造的"土塔"。土塔"居八丹之平原，木石围绕，

1　《诸蕃志校释·职方外纪校释》，第 89 页。
2　同上，第 74—75 页。
3　同上，"前言"，第 1 页。

有土砖甃塔，高数丈。汉字书云：'咸淳三年八月毕工'。传闻中国之人其年旅彼，为书于石以刻之，至今不磨灭焉"[1]。咸淳三年为1267年，则说明宋末华商到此之频繁。八丹即现在印度东南沿海泰米尔纳德邦的港口城市纳加帕蒂南。

1846年，沃尔特·埃利奥特亲自察看了这座塔，对其历史和现状加以介绍（图41）。[2] 此塔名为"the Jeyna（Jaina）pagoda"，位于印度半岛东南岸的讷加帕塔姆（即纳加帕蒂南）北部处。该塔是一座四面三层的砖塔，每面都有一扇门或窗户；二层有楼板的痕迹，塔中建筑楼层已经毁坏；塔内外并未发现雕刻或文字。1867年拆毁时，人们在其基座发现了泰米尔文，时代约为12世纪或13世纪初。玉尔指出："坦焦尔诸港，曾常有中国人前来贸易，已由讷加帕塔姆西北1英里（约1.6千米）处所发现一座俗名中国塔之穗塔而获证实。此塔有中国之名，大概由来已久。余意此名，并非谓塔之建筑为中国式。然此一奇异旧迹既有此名，得视其与中国人来此区域之传说有关，自不待言。"[3]

印度学者希曼苏·普拉巴·雷（Himanshu Prabha Ray）的最新研究全面介绍了在该塔（其实是一个精舍的一部分）遗址附近发现的佛教造像，以及泰米尔文和梵文材料（其中人们在1856—1930年就发

---

1 《岛夷志略校释》，第285页。关于此塔的历史情况，苏继庼有过详细介绍，见《岛夷志略校释》，第286—287页，注释1；关于此塔最新的研究，见Himanshu Prabha Ray, "A 'Chinese' Pagoda at Nagapattinam on the Tamil Coast: Revisiting India's Early Maritime Networks," Occasional Publication 66, Indian International Center。

2 Sir K. C. S. I. Walter Elliot, "The Edifice Formerly Known as the Chinese or Jaina Pagoda at Negapatam," Indian Antiquary, 1878, 224-7.

3 Henry Yule, 2010, vol. II, 272-3；中译文引自《岛夷志略校释》，第286—287页，注释1。

现了350座青铜佛教造像）。造像的一些铭刻显示其受到湿婆和毗湿奴崇拜的很大影响，表明了此地宗教和文化的多元性。最为重要的是，这个佛教遗址还显现出东南亚和中国的直接联系。在八丹一座年代约为11—12世纪的崇奉湿婆的庙宇内，墙上的一些文字揭示了海洋亚洲的多元文化交流。其一材料说室利佛逝（三佛齐）的国王不仅直接出资捐助建造精舍，而且为八丹一尊本地保护神（Nakaiyalakar，意为"八丹的英俊之王"）银像奉献了珠宝作为装饰；其二说室利佛逝国王的使者捐赠了不同类型的灯；其三说中国捐赠金币给阿尔达纳里什瓦拉，而此神像立在吉打国王捐资建造的庙内。[1] 可惜的是，这座所谓的中国塔砖瓦无存，否则我们或许可以发现汪大渊所称的刻有"咸淳三年八月毕工"的砖石。不过，其他材料确实证明了这个佛教建筑群与中国有直接的联系。因此，汪大渊的话应该是真实可信的。11—12世纪的八丹是印度半岛东南面的重要港口，是当时强盛一时的注辇王国海上霸权的重要组成部分，中国人到过此地，中国海船也可能在12—13世纪访问过此地，中国商人甚至在此做买卖而短暂停留。当然，这座塔也不是完全由中国商人出资建造，而是各国商人和八丹本地居民合作建成的。

南宋末年中国人滞留海外的情况并不少见。元朝使者周达观于1296—1297年停留真腊期间，曾遇及乡人薛氏，"居番三十五年矣"，则薛氏在南宋末年（13世纪60年代）流寓真腊可知，大约即在泉州沉船十几年前。[2] 而真腊又常有"唐人之为水手者""往往皆逃逸于

---

[1] Himanshu Prabha Ray，第13页。阿尔达纳里什瓦拉，半女之主湿婆，印度教中兼具男性和女性特征的神，据说是三大主神之一的湿婆与其妻帕尔瓦蒂的融合。
[2] ［元］周达观著，夏鼐校注：《真腊风土记校注》（中华书局，1981），第178页。

彼",[1]则此处有华人社群可知。

八丹土塔建造于1267年的印度,薛氏流寓于13世纪60年代的真腊,《通制条格》记录了1275年江南的海贝,这些与宋代海船建造和航行的年份正好相符,不能不使人浮想联翩。

其他两艘宋代沉船

有意思的是,泉州湾宋代海船发掘之后,人们在中国南海区域又发现了两艘宋代的海船,可资参证。其中一艘是著名的"南海Ⅰ号",发现并打捞于广东阳江附近海域,相关研究还在进行之中。和泉州湾宋代海船一样,"南海Ⅰ号"是一艘南宋远洋商船。

"南海Ⅰ号"的始发地有三种可能:宁波、广州或泉州。[2]在笔者看来,从宁波出发的船主要往来于东北亚海域,因此可以排除;虽然沉船发生在广东阳江附近,但由于这艘船为福建建造的可能性比较大,[3]加上瓷器主要是福建窑口,兼以浙江龙泉青瓷和江西景德镇青白釉瓷,同时考虑到南宋以来泉州已经取代广州成为中国最大的商港,因此,"南海Ⅰ号"从泉州出发的可能性最大。关于"南海Ⅰ号"的目的地,也有东南亚和西亚(印度洋)两种推论。[4]有学者指出,"就

1　《真腊风土记校注》,第180页。
2　曾宪勇:《宋代沉船"南海Ⅰ号"》(广东人民出版社,2013),第33—43页。
3　同上,第30—32页。
4　同上,第44—45页。

目前已经发掘出水的器物而言，产自江西景德镇的青白釉瓷器、浙江龙泉窑青瓷系虽然所占比例远低于福建德化窑系、磁灶窑的器物，但是由于总体数量巨大，仍有一定的出水数，同时品质也更为精良。除此之外，比较引人注目的是异域风格的金饰品、大量铜钱、漆器、果核、动物骨骼的存在"；因此，比较合理的解释是，"南海Ⅰ号"沉船的航行线路更远，货主、船员中极可能有非华裔人氏。[1]也就是说，该船的目的地是印度或阿拉伯世界。李庆新也注意到在沉船上发现的"鎏金银腰带，长179厘米，具有波斯风格，有可能为船主或船员所用，暗示沉船或许与南亚或东南亚存在联系"；"船上发现的眼镜蛇骨，或许为船上阿拉伯、印度商人饲养的眼镜蛇遗骸，因为印度人有饲养眼镜蛇为宠物的习惯"，[2]但他谨慎地说，这艘"南宋初年的海船最大可能是一艘装满商货、开往南海或印度洋国家的商船"[3]。曾宪勇则倾向于认为，"南海Ⅰ号"的目的地应该是阿拉伯世界。[4] 孙键也指出，"南海Ⅰ号"的航行线路比下面要谈到的华光礁沉船"更为遥远"，[5]因而也指向了印度洋。

在西沙群岛华光礁发现的沉船也是南宋晚期的。这艘海船满载着中国瓷器等货物，在前往东南亚等地进行贸易途中于华光礁遇到风暴沉没。[6] 通过发掘、采集，考古队共整理出 6 000 余件器物。文物年

1　孙键:《南海沉船与宋代瓷器外销》,《中国文化遗产》2007 年第 4 期，第 42 页。
2　李庆新:《南宋海外贸易中的外销瓷、钱币、金属制品及其他问题——基于"南海Ⅰ号"沉船出水遗物的初步考察》,《学术月刊》2012 年第 9 期,130 页。
3　同上，第 122 页。
4　《宋代沉船"南海Ⅰ号"》，第 55 页。
5　《南海沉船与宋代瓷器外销》，第 42 页。
6　同上，第 37 页。

代总体来讲属于南宋晚期（13世纪）。在发现的所有瓷器中，产自闽南民窑的产品占有绝对的数量优势，所占比例超过90%。[1]以此分析，这也是一艘从泉州出发的中国海船，其目的地应该是东南亚。

由此看来，"南海Ⅰ号"和"泉州一号"，一艘从泉州出航前往东南亚或印度洋，另一艘自印度洋或东南亚返航泉州，正好反映了宋代中国海船和中国商人往返于南海和印度洋（阿拉伯世界）的历史事实。特别是泉州湾宋代海船中发现的龙涎香和海贝，成为中国和印度洋贸易往来极其罕见的实物证据。船上的龙涎香也是这种香料在"海上丝绸之路"的唯一考古发现，意义实在无法低估。正因为如此，笔者此前建议将泉州湾宋代海船命名为"泉州一号"，以彰显它对理解海洋中国，特别是中国和印度洋世界往来的突出意义。实际上，唐代航行于中国和印度洋（阿拉伯世界）之间的商船是阿拉伯式的缝合船。这些商船不用铁钉，被称为"无钉之船"，走完了从波斯湾经印度洋、南海抵达中国广州这条漫长的"海上丝绸之路"，中国的商品（如瓷器和铁器）和商人曾经搭乘这些阿拉伯式船抵达印度洋世界和西亚。1998年在印度尼西亚海域发现的"黑石号"就是明证。到了宋代，不仅中国的商品和商人更加活跃地参与了中国—印度洋的贸易往来，而且这些贸易是通过中国制造的海船如"南海Ⅰ号"和泉州湾宋代海船而完成的。这类海船的基本形态一直延续到明清时代，这是中国于"海上丝绸之路"的重大贡献。

综合以上根据泉州湾宋代海船发掘报告所做的分析，我们看到，泉州湾宋代海船发掘出的货贝和环纹货贝产自马尔代夫群岛，来自印

---

[1]《南海沉船与宋代瓷器外销》，第42页。

度洋；龙涎香和乳香只产于印度洋；降真香根据科学分析非常可能就是印度原产；胡椒既盛产于爪哇，也盛产于印度西海岸；船体附着物绝大多数栖息于印度洋一带。因此，这艘海船从印度洋返航的可能性非常高。而同时代或稍早于泉州湾宋代海船、熟悉广州贸易的周去非和熟悉泉州贸易的赵汝适，已经明确记载了宋代中国海船（泉舶和广舶）通航印度洋和阿拉伯世界的路线、日程和季节，给我们提供了理解与研究泉州湾和广州海域这两艘宋代海船极其可靠的文献旁证。此外，稍晚于泉州湾宋代海船的元代材料记录了中国商人在印度东南部海岸的活动痕迹，这也被相关的考古佐证。这样看来，虽然没有直接的强有力的证据，但是相关的证据链比较充分完备，"泉州一号"自印度洋返航的结论是经得起推敲的。当然，这艘船也必然到过三佛齐等多个东南亚港口。[1]

1　本章承蒙钱江教授阅读初稿，并提出许多宝贵的建议和意见，不少已经吸收入文中，不一一标出，特此致谢。

第七章

来或不来：
中国宫廷中的龙涎香

印度洋的"龙涎屿"

大约在 1329 年年底或 1330 年年初，出生于南昌的汪大渊开始了他的印度洋之旅。从马六甲海峡航行至印度洋途中，汪大渊在孟加拉湾发现一座非常特别的小岛，他将这个印度洋小岛称为"龙涎屿"。

龙涎屿究竟是哪座岛，学界有几种观点，或认为是韦岛，或认为是布拉斯岛，或认为是兰多岛。无论是哪座岛，关系并不大。最重要的是，汪大渊的记录是中国人第一次给印度洋的一座岛屿命名。这是宋元以来中国人在印度洋活动的一个高峰。同样有意思的是，汪大渊将其命名为龙涎屿，原因就是此岛盛产龙涎香。可见在汪大渊生活的 14 世纪初期，中国商人对龙涎香已经比较了解了。

汪大渊当然不是第一个记载龙涎香的中国人。龙涎香早在唐代就为中国人所知。唐人段成式在其《酉阳杂俎》前集卷四中写道："拨拨力国，在西南海中，不食五谷，食肉而已。常针牛畜脉取血，和乳生食。无衣服，唯腰下用羊皮掩之。其妇人洁白端正，国人自掠，卖与外国商人，其价数倍。土地唯有象牙及阿末香，波斯商人欲入此国，团集数千，赍绫布，没老幼共刺血立誓，乃市其物。自古不属外国。战用象牙排、野牛角为矟，衣甲、弓矢之器，步兵二十万。大食频讨袭之。"[1] 段成式所说的"拨拨力"即柏培拉（Berbera），为东非索马里的一个港口；"阿末香"即后来的龙涎香。[2] 段成式所述

---

1 《酉阳杂俎》上册，第 112 页。
2 一般认为拨拔力是北部亚丁湾南岸的柏培拉，但骆萌认为其是靠东非沿岸的印度洋中的奔巴岛。骆萌：《略谈古代名贵香药——龙涎的传入》，《海交史研究》1986 年第 2 期，第 95—103 页。

大意是，东非附近拨拔力陆地产象牙，海中产龙涎香，西亚的波斯人经常和他们交易，而那时势力正盛的大食（阿拉伯帝国）几次前来攻打。根据段成式的记载，龙涎香当时（9世纪）已经传入中国。

"阿末"为阿拉伯文"anbar"的音译，以后又翻译成"俺八儿"。"anbar"或"amber"就是传统的琥珀，为树脂滴落后在地下因压力和热力共同作用而形成的透明的生物化石。琥珀大多数由松科植物的树脂石化形成，故又被称为"松脂化石"。龙涎香的形状、色彩、香味乃至想象的来源都与琥珀相同或相似，16世纪、17世纪的人们往往将两者混淆，但其实它们的成分和形成机制大相径庭。

阿拉伯人是最早发现龙涎香的，故龙涎香的各种名称几乎都来源于阿拉伯文"anbar"或"amber"。在中古时期的西方文献中，几乎所有与龙涎香有关的名称都带有"琥珀"的词源，不时造成后人的误会，不少现代中文译者也将其直译成"琥珀"。正如前文所说，中世纪时，法国人称之为"ambergris"，意思就是灰色的琥珀；到了17世纪、18世纪，"ambergris"逐渐广为接受，成为"龙涎香"公认的英文名称。

粪便、树脂、海底的蘑菇或沥青

关于龙涎香的来源，即使在其发源地阿拉伯世界，也众说纷纭，颇为神秘。有的说是大鸟或怪兽的粪便，有的说是海边的树脂、树胶，有的说是海底生长的蘑菇，有的说是海底流淌的沥青，不一而足。[1] 12 世纪的阿拉伯旅行家伊迪里西说，一些岛上"发现一种物质，如同液态的沥青——树脂，它在海底焚烧海鱼，而后浮上海面"[2]。伊迪里西的描述虽然简单，但其关键情节都指向了龙涎香。当然，龙涎香在海底焚烧海鱼只是想象。

13 世纪上半叶的伊本·巴伊塔尔（Ibn Al-Baytār）引述前人的话说：

> 琥珀乃一种海生动物之排泄物。据说，这种物质生长在深海，被某些海兽吞食，然后排泄出来，被海浪抛出，退潮时留在海滩。琥珀呈木质结节状，油腻、量轻、可浮在水面。还有一种琥珀，黑色，空而干，无很大价值。琥珀芳香扑鼻，强心健脑，治疗瘫痪、面部抽搐以及因过量液体引起之疾病。琥珀乃香料之王。可用火来验其真假。
>
> 琥珀被称为海中圣人。至于说这是海泡石或者说是某种动物之排泄物，此说与事实相差太远了。最好的琥珀介于黑白之间，来自石砀国；其次是天蓝色的，再其次是黄色的。质量最次的琥珀是黑色的，往往被当成枸杞、蜡或劳丹脂。至于曼德琥珀，呈黑色，很少被人重视；这种黑色琥珀经常在一种鱼的内脏里见到，

1　Erbest J. Parry, *Parry's Cyclopedia of Perfumery: A Handbook on the Raw Materials Used by The Perfumer, Their Origin, Properties, Characters and Analysis; And On Other Subjects of Theoretical and Scientific Interest to the User of Perfume Materials, and to Those Who Have to Examine and Value Such Materials*（London: J. & A. Churchill, LTD, 1925）, 36-7.

2　"Early Notices of the Maldives," 432.

这是因为此鱼食琥珀后死去的。[1]

阿布尔-法兹尔（Abul Fazl，1551—1602年）是莫卧儿王朝阿克巴大帝（Akbar）的大臣和朋友，他在1595年完成的著作中几乎搜罗了关于"琥珀"的所有说法。

某些人声称琥珀是生长在大海深处的，在海底生活的各种动物吃过它之后便成为一种滋补品。还有些人声称，当海鱼吞食过这种物资之后便会死亡，然后再从鱼肠中提取。据另外某些人认为，琥珀是一种海牛（Sārā）的粪便或者是大海的泡沫。也有人认为它是自某些岛屿的山上逐滴掉下来的。许多人都把琥珀看作一种海胶，其他人又认为它是一种蜡，笔者本人也赞同这后一种观点。有人声称在某些山上曾发现过大量蜂蜜，实际上已经多至漫溢到大海之中了。蜂蜡漂浮海面经日光曝晒之后便形成了一种固体。因为蜂蜜是由蜜蜂在香花丛中采集的，所以琥珀当然也呈香味。人们时常会在琥珀中发现死蜜蜂的遗骸。阿布·西纳（Abū Sīnā）认为在海底有一股喷泉，琥珀就是从那里流出来的，然后又被大浪卷到海岸。当琥珀还很新鲜的时候，尚显得非常潮湿，只是在阳光的照射之下才逐渐干枯。琥珀呈现多种颜色，白色者为最佳，

---

[1] 《阿拉伯波斯突厥人东方文献辑注》上册，第305—306页。此书中译本保留了原文页码，笔者引用时为避免误解及阅读障碍，将其删去。据该书第254页称，伊本·巴伊塔尔出生于西班牙南部的马拉加，曾以植物学家的身份前往埃及、小亚细亚和希腊旅行，在大马士革作为总农艺师为马利克·卡米尔国王效劳；其两部有关药草的著作《药物学集成》和《医药食品词汇集》先后被译成德文和法文。勒克莱尔克译成的法文版取名为《药草志》，收录了过去各种关于琥珀（龙涎香）及其来源与药效的文献。

而黑色者为最次，中等质量的呈淡绿或杏黄色。最好的一种琥珀是灰白色的（ašhab）。它显得油光发亮，而且还是由迭合的数层组成。如果将它打碎，又呈一种浅淡的黄白色。它同那种白色的琥珀同样质地优良，但更为轻盈和柔韧。其次，质量较好的琥珀就是淡黄色的那一种。再其次就是被称为花罂粟（khaškhāši）的那种黄色琥珀。那种黑色的琥珀质量最劣，而且还是易燃物。市场上那些贪得无厌的不法商贾从中掺入一些蜂蜡、曼达尔琥珀和草木树胶（lā'dan）等物品，但并不是所有人都进行这种以假充真的勾当。曼达尔琥珀采集自死鱼的肠腔里，并没有多少香味。[1]

这些都是人云亦云的说法。哪怕到了 17 世纪，对于龙涎香的来源和性质，就连最博学的耶稣会教士也说不清楚。1610 年到达澳门的艾儒略（Giulio Aleni）在其《职方外纪校释》中介绍非洲时说，"又有一兽，躯极大，状极异，其长五丈许，口吐涎即龙涎香。或云龙涎是土中所产，初流出如脂，至海渐凝为块，大有千余斤者，海鱼或食之。又在鱼腹中剖出，非此兽所吐也"，则误会为陆地猛兽之涎；又说"龙涎香，黑人国与伯西儿两海最多，曾有大块重千余斤者，望之如岛。然每为风涛涌泊于岸，诸虫鱼兽并喜食之"。[2]

---

[1] 《阿拉伯波斯突厥人东方文献辑注》下册，第 613—614 页。该书中"曼德琥珀"和"曼达尔琥珀"混用。

[2] 《诸蕃志校释·职方外纪校释》，第 106 页。艾儒略，字思及，耶稣会意大利传教士。1609 年受耶稣会派遣到远东，1610 年抵澳门，1613 年到北京，在中国传教 36 年，1649 年在福建延平去世。同利玛窦一样，艾儒略不仅是神学家，而且精通数学、天文和地理，是利玛窦之后最精通中国文化的耶稣会教士，也是最重要的天主教来华传教士，被教友尊称为"西来孔子"。

关于中世纪龙涎香来源的说法看起来相差很大，但都指向了大海，可见各地的人们普遍知道龙涎香与大海是密不可分的，或产于大海，或发现于大海。到了18世纪末，科学家们才大致明白了龙涎香的科学机制，认识到龙涎香是抹香鲸吞食乌贼或章鱼后被其坚硬的嘴部刺激而分泌产生的物质。

龙涎香其实是抹香鲸肠道内的分泌物。抹香鲸的主要食物是乌贼和章鱼，而乌贼和章鱼的喙状口器、眼晶状体和羽状壳（一种坚韧的内脏）很坚硬，无法被抹香鲸消化，滞留在抹香鲸的小肠内，就刺激其肠道分泌出一种特殊的物质，这种物质逐渐包裹滞留下的角质颚和牙齿，久而久之就形成了龙涎香。虽然其形成过程目前尚不十分清楚，但龙涎香在鲸鱼体内积蓄到一定量的时候，抹香鲸就会把它排出体外或吐出来，龙涎香就漂浮在海面上。虽然形成的龙涎香起到了保护抹香鲸的作用，但如果龙涎香体积太大又不能及时排出的话，就会导致抹香鲸生病乃至死亡。这或许是古人在大鱼（即抹香鲸）附近或者其尸体腹部发现龙涎香的原因。同时，也不是所有的抹香鲸都会形成龙涎香。大约一百头抹香鲸中，只有一头体内有龙涎香。物以稀为贵，1%的概率让龙涎香异常珍稀，比黄金更为难得。

新鲜的龙涎香呈黑色，常带有血迹或粪便，随着时间推移逐渐变成灰色的硬块，并带有一股甘甜的类似麝香的气味。[1] 龙涎香漂在海面，不断地被海水冲洗，杂质越来越少，颜色也逐渐变浅，由最初的黑色变成深灰色、浅灰色，直至最后变成白色，因此以白色的龙涎香

1　Karl H. Dannenfeldt，"Ambergris: The Search for Its Origin，" *Isis*, Vol. 73, no. 3（1982）：382.

为最纯、最佳。

龙涎香中最主要的成分是龙涎香醇（Ambrein），此外还有脂肪和苯甲酸。龙涎香因其独特的甘甜土质香味（类似异丙醇的气味），在历史上主要作为香水的定香剂使用，现在基本上已为化学合成物取代。这种香味在许多植物，如橡苔中，也都可以发现。有些人对此香味不敏感，闻不到龙涎香。但是，无论男女，都对龙涎香稀释后的味道评价更高。此外，狗对龙涎香也非常敏感，因此人们常常用它来寻找龙涎香。

"西南海"中来

对中国人来说，龙涎香乃大海产物是非常明确的。根据段成式的记载，龙涎香产于"西南海"。就唐朝的方位而言，由龙涎香不首见于南海可知，"西南海"当位于南海之西，即今天的印度洋海域。印度洋航道的枢纽马尔代夫群岛就以盛产龙涎香而闻名。

与汪大渊同时代的摩洛哥旅行家伊本·白图泰在马尔代夫群岛居住了一年半，他发现岛上的居民沉溺于各种香油香料，包括檀香油、麝香油、玫瑰露。[1] 马尔代夫当然不产这些香料，不过，这里出产令明代皇帝垂涎三尺的龙涎香。阿拉伯人和印度人濒临印度洋，早就注意到此岛出产龙涎香。苏莱曼说："海浪把大块状的琥珀推到这

1　"Early Notices of the Maldives," 440.

些岛屿的岸边，一些琥珀形状仿佛一棵树，或者相似。琥珀长在海底，如同树木；当海洋躁动不安时，就把琥珀像南瓜或松露一样推到海面。"[1]苏莱曼所说的琥珀，其实就是龙涎香。约10世纪的伊卜拉希姆·本·瓦西夫（Ibrāhīm bin Wāsif）在其《〈印度珍异记〉述要》（成书于1000年左右）中讲述了类似的故事，不同之处只是把龙涎香比作从海底喷到海面的沥青而已。他说，马尔代夫"据说有一千九百个岛屿，岛上有大量的琥珀，大块琥珀好似房屋，这种琥珀在海底似植物一样生长，当海潮来临，海浪翻滚，琥珀便被海浪从海底卷出，抛出海面，似沥青，似滚开热水，这是油脂琥珀"[2]。他用"油脂琥珀"来指代龙涎香，以区别于一般的琥珀。

16世纪初的巴尔博扎（Duarte Barbosa）是葡萄牙航海家和作家，也是麦哲伦环球航行船队的一员。他注意到马尔代夫的这种珍稀产物，说"此处亦可见大块的龙涎香，或白，或灰，或黑"，他当时还不知道龙涎香的真正来源，别人告诉他这是巨鸟的排泄物。[3]他写道：

> 我不时问那些摩尔人龙涎香是什么东西，哪里长出来的。那些摩尔人认为是鸟的粪便；他们说，许多无人居住的岛屿上有一些巨鸟，它们停留在海边的岩石或悬崖上，排泄出龙涎香；而后经风吹雨打日晒变软，颜色也转为棕褐色；狂风暴雨又将其分割成大大小小的一块块，先后坠入大海；它们或被海浪冲到海岸；

---

1 "Early Notices of the Maldives," 428–9.
2 《阿拉伯波斯突厥人东方文献辑注》上册，第161页。
3 Mansel Longworht Dames, *The Book of Duarte Barbosa: An Account of the Countries Bordering on the Indian Ocean and Their Inhabitants*（New Delhi & Madras, Asian Educational Services, 1989）, vol.2, 106.

或被鲸鱼吞食。白色那种，他们称之为白琥珀（Ponambar），在海里的时间比较短，价值最高；灰色的则在海里浸泡了很久，因而变成了这种颜色，这种他们认为价值也高，只是不如白的。再次的是黑色的形状压碎的，他们说是被鲸鱼吞食过，因为消化不了又吐了出来，这种他们称为霎琥珀（Minambar），价值最低（虽然比另外两种重，但缺少香气）。[1]

前已述及的法国水手皮拉尔在马尔代夫待了近四年，对当地的社会异常熟悉，给我们留下了更多关于龙涎香的信息。他说："龙涎香产自大海，主要是热带海域；在马尔代夫我见过很多，往往在海滩发现。我见过的该国居民没有一个知道它从哪里来，在哪里生长。只知道来自大海而已。"[2] 皮拉尔在马尔代夫肯定见过很多龙涎香，因为他称"此处发现的（龙涎香）比东印度群岛任何地方都要多"。根据当地的法律，海岸上发现的任何物品都属于国王，包括"船骸、木材、箱子，以及其他海难残存物或者龙涎香，当地人称后者为'gomen'；如果是已经配制好的则称为'Meccuare'"[3]。"gomen"原意就是牛粪，龙涎香乍一看就像牛粪；而"meccuare"则指甜香之物。[4] "所有发现，都属于国王；任何人私藏，一经发现，就会被剁去双手。"[5] 惩罚的冷

1　Mansel Longworht Dames, *The Book of Duarte Barbosa: An Account of the Countries Bordering on the Indian Ocean and Their Inhabitants* (New Delhi & Madras, Asian Educational Services, 1989), vol.2, 106-7; Ptak, "The Maldive and Laccadive Islands," 687, footnote 78.
2　*The Voyage of François Pyrard*, vol. 3, 359.
3　Ibid., vol. 2, 229.
4　*The Voyage of François Pyrard*, vol. 2, 229, footnote 1.
5　Ibid., vol. 1, 229-30.

酷自然也体现了龙涎香的珍贵。

马尔代夫当然不是印度洋中唯一出产龙涎香的岛屿。龙涎香在印度洋世界早已闻名,[1]大约在 1000 年左右,阿拉伯人或穆斯林就把"龙涎香"这个词介绍给了印度人。[2]雅库比(Yaqubi)是 9 世纪的阿拉伯地理学家和历史学家,曾出游印度、埃及和马格里布等地区。他说,龙涎香从滨海地区出口到波斯湾的巴士拉。[3]苏莱曼则说孟加拉湾出产龙涎香,还说尼科巴群岛的土著用龙涎香换取铁器。[4]伊本拉希姆·本·瓦西夫在《〈印度珍异记〉述要》中也提到了印度某个岛上的"裸体人",说"他们攀树不用双手,可游泳追逐船只,快如疾风;他们嘴叼琥珀,换取生铁"[5]。伊迪里西在《诸国风土志》(1154年成书)中则说,细轮叠岛(锡兰)往东十日到达郎婆露斯岛(尼科巴群岛),岛上居民男女均裸体,"商人们乘大小船只到此,用生铁换琥珀、椰子"。[6]总之,印度洋东部孟加拉湾一带岛屿包括尼科巴群岛的土著用本地特产(如龙涎香)与经过的海船换取铁器的事迹,中西

---

[1] P. K. Gode,"History of Ambergris in India between about A.D. 700 and 1900," *Chymia*, Vol. 2(1949):51–6; T. M. Srinivasan,"Ambergris in Perfumery in the Past and Present Indian Context and the Western World," *Indian Journal of History of Science*, 50.2(2015):306–23. Albert Gray 对龙涎香也有相当详细的讨论。见 *The Voyage of François Pyrard*, vol.1, 229–30, footnote 1。

[2] Gode,"History of Ambergris in India," 51.

[3] Ibid., 51, 52 & 55; Srinivasan,"Ambergris in Perfumery in the Past and Present," 308.

[4] Elliot, H., & Dowson, J., *The History of India, as Told by its Own Historians: The Muhammadan Period. Volume 1*(London: Cambridge University Press, 2013), 1–11; Sulaiman, *Ancient Accounts of Indian and China by Two Mohammedan Travellers Who Went to Those Parts in the 9th Century*, translated Eusebius Rennaudot(London: MDCCXXXIII), Vol. I, 10; Srinivasan, 2015, 308–9.

[5] 《阿拉伯波斯突厥人东方文献辑注》上册,第 169 页。此处的琥珀实际上都是指龙涎香。

[6] 同上,第 201 页。

方文献记录颇多。

10世纪的阿拉伯历史学家和旅行家马苏第不仅详细地记载了龙涎香的形状，而且强调了印度洋另一处盛产龙涎香的海域，那就是印度洋西部尤其是东非沿岸，这与唐人段成式的记载吻合。

> 最好的龙涎香发现于东非（Zinj）沿海及其岛屿；圆形，鸭蛋青（pale blue），体积有时如鸵鸟蛋大小。海鱼吞食过的这些食物（morsel）被称为"Awal"。一旦大海发怒，就会把这些如岩石块的琥珀卷到海面，吞食琥珀的海鱼会被呛住，而后浮在海面。东非土著一旦发现了漂浮的海鱼，便划上独木舟，向海鱼投掷鱼叉和绳索，将其拉上岸，切开鱼腹，取出龙涎香。[1]

马苏第的观察细节丰富，且与后来马可·波罗及费信等人的记录十分相似。他在描述龙涎香及其获取时常用的词语，如块状、岩石、白色、黑色、深黑、鱼吞食、漂浮、独木舟、鱼叉等，都出现在中外文献的相关内容当中。元明时期的中国人，如汪大渊、费信、黄省曾、严从简等对此皆有类似记述。可见，印度洋的传统在中古时期逐渐被阿拉伯人、欧洲人、中国人等知晓并传播开来。

综上可知，龙涎香的主产地是印度洋，[2] 也就是唐代文献中的"西南海"，相当于明代郑和所下的"西洋"。其主要发现地在印度洋东

---

[1] S.M.H. Nainar, *Arab Geographers' Knowledge of Southern India* (Madras, 1942): 187–90; Srinivasan, "Ambergris in Perfumery in the Past and Present," 309.

[2] 龙村倪：《迷人的贡礼——龙涎香》，陈信雄、陈玉女主编《郑和下西洋：国际学术研讨会论文集》(稻乡出版社，2003)，第52—54页。

西两侧的众多岛屿附近。既然龙涎香是抹香鲸的分泌物，而抹香鲸似乎在太平洋、印度洋都有分布，为什么印度洋成为龙涎香的主要产地呢？

抹香鲸的存在虽然与环境，特别是食物有关，但它们的确游弋于从赤道到高纬度的广阔海洋，因此，理论上说，龙涎香应当在三大洋都有产生，事实也是如此。不过，读者须知，龙涎香产生之后，必须被人发现才能被人类"记录"。就这点而言，人类的发现至关重要。因此，岛屿、海岸线以及邻近地区人类社会的存在是龙涎香被发现和记载的最关键因素。龙涎香从抹香鲸体内排出后，在海面随波逐流，因此被中古的渔民或商船发现的概率很小；一旦漂浮到岛屿附近或者在海滩搁浅，被人们发现的概率就很大了，特别是当岛屿或者大陆滨海地区有人居住时，或者随着航海技术的发达，海舶在这些岛屿停留时。从这几个因素看，相较于太平洋和大西洋，印度洋东、北、西三面被大陆包围，是亚、非、欧大陆航海要道，同时岛屿众多，很多岛上都有人居住，因此，印度洋成为发现龙涎香最多的海域。从理论上推测，大西洋和太平洋应当也有龙涎香，太平洋诸岛屿以及新大陆的土著应当有所发现，可是他们既没有和亚欧大陆进行商贸往来，又没有文字记录，故我们对此知之甚少。从这个意义上说，只有被人类发现，被人类记录，龙涎香才"存在"。这就是为什么印度洋西部的东非海域以及印度洋东部的孟加拉湾尼科巴群岛在历史上都以龙涎香闻名。

中国的命名：龙之涎

龙涎香传到中国后不久，中国人很快就根据龙涎香的来源、特点，以中国文化的思维和视角，美其名曰"龙涎"。"龙涎"这个名称值得细细体会一番，它既表明了来源于海洋，也彰显了中国人的文化想象。龙，这种中国文化中想象出来却虚实交映的神奇灵物，基于海洋，掌管着广阔的海洋水域，行风布雨，神通广大，是中国神话中最有名的保护神之一。涎，一般是指唾沫、口水，龙涎就是龙的唾沫，自然也带着龙的神奇与魔力。此外，中国的皇帝被视为"真龙天子"，人们认为皇帝是真龙下凡，是龙的化身。这种把皇帝与龙相比拟的文化观念，是用龙的神秘和神力来强调皇帝的合法性和神圣不可侵犯。"龙涎香"一名便为自然界神秘稀缺的龙的唾沫与皇帝这位"真龙"之间建立联系提供了想象的空间和可能。

在中国的海洋世界里，许多地方本就以龙为名。位于新加坡附近的龙牙门最为有名，扼马六甲海峡之东，是东西航海必经的地标处。此外，还有龙牙菩提（或曰龙牙交椅，即马来西亚西岸的 Langkawi，即兰卡威岛）、龙牙犀角（即早期中文文献所称"狼牙修"，为马来半岛之北大年）、龙牙加尔（在苏门答腊）、龙牙葛（在印度东岸），以及龙牙屿等。大概这些岛屿或海岸高耸入云，宛如海中巨龙之大牙，故以龙牙为名。这些域外海洋地名，有的虽然此前就有记录，但以龙命名乃是宋元以来中国海舶和商人频繁往来东南亚与印度洋的结果，在元代《岛夷志略》和明代的《瀛涯胜览》《星槎胜览》以及《郑和航海图》中首次出现。可见，这是元代以来中国人对海外某地的集中命名，也印证了中国人在海洋亚洲的足迹。而龙涎香这个名称则从文化上体现了这种特殊的海洋物质的许多自然属性。

第一，龙涎香只产于大海中的抹香鲸（可能还有侏儒抹香鲸和小抹香鲸）。抹香鲸是世界上最大的齿鲸，雌性平均体长约 10~12 米，体重约 12~18 吨，雄性体长 14~18 米，体重约 40~60 吨，有的体长可超过 20 米，体重超过 70 吨，连新生的抹香鲸体长都有 4 米，重达 1 吨，无疑是海中的巨无霸。抹香鲸还是潜水冠军，可以下潜到海底 1 000 米的深度。此外，与身体相比，抹香鲸的头部庞大和沉重得不成比例。它具有动物界中最大体积的脑袋，尾部却出奇短小，这使得抹香鲸显得头重尾轻。成年雄鲸的头部占其全身的 1/4~1/3，它浮出水面呼吸、喷气时，人们在 2 000 米外的海面都可以看到。抹香鲸以各种乌贼、章鱼和深海鱼类为主要食物，它分布很广，在世界三大洋均可见到，且具有季节性洄游的习性。抹香鲸的体形和生活习性完全吻合中国文化中龙的形象。正如薛爱华所言，对中国人而言，"鲸鱼如同龙，两者都是海中的巨兽"[1]；此外，龙涎香外形呈块状，分量很轻，漂浮在海上，看起来确实像龙吐出的唾液，因此，这种海上来的外来物很快就被中国人归入了以龙为名的系列，如龙脑香、龙文、龙竭、龙眼等。[2] 的确，龙涎香从抹香鲸体内排出，在抹香鲸身躯附近漂浮，仿佛是龙吐出的唾沫，给人无限遐想。

1　Schafer, *The Golden Peaches*, 223.
2　Ibid., 225.

第二，龙涎香非常稀少，每一百头抹香鲸中仅有约一头产生，[1] 搜集、获取龙涎香也十分不易。若要直接捕杀抹香鲸以获取其体内的龙涎香，对中古的人们而言，这不但需要熟谙抹香鲸的习性，掌握高超的技术，而且更重要的是整个团队配合完美，如马可·波罗在东非海岸所见。不过，大多数时候，人们是发现了龙涎香而偶然获得。他们或在海滩，或在岛屿，或在海面，发现并拾取了这一珍贵物品。无论如何，龙涎香就是海洋"产"的。

不过，读者需要注意，"龙涎"一词的来源早于龙涎香的到来。早期中国文献中的龙涎，顾名思义，就是"龙"之"涎"，常常用来指喷泉、泉水、溪水喷出的水花和水沫，唐诗中就是如此。在唐五代之交特别是之后到了宋代，龙涎香的消费已经成为精英阶层的一种习俗，龙涎逐渐成为这种异域灵香的名称。[2] 结果，龙涎原来的意思逐渐废弃，无人记得。最早以"龙涎"指称此香的人是北宋极具天赋的文学家苏轼。苏轼在海南时，曾在《玉糁羹》一诗中说"香似龙涎仍酽白，味如牛乳更全清"，把当地芋羹的香气与龙涎香相提并论。[3] 这体现了他被流放时随遇而安的乐观通达。但不管如何，苏轼生活的时代是龙涎香迅猛进入社会精英阶层的时期，这个推断应该大致不错。而宋人获取和消费龙涎香的习惯都和阿拉伯世界密切相关，甚至直接受到阿拉伯香文化的影响。

1　Steven John Rowland, Paul Andrew Sutton & Timothy D. J. Knowles, "The Age of Ambergris," *Natural Product Research*, 33: 21（2019）, 3135.
2　Schafer, *The Golden Peaches*, 224.
3　[宋]苏轼：《苏轼诗集》（中华书局, 1992）, 卷7, 第2316—2317页。

"未婚妻的怀抱和灵魂的香味"

阿拉伯人及其邻居对龙涎香的认识最早，开发和利用龙涎香的药用功能也最早。这一点是毋庸置疑的。因此，龙涎香在传入中国之前，在阿拉伯世界已经发挥了"香（和）药"的功能。它既是一种香料，可以和其他材料一起配制成各种复合香料；又是一种药材，可以单独使用或者根据经验或处方配药治疗各种疾病。实际上，有些复合香料（用宋代中国的概念讲，就是合香），本身就是一种香药。合香[1]和香药之间没有明显的界限，因为大家普遍认为，闻香就可以让人身心愉悦，有益健康。

关于龙涎香的药用功能，11世纪之前的阿拉伯人对此就有丰富的经验。有的说："琥珀为热性和燥性，似乎热两度、干一度。由于琥珀之温热性，适合于老年人使用。至于曼德琥珀，触之可把手染上颜色，可用作染料，对脑、对头、对心脏均有好处。对脑、对感官、对心脏均有治疗效果。"[2]有的说："琥珀坚硬而有黏性。因其味道芳香，有最好的健心提神之功能，故可以对各主要器官起到强健作用和增加精神养分。琥珀比麝香温和，其特性早已被公认。琥珀具有香味，而且有渗透性、坚韧性和黏性。"[3]不一而足。总的来说，他们认为琥珀属于"热性"，可以熏，可以闻，可以外敷内服，对身体很多器官，如脑和心脏都很有好处，似乎是万能神药。其中说龙涎香"有最好的

1　"合香"与"和香"通用，后文有混用，提请读者注意。
2　《阿拉伯波斯突厥人东方文献辑注》上册，第306页。
3　同上。

健心提神之功能"等,也就是可以增进人的生理和心理健康,似乎有延年益寿的意味。

不过,龙涎香的品质有好有坏。所以在使用之前,必须要鉴别。其实,早在 12 世纪下半叶,阿拉伯人就已经根据质量给各地的琥珀分类了。阿布尔-法德尔·贾法尔(Abū'l-Faḍl Dja'far)在其完成于 1175 年的《鉴别好坏商品和伪造仿制商品须知书》中说:

> 琥珀的最优良品种产自阿曼的西赫尔(Šiḥr),其主要特征是质地轻盈、色泽洁白、油质性强,其颜色同样也略呈绿色或黄色。其次就是马格里布琥珀,它们也具有上述那些珍贵的特点。马格里布琥珀中最高贵的品种就是曼德(Mand)琥珀,其颜色近乎黑色。其后依次是颗粒状的、干燥的和比重很大的琥珀。对于这些珍贵物品,要特别注意防止起火。
>
> 最好的琥珀味道宜人,质地轻盈,气味芬芳,没有任何石脑油的气味,现在称之为新鲜琥珀。为了妥善保存,人们将之藏入一个内壁光滑的玻璃或陶瓷容器中;然后再同桂树籽(šišm)混合,接着用锡叶包起来,随之将容器密封后再紧紧包扎妥善。要严防曝晒和火烤,尤其是不要用受热物体来破坏其有机成分。[1]

此外,阿布尔-法德尔·贾法尔还介绍了许多合香的配制,如"麝香"和"龙涎香"。[2] 这些"麝香"和"龙涎香"就是复合香料,由许

---

[1] 《阿拉伯波斯突厥人东方文献辑注》下册,第 687—688 页。
[2] 同上,第 687 页。

多香料精心加工，经过复杂的程序配制而成，其中包括麝香或龙涎香的成分。需要指出，在这些复合香料的配方当中，"琥珀"就是指龙涎香，法国汉学家费琅当年在编辑这些文献时已经指出了这一容易混淆之处。[1]

大马士革人吉奥巴里（Djawbarī）撰写了《关于泄露机密的著作选》，时间约为1225年，其中介绍了不少配制香精香料的秘方。[2] 关于龙涎香的配制，他说：

> 为了制造琥珀，先取一粒藏红花种子，用玫瑰水日夜浸渍，以取出其皮与核。第二天清晨，用手将此搓碎，去掉皮之后便仅剩下果肉了。把皮壳抛掉后，将剩余物质放进一个石磨中，磨中已经放好了琥珀。加入玫瑰水将一切都磨碎，先前用来浸泡的正是这种玫瑰水。一直磨到把胶分开为止，接着再使用纯净的辣木油来处置这类物质。然后加入一些青胡桃水，再放入为这种混合物四分之一体积的粗琥珀，拌和均匀。接着再把这一切放置四十天，必须放置在潮湿阴凉的地方。然后再取出来，复合物要用草包起来，逐渐就变成淡黑色。这样配伍所得到的琥珀与真正的琥珀一样优质，我一共懂得三十种调配这种物品的配方。[3]

需要指出的是，吉奥巴里分享的实际上并不是伪造龙涎香，而是

1　费琅指出："在努韦理撰写此书的时候，即在14世纪前三分之一年间，人们也把龙涎香称为琥珀。"《阿拉伯波斯突厥人东方文献辑注》下册，第712页，注解2。
2　同上，第692页。
3　同上，第694—695页。

配制龙涎合香。配制过程中两次用到龙涎香作为原材料，同时使用其他香料，如藏红花种子、玫瑰水、辣木油以及青胡桃，同时还需要一系列复杂的工艺程序。这就是阿拉伯人经过几个世纪试验之后充分利用龙涎香特色而制成的龙涎合香。这与宋代中国记录的各种合香（无论是否以龙涎为名）的配方和程序非常类似。吉奥巴里声称他掌握三十种合成龙涎香的配方，可谓丰富，这与宋末元初陈敬《陈氏香谱》记载的二十多种龙涎合香相映生辉。

记载利用龙涎香制作合香最多的莫过于努韦理（Nuwayrī，又译为努韦里）。努韦理是埃及穆斯林，当时埃及处在突厥人建立的马穆鲁克王朝统治之下。努韦理异常博学，著有九千页的 The Ultimate Ambition in the Arts of Erudition。其中部分内容被维德曼翻译成德文，取名为《努韦理的百科全书，香料的配制》。[1] 努韦理不厌其烦地介绍了"制造一种复方成药噶利亚"和"龙涎香"的方法。[2] "噶利亚"最早为一种用麝香和龙涎香配制的复合香料，"龙涎香"为龙涎香、麝香和芦荟配制而成的香料。其中一些配方可以追溯到 8—9 世纪，传说是为了当时的哈里发制作而流传下来的。噶利亚的配制需要三个条件：适当的时机、特殊的仪器，以及配制方法。

一、最适合的时机是一大清早，即在旭日升起之前，因为那时的气温气流变化不大。春天是一年之中最适宜的季节，而在配制时还必须保持环境的安静。

---

1 《阿拉伯波斯突厥人东方文献辑注》下册，第700页，注解1。
2 同上，第700页。

二、关于仪器问题。先在一个金钵中研碎麝香,或者放在一个带有琉璃研器的琉璃钵(ṣīlāya)中。接着便将琥珀融化在一个石料杯子中,或者是放在一个用黑石或玻璃所做的香料盘中。

三、制作噶利亚复合成药及其所必须的配料。首先要轻轻地研碎一两高质量的麝香,以防它在强烈研磨下着火,再把细粉过一遍筛子,筛眼只有一根粗头发丝粗。如果不经事先研磨就先筛一遍,那就更为理想了。然后将粉末溶化在一个香料罐子中,再加入半两高质量的琥珀,接着再放在最温和的火上加温。当琥珀接近溶化时,再一滴滴地注入少量的高质量辣木油。当溶化之后,再从火中撤了出来,再用手指尖试验一下。如果发现其中有沙粒,那就应该将之取出来。然后再置于钵盆中所盛的麝香之上。请注意,千万不要使琥珀太热,因为琥珀的热度会使麝香受影响。紧接着,再于钵盆中轻研这些混合物,一直使之混合均匀为止。再用一个薄薄的金片将混合物刮起来,刮子必须为金质,既不能为铜质,又不能为铁器,因为这后两种金属会损害前两种物质。当钵内辣木油的数量与复合药的数量成所需之比例时,就从火上撤下来。届时既可以使用同样数量的麝香和琥珀,也可以将其中之一少用一些。这就是扎赫拉维对这种复方混合成药配伍的记载。[1]

关于器皿,也有详细说明。"钵盘很坚硬,长达一古尺,宽有三古尺。钵盘的边缘为圆形,这就是说整个钵盘也不呈矩形。至于它的

---

[1]《阿拉伯波斯突厥人东方文献辑注》下册,第700—702页。扎赫拉维原籍为西班牙的科尔杜,卒于1106年。

大小则是无关紧要的。研器为黑色，很光滑，呈圆形或其他形状。人们在钵盘中研碎用来升华的干药物和湿药物，在将药物切成小块之后，就用上述两种器皿来研碎。"[1]

这种龙涎香的配制方法极为复杂。不但各种配方的分量有相应的比例，而且对品质有很高的要求，同时都需要加工，尤其是研磨和加热；加热的温度也有讲究，不能太热，以防止香味的丧失影响成香。此外，刮片也必须是黄金的，不能是铜、铁制成的。这和宋明记载的龙涎香制作，以及炼丹对器皿的要求如出一辙。关于这些合香的制作，无论是中国人还是阿拉伯人，除配方不同外（当然几种主要香料基本相同，如麝香、玫瑰水、藏红花、芦荟），其工艺，如加热、研磨、用液态香精或香油搅拌、冷却、密封或者晾干、晒干等基本都是一致的。以后的成药加工还提到了麦加的玻璃杯、中国的丝绸和容器（瓷器）、金匙或银匙、金质或银质的容器、大理石板等，都说明了制作的精密。

努韦理还引述了穆哈默德·伊本·艾哈迈德·塔米米（Muḥammad ibn Aḥmad at-Tamīmī）的秘方。塔米米活动于10世纪下半叶，可能出生于西班牙的阿拉伯裔家庭，长期生活在埃及，是一名神秘的炼金术士。努韦理说："穆哈默德·伊本·艾哈迈德·塔米米在其著《未婚妻的怀抱和灵魂的香味》中论述了多种复方成药。我们仅仅于此论述一下那些为哈里发、国王和朝野要员们所制造的成药。"[2] 光是《未婚妻的怀抱和灵魂的香味》这个书名，就足以使人对其所记录的种种

1　《阿拉伯波斯突厥人东方文献辑注》下册，第700页，注解4。
2　同上，第702页。

成香有无限遐想。塔米米的许多秘方，曾经用于为 9 世纪初黑衣大食的哈里发以及其他王公大臣制作香药，因而可靠性更高，在市场上更受欢迎。这也和宋元香谱中记录宫廷香、御用香以及某某名人制作或使用的香有异曲同工之妙。

塔米米也记录了称为"龙涎香"的各种成香配方，努韦理分享了其中的六种，限于篇幅，以下摘录其中一种。

> 如穆斯塔因的龙涎香（nadd al-musta'ini），这是为阿拔斯王朝的哈里发穆斯塔因·比拉赫·阿拔希（Musta'in billah al-'abbāsī，862—866 年执政）配制的。先取五十米特喀勒的印度芦荟、同样数量的吐蕃麝香、一百五十米特喀勒西赫尔的蓝色琥珀、三米特喀勒的芳香（riyāḥī）樟脑。芦荟、麝香和樟脑要单独研磨碎，再用一块丝绸过滤麝香。先把琥珀溶化在一个中国容器（'abbāsiyya）之中。从火上撤下来之后，便浇在已研碎的配料之上，接着再糅合均匀。然后将全部配合物摊在一块大理石板上，将全部混合物切成条块状，再放到一个筛子里晾干收藏好。为了制造一般人使用的龙涎香，先取五十米特喀勒的高级芦荟、同样数量的吐蕃麝香、一百米特喀勒的西赫尔琥珀、三米特喀勒的樟脑，将这一切都糅合起来。对于这最后一种龙涎香，同样也要制成条状，晒干之后再收藏起来。[1]

根据以上阿拉伯、波斯和突厥文献可知，阿拉伯人以及从西亚到

---

[1] 《阿拉伯波斯突厥人东方文献辑注》下册，第 707—708 页。

中东和北非的人们（也包括印度人）最晚在 8 世纪就对龙涎香进行了开发，综合各种原料和工艺，制作香药。到了 11 世纪、12 世纪，以龙涎香为成分的各种香药已经琳琅满目了。不难想象，随着龙涎香的东传，阿拉伯人对龙涎香的认识和龙涎香药的制作方法也必然影响了宋、元、明时代中国人对龙涎香的了解和使用，尽管这种工艺东传的直接证据还有待于进一步挖掘、整理和研究。假如要举一例，那么，宋元时代各种香药中玫瑰水（玫瑰露）的使用，便是从阿拉伯人那里借用的。

唐宋的中国：从流言到实物

在唐代中国，龙涎香基本还是"一个异域流言"，人们还没有开始消费它。[1] 743 年（天宝二年）12 月鉴真第二次东渡日本时，随船准备了麝香、沉香、甲香、甘松香、龙脑、香胆、唐香、安息香、栈香、零陵香、青木香、熏陆香等 300 余千克，独独没有龙涎香，可知大略。[2] 到了北宋，龙涎香就成为宫廷和精英所青睐的高档消费品，人们对龙涎香的来源、性质、功能也有了一套符合中国文化习惯的系统认识。

如前文所述，政和五年（1115 年）的进士叶廷珪对龙涎香的来源、气味、颜色以及采集做了一个比较完全的介绍："龙涎，出大食国。

1　Schafer, *The Golden Peaches*, 222.
2　《唐大和上东征传》，第 47 页。

其龙多蟠伏于洋中之大石，卧而吐涎，涎浮水面。人见乌林上异禽翔集，众鱼游泳争嚼之，则殳取焉。然龙涎本无香，其气近于臊。白者如百药煎而腻理，黑者亚之，如五灵脂而光泽，能发众香，故多用之以和香焉。"[1] 百药煎和五灵脂都是中药，都呈块状，前者表面间有黄白色斑点，微具香气，后者一般表面为黑棕色、灰棕色或红棕色。

叶廷珪的记录是中国文献第一次详细地描述龙涎香，弥足珍贵。他这段话大致成为后来描述龙涎香的模板。他谈到的龙、岩石、涎、鸟、鱼，以及百药煎和五灵脂这两种中药几乎都为后世沿用。叶廷珪强调龙涎香关键而特殊的功能是"能发众香，故多用之以和香"。这也是后世配香必须用龙涎香的关键原因。叶廷珪曾在东南沿海的泉州任职，故大致可以推断其信息当从"海上丝绸之路"传来。同理，可知龙涎香当时从海路抵达中国。如前所述，"泉州一号"的考古与研究已经证实这一点。

在叶廷珪之后几十年，周去非在其《岭外代答》中也对龙涎香做了详细介绍。他说："大食西海多龙，枕石一睡，涎沫浮水，积而能坚，鲛人采之以为至宝。新者色白，稍久则紫，甚久则黑。因至番禺尝见之，不薰不莸，似浮石而轻也。人云龙涎有异香，或云龙涎气腥能发众香，皆非也。龙涎于香本无损益，但能聚烟耳。和香而用真龙涎，焚之一铢，翠烟浮空，结而不散，座客可用一剪分烟缕。此其所以然者，蜃气楼台之余烈也"。[2]

关于龙涎香的来源，周去非的介绍和叶廷珪大致相同，龙涎香出

---

1 《陈氏香谱》，《香谱（外四种）》，第72—73页。
2 《岭外代答校注》，第266页。

自大食西海，为龙之涎沫积坚而成。关于颜色，周去非说新者色白，稍久则紫，甚久则黑，这和叶廷珪所记载的百药煎的白和五灵脂的棕黑差别不大；唯叶廷珪大概不知龙涎香的颜色由白而黑与时间长久有关。两人最大的不同在于对龙涎香特性的理解。关于龙涎香的气味，叶廷珪说"然龙涎本无香，其气近于臊"，也就是说龙涎香有一股鱼腥气；针对"人云龙涎有异香，或云龙涎气腥能发众香"的说法，周去非均加以否定，而说"龙涎于香本无损益，但能聚烟耳"，所以"和香而用真龙涎"，甚至还夸张地说用了真龙涎的合香，焚香散发的"翠烟浮空，结而不散，座客可用一剪分烟缕"，如此云云。龙涎香之所以具有"聚烟"这一特殊功能，按照周去非的理解，乃是因为龙涎香是龙的产物，"蜃气楼台之余烈也"。所谓海市蜃楼，古人以为是蛟龙之属的蜃，吐气而成楼台城郭；而龙涎香也是龙吐出的唾沫，和海市蜃楼性质一样，所以有聚烟的特殊功能。

还有一点需要注意。《岭外代答》卷七有"香门"，其中枚举了种种香料，如沉水香、蓬莱香、鹧鸪斑香、笺香、众香、零陵香、蕃栀子，但没有龙涎香；龙涎香列在"香门"和"乐器门"后的"宝货门"。周去非当然知道龙涎香是香物，理应列入"香门"，但大概是考虑到其之珍贵，故与"珠池""蛇珠""辟尘犀""琥珀""砗磲""大贝"一起归入"宝货门"。

赵汝适的《诸蕃志》成书于1225年（宝庆元年），虽然抄袭《岭外代答》之处（包括上述介绍龙涎香的短文）颇多，但对海外龙涎香的来源阐释贡献独特。赵汝适是南宋宗室，宋宁宗嘉定（1208—1224年）末期至宋理宗宝庆（1225—1227年）初期，任泉州市舶司提举。他时于"暇日阅诸蕃图"并"询诸贾胡，俾列其国名，道其风土，与夫道理之联属，山泽之蓄产，译以华言"，所以《诸蕃志》保留了当时海外贸易的第一手材料。赵汝适说，大食国、层拔国、弼琶啰国、中理国（即索马里角附近）产龙涎，其中中理国"其龙涎不知所出，忽见成块，或三五斤，或十斤，瓢泊岸下，土著竞分之，或船在海中驀见采得"。[1] 这些国家大致在西亚和东非沿岸，而东南亚诸国虽然已经与宋代建立了密切的政治和经济往来，但都没有龙涎香的生产或进奉，则印度洋（阿拉伯海）为龙涎香之主要产地可以推定。博学的约翰·克劳福（John Crawfurd）在其1856年出版的著作中指出，东南亚人对龙涎香的认识大致是从阿拉伯人那里学来的，因为在东南亚没有龙涎香的本地名称，而是借用了阿拉伯语的称呼。[2]

13世纪的张世南根据历代文献，广采众说，并抄录叶廷珪、周去非等人的说法，对龙涎香做了一个全面的综合介绍，同时也增加了一些新的信息，如龙涎香的撷取与分类。他指出土著在"龙"也就是抹香鲸边上守候，等抹香鲸排出龙涎香，然后拾取。他又根据龙涎香排出的时间长短将其分为"泛水"、"渗沙"和"鱼食"三类，指出只有第一类才可以入香。[3]

1　《诸蕃志校释·职方外纪校释》，第105页。
2　John Crawfurd, *A Descriptive Dictionary of the Indian Islands & Adjacent Countries* (London: Bradbury & Evans, 1856), 11. 约翰·克劳福，苏格兰人，医生，殖民地官员、外交官，皇家学会会员，先为英属东印度公司在印度的一名外科医生，而后被派到东南亚，参与了许多重大事件，十分活跃，并对东方地理、历史和族群颇有研究。
3　[宋]张世南：《游宦纪闻》（中华书局，1985），第62页。张世南，字光叔，鄱阳人，约为南宋宁宗（1194—1224）和理宗（1224—1264）间人。张氏系当时的文献故家，曾随其父官于蜀，而后历游浙、闽等地，《游宦纪闻》便是他记录所见所闻的笔记。

以上回顾了唐宋时期中国有关龙涎香的文献记录，大致可知到了宋代，龙涎香才比较普遍地进入中国。以下便介绍宋代宫廷中的龙涎香消费。

宋代宫廷中的龙涎香

大约从北宋起，文献中有了使用龙涎香的记录，不过绝大多数还是在宫廷之中。到了南宋，龙涎香的使用开始在社会精英阶层流行，并向社会下层推进，市场上出现了不少以龙涎香为名的和香。因此，宋代开始出现的香谱也逐渐搜罗了关于龙涎香来源、性质、特点、配制等的资料。

首先来看一下北宋时期龙涎香进入中国的渠道。第一是印度洋世界的进贡。《宋会要辑稿》记载，熙宁四年（1071年），"七月五日，层檀国遣使层加尼、防援官那萨奉表，贡真珠、龙脑、乳香、琉璃器、白龙黑龙涎香、猛火油、药物"；[1] 次年（1072年），"大食勿巡国遣使辛毗陀罗奉表，贡真珠、通犀、龙脑、乳香、珊瑚、笔格、琉璃、水精器、龙涎香、蔷薇水、五味子、千年枣、猛火油、白鹦鹉、越绪布、花蕊布、兜罗绵毯、锦襈、蕃花蕈"。[2] 绍兴七年（1137年），位于苏

---

1 ［清］徐松辑：《宋会要辑稿》，四川大学古籍整理研究所标点校勘、台湾"中央研究院"历史语言研究所兼任研究员王德毅教授校订，"蕃夷七"，第32页。
2 《宋会要辑稿》，"蕃夷七"，第32页。

门答腊岛的三佛齐向南宋入贡，史载："三佛齐国乞进章奏赴阙朝见，诏许之。令广东经略司斟量，只许四十人到阙，进贡南珠、象齿、龙涎、珊瑚、琉璃、香药。诏补保顺慕化大将军、三佛齐国王，给赐鞍马、衣带、银器。赐使人宴于怀远驿。淳熙五年，再入贡。计其直二万五千缗，回赐绫锦罗绢等物、银二千五百两。"[1] 第二次入贡虽然没有提到龙涎香，但其在贡物之列可想而知。不过，三佛齐本地并不出产龙涎香，可能是与印度洋贸易而来。

当然，宋室的龙涎香主要由市舶司专买而来。唐高宗显庆六年（661年），创设市舶使于广州，总管海路邦交外贸，派专官充任，这便是后来市舶司的前身。北宋先后在广州、杭州、明州（今属浙江宁波）、泉州、密州市（山东胶州）设立市舶司；南宋在两浙、福建（泉州）、广南东路（广州）设立市舶司，其间有过兴废，但大致如此。市舶司的主要职责包括：向前来贸易的船舶征收关税，代表宫廷采购一定数量的舶来品，管理商人向皇帝进贡的物品，等等。张世南所说"诸香中，龙涎最贵重，广州市直，每两不下百千，次等亦五六十千，系蕃中禁榷之物"，就直接指出了广州市舶司的龙涎香专买权，南宋的官方文献亦可证之。绍兴三年（1133年），宋高宗刚刚摆脱金国的南侵，江南的半壁江山初定，便下令市舶司进奉龙涎香等物。[2] 南宋末年泉州的海船上的龙涎香，如果不是因为战乱，其去处大致如上所述。

1　《宋史》（中华书局，1977），卷119，第2814页。
2　《宋会要辑稿》，"职官四十四"，第15、21页。

正是龙涎香的到来，使得北宋宫廷的消费成为可能。[1] 宋徽宗时期的蔡绦就记载了宋哲宗（1085—1100年在位）御赐蔡京龙涎香之事。当时蔡京为上清储祥宫书写碑文，每天"辄书丹于石者数十字则止，必有御香、龙涎、上尊、椽烛、珍瑰随锡以归"。[2] 如此，可知宋哲宗宫内，也就是11世纪末，有龙涎香。不过，那时龙涎香依然是稀罕之物，所以宋哲宗的弟弟宋徽宗起初居然不识龙涎香的妙处。蔡绦记载说，

> （宋徽宗）时于奉宸中得龙涎香二，琉璃缶、玻璃母二大簏。玻璃母者，若今之铁滓，然块大小犹儿拳，人莫知其方。又岁久无籍，且不知其所从来。或云柴世宗显德间大食所贡，又谓真庙朝物也。玻璃母，诸珰以意用火煅而模写之，但能作珂子状，青红黄白随其色，而不克自必也。香则多分赐大臣近侍，其模制甚大而质古，外视不大佳。每以一豆火爇之，辄作异花气，芬郁满座，终日略不歇。于是太上大奇之，命籍被赐者，随数多寡，复收取以归中禁，因号曰"古龙涎"。为贵也，诸大珰争取一饼，可直百缗，金玉穴，而以青丝贯之，佩于颈，时于衣领间摩挲以相示，坐此遂作佩香焉。今佩香因古龙涎始也。[3]

大意是说，宋徽宗亲自察看存放珍宝的奉宸库，发现了"龙涎

---

1 有关宋代龙涎香的消费，可参见张锦鹏：《闻香识人：宋人对进口香药的利用与他者想象》，《福建师范大学学报（哲学社会科学版）》2020年第1期，第140—148页。
2 [宋]蔡绦：《铁围山丛谈》（中华书局，1983），第37页。
3 同上，第97页。

香二、琉璃缶、玻璃母二大筐",其中的玻璃母存放过久,当年的记录已经不存,不知道从何而来,有人说是后周柴世宗时大食进贡的。"大食所贡"未必是无稽之谈,因为龙涎香、琉璃缶、玻璃母三者存放一起,而龙涎香在唐和北宋时期往往与大食相连,为"大食所贡"颇为可信。两大块龙涎香大概灰不溜秋,看起来很不起眼,所谓"模制甚大而质古,外视不大佳",宋徽宗不以为然,将其分成小块,赏赐给大臣近侍。不料,小块龙涎香经小火加热,散发出奇香,而且可以持续一天,所谓"异花气,芬郁满座,终日略不歇"。宋徽宗大为惊诧,后悔将这个宝贝赏赐,于是又要求被赏赐者把手中剩下的龙涎香全部交还,重新收复宫禁使用,并美其名曰"古龙涎"。在以后的香谱中,"古龙涎"就是一个著名的牌子,有许多不同的配方。[1]

宋徽宗时期宫中用龙涎香的情况还有其他旁证。南宋中期的叶绍翁写道:"其宣、政盛时,宫中以河阳花蜡烛无香为恨,遂用龙涎、沈脑屑灌蜡烛,列两行,数百枝,焰明而香瀚,钧天之所无也。"[2]

除了焚香之用,龙涎香也用来佩戴。宋元之际的周密曾记录,"淳熙十一年(1184年)六月初一",宋孝宗"又进太皇后白玉香珀扇柄儿四把、龙涎香数珠佩带五十副、真珠香囊等物"。[3] 考南宋都城临安设"四司六局",其中有"香药局","掌管龙涎、沈脑、清和、清福、异香、香垒、香炉、香球、装香簇炉细灰,效事听候换香,酒后索唤

1　《陈氏香谱》,《香谱(外四种)》,第124—125页。
2　[宋]叶绍翁:《四朝闻见录》乙集《宣政宫烛》(大象出版社,2013),戴建国、朱易安主编《全宋笔记》第六编第九册,第298页。
3　[宋]周密:《武林旧事》(浙江人民出版社,1984),第125页。

异品醒酒汤药饼儿"。[1] 可见当时龙涎香之供应已为常例,宫内赏赐龙涎香物也颇为常见。[2]

元代关于龙涎香的记载非常稀少,唯《元史》记载祭祀太社太稷时"香用沉龙涎",也就是用沉香和龙涎香。[3] 这或许是元代宫廷不如宋室讲究。不过,从汪大渊的记录可以推断,元代民间对龙涎香已经非常熟悉。而元代与印度洋来往异常密切,所以龙涎香的流通量应当比拟宋代。

与其他来自外国的香物(乳香、龙脑香、檀香、沉香等)相比,龙涎香是后来者。神秘的来源与稀有度,使得它名声大震,越发令人渴望。龙涎香早在唐代便为中国人所闻,但直到宋代随着中国的海舶往返东亚与印度洋海域才比较频繁地输入中国,尽管如此,宋代市场上流通的往往也是没有龙涎香成分但以"龙涎香"为名的种种合香。宋元时期,中国人对龙涎香的了解虽然没有达到现代科学的高度,但关于其来源、性质、特点和地理分布的信息已经颇为准确。简而言之,中国人对龙涎香(以及龙涎屿)的认识,是中国对印度洋世界的探索的结果,随着中国对印度洋认识的增加而逐渐深入,因而成为中国印度洋世界和海洋亚洲观念的一个重要环节。

---

1 [宋]吴自牧:《梦粱录》,卷19《四司六局筵会假赁》(大象出版社,2017),戴建国、朱易安主编《全宋笔记》第八编第五册,第295页。
2 《武林旧事》,第42页。
3 《元史》,卷76,第1881页。

制造龙涎香

到了南宋，龙涎香不但从宫室传到了一般的社会精英中，也在市场流通开来，民间的消费也相当流行。[1] 各种《香谱》的编写修纂，就是在宋代盛行起来的，几乎每部香谱都提到了龙涎香。

中国现存最早的香谱，当推北宋洪刍的《香谱》。洪刍，字驹父，豫章（今江西南昌）人，是黄庭坚的外甥，与兄朋、弟炎、羽并称"四洪"。洪刍于宋哲宗绍圣元年（1094年）中进士；宋徽宗崇宁三年（1104年）入党籍，贬谪闽南，监汀州酒税。[2] 其所撰《香谱》是关于香的种类、来源、特点、使用以及香文献最早的专书。[3] 洪刍首创用香事项之分类模式为香之品、香之异、香之事、香之法等四大类别，为其后各家香谱所依。他自己当然也沉迷香事，所以《香谱》也记录了他自创的"洪驹父荔枝香"和"洪驹父百步香"。卷一"香之品"和卷二"香之异"共列举了83种香，可惜没有龙涎香。稍晚于洪刍的叶廷珪详述了龙涎香的来源，也知道其特性，因而可能见过、用过龙涎香。[4]

宋代的陈敬所撰《陈氏香谱》对龙涎香所知甚多，可见此香当时的影响。卷一"香品"列举了龙脑香、婆律香、沉水香，以及龙涎香

---

1 对宋代龙涎香之讨论，参见扬之水：《龙涎真品与龙涎香品》，《香识》（香港中和出版有限公司，2014），第123—136页。
2 曾琴：《洪刍及其〈老圃集〉研究》，南昌大学硕士研究生学位论文，2012年，第16页。
3 《香谱（外四种）》，第6—39页。
4 叶廷珪曾著《南蕃香录》，惜已不存，但陈敬《陈氏香谱》保留了一些佚文。

等百余种。卷二、卷三则记录了许多合香的名称、配方乃至制作工艺，仿佛中医的成方。许多合香或冠以宫室内府之名，如"汉建宁宫中香""唐开元宫中香""江南李后主帐中香""宣和御制香""宣和贵妃黄氏金香""内府龙涎香"；或以王公大臣名命名，如"刑太尉韵胜清远香""丁晋公清真香""吴侍郎龙津香""洪驹父百步香"；或以道观佛寺僧人名命名，如"汴梁太乙宫清远香""供佛温香""僧惠深温香"；或以香铺香店为名，如"广州吴家软香"。可见宋时香之时尚，市场之发达。

洪刍的《香谱》没有提到龙涎香，而陈敬提到了二十几种"龙涎香"。可见，在洪刍之后不到两百年内龙涎香传播之迅猛。不过，陈敬的"龙涎香"指的是合香，这和抹香鲸的排泄物有很大的区别：后者本是自然界的一种产物，是原材料；前者以后者为名，但未必以后者为原材料。试看陈敬的"龙涎香"名号及其成分可知（表7-1）。

由表7-1可知，宋元时代的龙涎香几乎都是合香，[1]这并不稀奇。"合香之法，贵于使众香咸为一体。麝滋而散，挠之使匀；沉实而腴，碎之使和；檀坚而燥，揉之使腻。比其性，等其物，而高下如医者，则药使气味各不相掩"。[2]可见，所谓合香，就是利用各种香的特性，把它们混合配制，克服其缺点，发扬其优势，使得香气更有吸引力。不妨来看看几种龙涎合香的成分和配制。

首先以含有龙涎香成分的杨古老龙涎香为例。杨古老龙涎香配方

1 　《龙涎真品与龙涎香品》，第127页。
2 　《陈氏香谱》，《香谱（外四种）》，第96—97页。

表 7-1 《陈氏香谱》所载之"龙涎香"[1]

	名称	配料有无龙涎香		名称	配料有无龙涎香
1	王将明太宰龙涎香	无	13	智月龙涎香	无
2	杨古老龙涎香	有	14	龙涎香	无
3	亚里木吃兰脾龙涎香	有（半钱）	15	龙涎香	无
4	龙涎香	无	16	古龙涎香	无
5	龙涎香	无	17	古龙涎香	无
6	龙涎香	无	18	古龙涎香	二两
7	龙涎香	无	19	白龙涎香	无
8	龙涎香	无	20	小龙涎香	无
9	南蕃龙涎香	无	21	小龙涎香	无
10	龙涎香	无	22	小龙涎香	无
11	龙涎香	无	23	小龙涎香	无
12	龙涎香	无			

包括"沉香一两""紫檀半两""甘松一两"，要求"净拣，去土"以及"脑、麝少许"（即龙脑香和麝香）。第一，"先以沉、檀为细末，甘松别研"；第二，"罗候，研脑香极细，入甘松内三味，再同研"；第三，"分作三分，将一分半入沉香末中，和令匀，入瓷瓶蜜封，窨一月宿"；第四，"又以一分用白蜜一两半重汤煮，干至一半，放冷入药，亦窨一宿"；第五，"留半分，至调时掺入搜匀，更用苏合油、蔷薇水、龙涎别研，再搜为饼子，或搜匀，入瓷盒内，掘地坑深三尺余，窨一

---

[1] 《陈氏香谱》，《香谱（外四种）》，第120—126页。其中南蕃龙涎香又名"胜芬积"，有两种配方。

月取出，方作饼子。若更少入制甲香，尤清绝"。[1] 可见其材料众多，调制工序复杂，包括研磨、搅拌、密封储存、汤煮、"搜"等，一次制作需要数月之久，可谓精心。这种杨古老龙涎香所含的龙涎香成分极少。

再以不含龙涎香成分的古龙涎香为例。古龙涎香配方包括"紫檀一两半"，需要用"建茶浸三日，银器中炒，令紫色，碎者旋取之"；"栈香三钱"，需要"锉细，入蜜一盏、酒半盏，以沙盒盛蒸，取出焙干"；"甲香半两"，"浆水泥一块同浸三日，取出，再以浆水一碗煮干，银器内炒黄"；"龙脑二钱、别研"；"玄参半两"，需要"切片，入焰硝一分，蜜、酒各一盏，煮干更以酒一碗，煮干为度，炒令脆，不得犯铁器"；"麝香二字"，需要"当门子，别器研"。配制方法为"右细末，先以甘草半两搥碎，沸汤一升浸，候冷取出，甘草不用。白蜜半斤煎，拨去浮蜡，与甘草汤同熬，放冷。入香末，次入脑、麝、及杉树油，节炭一两和匀，捻作饼子，贮瓷器内，窨一月"。[2] 古龙涎香的配方和调制虽然不像杨古老龙涎香需要那么长时间，但也得一个月以上，而且程序和工艺更为复杂。

此外，还有一点颇值得注意。这味古龙涎香的制备对器皿很有讲究。如紫檀需要用"建茶浸三日，银器中炒"，"甲香"一番加工后也需要"银器内炒黄"，而玄参的加工"不得犯铁器"。对器皿的要求一方面表明香文化逐渐发达成熟，对各个细节都有讲求，另一方面说明这味合香用料和加工极为精细，非一般人所能负担。这些程序、工艺

1　《陈氏香谱》，《香谱（外四种）》，第120页。
2　同上，第121页。

和器具之要求充分借鉴了中药炮制的经验和技术,甚至还有阿拉伯香文化的影响(如对器具的讲究)。

陈敬所记二十几种"龙涎香",只有三种含有少量龙涎香,可见,龙涎香并非"龙涎合香"的主要成分。不过,他记载的另外几种合香(出尘香、元御带清观香、复古东云头香、元若虚总管瑶英胜、韩钤辖正德香、瑞龙香)含有龙涎香的成分。[1] 此外,还有一种"软香"也用了龙涎香,其配方为"沉香、檀香、栈香各三两,亚息香、梅花龙脑、甲香(制)、松子仁各半两,金颜香、龙涎、麝各一钱,笃耨油(随分)、杉木炭(以黑为度)",方法为"右除脑、麝、松仁、笃耨外,余皆取极细末,以笃耨油与诸香和匀为剂"。[2] 如此看来,软香大概就是膏状物了。以上数种合香虽然不曾以龙涎香为名,却以龙涎香为成分,可见龙涎香确实是合香的重要材料。

那么,为什么陈敬记载的这些所谓龙涎香没有龙涎香的成分呢?原因很简单,除了配制(如阿拉伯香药)不一定要用龙涎香,更重要的是,龙涎香价格实在过于昂贵,一般人根本无法承受。

"每两与金等"

那么,宋代龙涎香的价格如何呢?

陈敬引用同时代何梦桂之言,说:"潜斋云:龙涎如胶,每两与金

---

1 《陈氏香谱》,《香谱(外四种)》,第 131、151、157、159、167 页。
2 同上,第 167 页。

等，舟人得之则巨富矣。"[1] 与黄金同价，自然极其昂贵，听起来非常夸张，不过，其他宋代文献完全可以证明此言不但非虚，反而大大缩水，贬低了龙涎香的价值。

张世南与陈敬大约同属一个时代，他说："诸香中，龙涎最贵重，广州市直，每两不下百千，次等亦五六十千，系蕃中禁榷之物，出大食国。"[2] 每两龙涎香价值在五十贯到一百贯铜钱之间，也就是五十到一百两白银。以宋代一两黄金等于十两白银算，一百两白银约合十两黄金，折合龙涎香每两值黄金五到十两。

蔡绦记载徽宗宫内太监佩戴古龙涎，"一饼，可直百缗"，价格也令人咋舌。缗为古代穿铜钱的绳子，一缗为一千文，约一两白银，百缗就相当于一百两白银，因此太监脖子上所挂的龙涎香价值约十两黄金。而关于宋徽宗古龙涎的记载表明，太监分到的不过是一些龙涎香碎块，龙涎香能浮于水，自然比水轻，密度约在每立方厘米 0.73~0.95 克。因此，太监的佩香绝对不会超过十两，甚至不会超过一两，因为他们把龙涎香嵌入金玉之间，体积自然不会很大，否则戴在脖子上也不方便。因此，假如太监的龙涎佩香为一两，则龙涎香的价值是黄金的十倍；假如是半两，则龙涎香的价值是黄金的二十倍。以此推算，龙涎香在宋徽宗时期的价格约为黄金的二十倍以上。当然，在那个时期，市场上也是有价无市。

相当于黄金的二十倍以上，这个价格听起来吓人，不过，宋徽宗

---

[1] 《陈氏香谱》，《香谱（外四种）》，第73页。何梦桂（1228—？），原名应祈，字申甫，后改梦桂，字严叟，别号潜斋，淳安（今浙江淳安）人，咸淳元年（1265）进士，官至大理寺卿，引疾而去，宋亡后隐居，元多次征召不起，工诗文，著有《潜斋文集》。
[2] 《游宦纪闻》，第61页。

时的另一则故事则表明这个价格也不离奇。经历了靖康之变的张知甫在其《张氏可书》中记载："仆见一海贾鬻真龙涎香二钱,云三十万缗可售鬻。时明节皇后合酬以二十万缗,不售。遂命开封府验其真赝。吏问：'何以为别？'贾曰：'浮于水则鱼集,熏衣则香不竭。'果如所言。"[1] 明节皇后（1088—1121 年）刘氏,为宋徽宗宠妃,死后追赠皇后。海商二钱"真龙涎香"要价"三十万缗",核算成一两龙涎香要价十五万两白银（一万五千两黄金）,那真是令人瞠目结舌了。不过,笔者以为此处"万"为衍字,如此,则一两龙涎香要价十五两白银（一两半黄金）,这与何梦桂之言"每两与金等"相符,而明节皇后还价二十缗,亦即二十两白银（合每两龙涎香一两黄金）,确实有其根据。

宋代,中国海舶直接往返于东南港口和印度洋世界,想必有中国的商人亲见龙涎香,这也是叶廷珪、周去非等人之记录的直接或间接来源,可惜史无记载。到了元代,汪大渊便记录了这一印度洋的方物,而郑和下西洋的二十多年是中国人见识龙涎香最频繁的时期。

下西洋所见龙涎香

明永乐、宣德年间,郑和七下西洋,既给东南亚和印度洋带去了中国的特产丝绸、瓷器,也从海外带回了许多奇珍异宝,其中就包括

1　[宋]张知甫撰,孔凡礼整理：《张氏可书》(大象出版社,2008),《全宋笔记》第四编(三),第172—173 页；《龙涎真品与龙涎香品》,第124 页。张知甫,生卒年均不详,约北宋末在世,宣和初,尝官忭京,《张氏可书》多记徽宗时朝廷故事。

龙涎香。马欢提到马尔代夫时就说，"其龙涎香，渔者常于溜处采得，如水浸沥青之色，嗅之无香，火烧惟有腥气，其价高贵，买者以银对易"，"中国宝船一二只亦到彼处，收买龙涎香"，既提到了龙涎香的价格高昂，也说明了印度是永、宣年间宫廷龙涎香之来源。[1]

除了马尔代夫，马欢还提到了天方（麦加）的清真寺使用龙涎香的情况。他说："堂礼拜寺，其堂番名恺阿白。外周垣城，其城有四百六十六门，门之两傍皆用白玉石为柱，其柱共有四百六十七个，前九十九个，后一百一个，左边一百三十二个，右边一百三十五个。其堂以五色石迭砌，四方平顶样。内用沉香大木五条为梁，以黄金为阁。满堂内墙壁皆是蔷薇露、龙涎香和土为之，馨香不绝。"[2] 说的是，清真寺的屋梁用沉香大木，墙壁之土则用极其珍贵的蔷薇露、龙涎香和泥，这样，整个寺内香味四溢，沁人心脾。

或许有人会问，用龙涎香和蔷薇露拌泥，这是不是太奢侈了？马欢的话可信吗？史料记载，在1398年，也就是郑和第一次下西洋的七年前，这座清真寺的确用了麝猫香、麝香，以及龙涎香来涂墙壁，[3] 马欢之言并无夸张，更非虚饰。提到龙涎香，马欢有时又用"俺八儿"一词，所以他说天方"土产蔷薇露、俺八儿香、麒麟、狮子"等；[4] 谈到"祖法儿国"（今阿拉伯半岛的阿曼佐法尔）时，他说："以

---

1 《明钞本〈瀛涯胜览〉校注》，第74—75页。
2 同上，第100—102页；Ma Huan, Ying-yai sheng-lan (The Overall Survey of the Ocean's Shores 1433), translated from the Chinese text edited by Feng Ch'eng-Chün, with introduction, notes and appendices by J.V.G. Mills (Cambridge: Published for the Hakluyt Society, at the University Press, 1970)，194。
3 Ma Huan, Ying-yai sheng-lan 174-5, footnote 7.
4 《明钞本〈瀛涯胜览〉校注》，第102页；Ma Huan, Ying-yai sheng-lan, 176。

小土炉烧沈、檀、俺八儿等香，立于炉上，熏其衣体，才往礼拜寺。"[1] "俺八儿"前已提及，也就是龙涎香。祖法儿国在阿拉伯半岛滨海处，因而比较容易获取龙涎香。

马欢三次参加郑和船队，所历极广，所闻极多，但不知为何，他没有记录汪大渊大谈特谈的龙涎屿，特别是考虑到他一一提及苏门答腊岛至锡兰之间的尼科巴群岛等岛屿。不过，费信倒是填补了这个空白，《郑和航海图》也明确标记了龙涎屿。[2] 这表明，郑和的宝船确实知道而且可能派小船在龙涎屿停泊。费信谈到龙涎屿时说：

> 独然南立海中，此屿浮艳海面，波击云腾。每至春间，群龙所集，于上交戏，而遗涎沫。番人乃架独木舟登此屿，采取而归。设遇风波，则人俱下海，一手附舟傍，一手揖水而至岸也。其龙涎初若脂胶，黑黄色，颇有鱼腥之气，久则成就大泥。或大鱼腹中剖出，若斗大圆珠，亦觉鱼腥，间焚之，其发清香可爱。货于苏门之市，价亦非轻，官秤一两，用彼国金钱十二个，一斤该金钱一百九十二个，准中国铜钱四万九十文，尤其贵也。
>
> 诗曰：一片平方石，群龙任往还。身腾霄汉上，交戏海波间。吐沫人争取，拿舟路险难。边夷曾见贡，欢笑动天颜。[3]

根据费信本人的说法，他是亲自登临过龙涎屿的。宣德七年壬子十月二十三日（1432 年 11 月 15 日），费信所在的郑和宝船抵达翠兰屿，

---

1 《明钞本〈瀛涯胜览〉校注》，第 77 页。
2 《星槎胜览校注》，第 43 页；《西洋番国志·郑和航海图·两种海道针经》，第 55 页。
3 《星槎胜览校注》，第 43—44 页。

也就是尼科巴群岛，因为"风雨水不顺，偶至此山，泊系三日夜，山中之人驾独木舟来货椰食"[1]。如此，费信是继汪大渊之后第二个有明确姓名记载登临龙涎屿的中国人，时间应该在1432年10月底至11月初。虽然费信的记载和汪大渊几乎一致，但费信增加了一个非常重要但常为人忽视的细节，那就是龙涎香"或大鱼腹中剖出"，这说明他知道龙涎香是大鱼肚里出来的。他或许亲眼看到龙涎屿的土著捕捉了抹香鲸而获取腹中的龙涎香，或者看到了他们从死去的抹香鲸腹中取出龙涎香，又或者是当地人告诉他的。无论如何，费信知道，不但"龙"产龙涎香，大鱼也产龙涎香。

黄省曾在其成书于1520年的《西洋朝贡典录》中几乎抄录了马欢、费信等人对印度洋龙涎香的全部记录。16世纪末严从简在其《殊域周咨录》中把叶廷珪、周去非、张世南对大食龙涎香的描述和汪大渊、费信对龙涎屿的介绍结合在一起，并提供了龙涎香价格的新信息："每香一斤直其国金钱一百九十二枚。（准中国铜钱九千文。）"[2] 不妨借此讨论一下明代龙涎香的价格。

费信说，一两龙涎香在马尔代夫的价格是"彼国金钱十二个，一斤该金钱一百九十二个，准中国铜钱四万九十文"，认为"尤其贵也"。四万九十文铜钱折算成白银是四十两，则每两龙涎香价格为二两半白银，远远低于宋代的价格。当然，这是在印度洋的价格，而不是中国的价格。严从简说"其国金钱一百九十二枚"，"准中国铜钱九千文"，则龙涎香每两只值白银0.56两，这是一个令人吃惊的价格。从费信

1　《星槎胜览校注》，第45页。
2　[明]严从简著，余思黎点校：《殊域周咨录》（中华书局，1993），第311页。严从简为嘉靖三十八年（1559）进士，《殊域周咨录》约成书于1574年。

到严从简,虽然相距 150 余年,但龙涎香的供应并没有什么变化,况且严从简没有到过印度洋,只不过是搜集、抄录前人文献而已,而郑和之后的中国史籍也未记载中国船只或商人前往印度洋,因此,严从简的价格信息可能是抄错了。

以上是明代关于龙涎香的信息。和前代相比,中国对龙涎香在印度洋上的具体出产位置和使用有了进一步的了解,也直接在当地购买或交换而得到龙涎香。不过,1433 年郑和最后一次下西洋归来之后,世界航海史上这个轰轰烈烈的事件就偃旗息鼓了。当然,郑和的船队带来了不少东南亚和印度洋的朝贡使团,有的使团就进贡了龙涎香。这在明代官私文献中多有记录,以下不过略举数例。

《明实录》记载,永乐十九年(1421 年)孟加拉进献了犀牛角和龙涎香;[1]《明会典》则记录了龙涎为苏门答腊和古里贡物;[2]《明史》记载了苏门答腊、古里、不剌哇、竹步和剌撒在郑和宝船时期进献了龙涎香,这些国家基本都在印度洋沿岸。[3] 罗懋登在 1597 年成书的《西洋记》中提供的信息则比官方记录有趣得多。该书收罗了不少古代与当时航海的文献,杂糅写入演义,故有相当高的史料价值,这点仍待挖掘。《西洋记》中列举了郑和带回来的 39 个朝贡使团,其中 8 个国家的贡物中有龙涎香。苏门答腊进贡的龙涎香不知数量;溜山国(即马尔代夫群岛)进贡"龙涎香五石";柯枝国进贡"龙涎香五百斤";木骨都束、竹步和卜剌哇国"三国共是一份进贡",包括"龙涎香十箱";剌撒进贡"龙涎香四箱",祖法儿进贡"龙涎香十

---

1 《明太宗实录》卷 237,《明实录》第二编(台北史语所缩印本),第 1541 页。
2 《明会典》,卷 105、106,第 575、586 页。
3 《明史》,卷 325,第 8244 页;卷 326,第 8441、8449、8451 页。

箱"。[1] 所有这些国家都在印度洋世界，不但与《明史》记载完全吻合，也和宋元时代记载的龙涎香产地一致。

从龙之涎到龙之精

明代中国对龙涎香的使用进入了一个紧要的转折点。龙涎香不仅是用来焚熏佩戴的香物，而且开始开发药物功效，用来制药炼丹，特别是用于求子和长生这两个永恒的主题。明代龙涎香的药物开发，其关键人物是道士和皇帝，二者的结合导致了嘉靖以来明代政治的异象。大致而言，郑和之后的明代乃至公元1800年前的清代，几乎没有中国帆船前往印度洋。这样一来，龙涎香的不来就成了明代"宫中府中"的重大问题。

宋元时期，龙涎香还只是作为香物，或制成合香，或制为佩香。到了明初，龙涎香还是保持着香料的性质，尚未用作药材。李时珍编纂《本草纲目》时就明确说："龙涎，方药鲜用，惟入诸香。"[2]"方药鲜用"表明在李时珍的时代，龙涎香很少入药；"惟入诸香"表明龙涎香的首要功能还是制作合香。关于龙涎香的来源与特点，李时珍照抄了过去的记载："云能收脑、麝数十年不散。又言焚之则翠烟浮空。

---

1 《西洋记》下册，第1274—1275页，第1279页和第1280—1281页；《迷人的贡礼——龙涎香》，第51页。《岭外代答校注》，第100—104页，注解23；《诸蕃志校释·职方外纪校释》，第90、112页。
2 [明]李时珍著，陈贵廷点校：《本草纲目》（中医古籍出版社，1994），第1001页。

出西南海洋中。云是春间群龙所吐涎沫浮出。番人采得货之,每两千钱。亦有大鱼腹中剖得者。其状初若脂胶,黄白色;干则成块,黄黑色,如百药煎而腻理;久则紫黑,如五灵脂而光泽。其体轻飘,似浮石而腥臊。"[1] 这些记录并无新意,不足为奇。

不过,宋元时期开了将龙涎香视为龙之精的先河,为后世把龙涎香作为春药奠定了基础。元代刘郁记载:"撒八儿出西海中,盖蟒蝐之遗精,蛟鱼食之,吐出,年深结成,价如金"。[2] 可见刘郁已经把龙涎香视为海中生物之精液。费信在介绍龙涎屿时也曾发挥说,龙涎屿上群龙交戏,"而遗涎沫",遂成龙涎香,[3] 悄然完成了从龙之唾沫到龙之精液的转变。

正是在李时珍的时代,明代道士利用皇帝求子、求长生的机会,开始开发龙涎香的医药功效,所以李时珍也注意到了龙涎香用于房中术的现象和原因。在介绍"吊"这味药材时,李时珍引用历代文献,说:"藏器曰:裴渊《广州记》云:吊生岭南,蛇头龟身,亦水宿,亦木栖。其膏至轻利,以铜及瓦器盛之浸出,惟鸡卵壳盛之不漏,其透物甚于醍醐。摩理毒肿大验。颂曰:姚和众《延龄至宝方》云:吉吊脂出福、建州,甚难得。须以琉璃瓶盛之,更以樟木盒重贮之,不尔则透气失去也。孙光宪《北梦琐言》云:海上人言:龙每生二卵,一为吉吊,多与鹿游,或于水边遗沥,值流槎则粘着木枝,如蒲槌状。其色微青黄,复似灰色,号紫梢花,坐汤多用之。"[4] 根据以上说法,

---

1 《本草纲目》,第1001页。
2 [元] 刘郁撰:《西使记》,王云五主编《丛书集成初编》(商务印书馆,1936),第4页。
3 《星槎胜览校注》,第43页。
4 《本草纲目》,第1001—1002页。

李时珍分析指出"吊"就是龙卵，那么，为什么孙光宪在揭示"吊"时说它"号紫梢花"呢？李时珍于是解释了紫梢花的来源，他说，"又陈自明《妇人良方》云：紫梢花生湖泽中，乃鱼虾生卵于竹木之上，状如糖澌，去木用之。此说与孙说不同。近时房中诸术，多用紫梢花，皆得于湖泽，其色灰白而轻松，恐非真者。当以孙说为正"，则紫梢花当时流行用于房中术可知。[1] 李时珍而后还具体介绍了紫梢花的功效和成方，指出紫梢花"益阳秘精，疗真元虚惫，阴痿遗精"；如"阳事痿弱：紫梢花、生龙骨各二钱，麝香少许，为末。蜜丸梧子大。每服二十丸，烧酒下"。[2] 可见紫梢花的功能非常明确。这时，李时珍略带疑惑地说："或云紫梢花与龙涎相类，未知是否？"[3] 可知李时珍当时已经听说紫梢花和龙涎香的性质与用途一致。又，比李时珍稍晚的谢肇淛也明确说了紫梢花的性质与功效："药中有紫梢花，非花也，乃鱼龙交合，精液流注，粘枯木上而成。一云龙生三子，一为吉吊，上岸与鹿交，遗精而成，状如蒲槌，能壮阳道，疗阴痿。"[4] 实际上，在李时珍的时代，也就是16世纪，道士和皇室共同试验炼制以龙涎香为关键原材料的金丹，也就是长生不老药。龙涎香大有益于房中术从而使服用者获得长生的理论根据流行起来，试验在宫廷中热火朝天地展开，只是作为民间人士，李时珍无缘得知内情而已。

龙涎香为什么可用作修炼金丹的原料？从大的方面讲，龙涎香出

1　《本草纲目》，第1002页。
2　同上。
3　同上。
4　[明]谢肇淛：《五杂组》（上海书店出版社，2009），第226页。谢肇淛为福建长乐人，曾在湖州、南京、云南任职，卒于广西左布政使任上。

自大海里的龙，而皇帝为"真龙"，也是龙，故此二者身份相同，可以互通互补。道教理论发展到宋代，对如何炼丹（内丹和外丹）已有了系统的论述，而在修炼内丹时，特别强调"涎"的重要功效。"涎"大致对应口腔中分泌的唾液，但道教的定义往往空泛，并非实指，其"津""唾"等概念也包括平时所说的唾液。龙涎香既为"龙"之"涎"，其珍贵自然可知，如果采集龙涎并用于炼制皇帝这位真龙修炼的外丹，可谓完美。

正是在这样的观念引导下，道家炼金丹有所谓"红铅之法"。万历二十年（1592年）的进士谢肇淛明确地说："医家有取红铅之法，择十三四岁童女美丽端正者，一切病患残疾，声雄发粗，及实女无经者俱不用，谨护起居，俟其天癸将至，以罗帛盛之，或以金银为器，入磁盆内，澄如朱砂色，用乌梅水及井水河水搅澄七度，晒干，合乳粉、辰砂、乳香、秋石等药为末，或用鸡子抱，或用火炼，名'红铅丸'，专治五劳、七伤、虚惫、羸弱诸症。"除了红铅丸，"又有炼秋石法，用童男女小便，熬炼如雪，当盐服之，能滋肾降火，消痰，明目，然亦劳矣"。不过，谢肇淛对此二者颇不以为然，他说："人受天地之生，其本来精气自足供一身之用，少壮之时酒色丧耗，宴安鸩毒，厚味戕其内，阴阳侵其外，空余皮骨，不能自持，而乃倚赖于腥臊秽浊之物，以为夺命返魂之至宝，亦已愚矣。况服此药者又不为延年祛病之计，而藉为肆志纵欲之地，往往利未得而害随之，不可胜数也。滁阳有聂道人，专市红铅丸。庐州龚太守廷宾时多内宠，闻之甚喜，以百金购十丸，一月间尽服之，无何，九窍流血而死，可不戒哉！"[1] 谢

---

[1] 《五杂组》，第23页。

肇淛之所以这样说，就是表达对嘉靖炼丹的不满。红铅之法涉及对少女的监控与人身凌辱，于嘉靖二十一年（1542年）激起众多宫女反抗，嘉靖也差点因此丧命。

可是，有人会说，谢肇淛并没有提到用龙涎香炼金丹啊。谢肇淛是知道龙涎香的。他说："宋宣和间，宫中所焚异香有笃耨、龙涎、亚悉、金颜、雪香、褐香、软香之类。今世所有者，惟龙涎耳"；他还指出"龙涎于诸香中最贵"；在引用了张世南等宋人的文献后，谢肇淛还分享了他自己的见闻。[1] 他说："余问岭南诸识者，则曰：'非龙涎也，乃雌雄交合，其精液浮水上，结而成耳。'果尔，则腥秽之物，岂宜用之清净之所哉？今龙涎气亦果腥，但能收敛诸香，使气不散，虽经十年，香味仍在，故可宝也。"[2] 此处谢肇淛间接批评了在"清净之所"炼丹的道士和嘉靖皇帝，此外还提出了一个重要的观点，那就是：龙涎香不是"龙"之"涎"，而是"龙""雌雄交合"排出的"精液"，是"龙"之"精"。其实，李时珍在介绍紫梢花时虽然不如谢肇淛明确，但也大致将其解释为动物交合留下的精液，如"多与鹿游，或于水边遗沥"，以及"乃鱼虾生卵于竹木之上"之言，都指向了动物交配后留下的精液。与谢肇淛同时代的闽人何乔远（1558—1632年）也持同样的观点。他在介绍苏门答剌时说："其西海中有龙涎屿焉，群龙交戏，遗涎其上，是名龙涎之香。"[3] 既然是"龙"之"精"，谢肇淛就认为龙涎香是"腥秽之物"，不能用于道家之地，不能用于"清净之

---

1 《五杂组》，第211页。
2 同上。
3 ［明］何乔远：《名山藏》，卷107。何乔远，字稺孝，或称稚孝，号匪莪，晚号镜山，晋江人，曾在广西和云南任职。

所",当然更不能用于"宫禁之中"。

谢肇淛提出的龙涎香是"龙"之"精"的观点,在明代可能广为人所接受。或许正是因为"龙"之"精",道士和嘉靖皇帝才采办甚急,因为神龙之"精",当然可以用来辅助"真龙"之"精"。正是在这种观念的指导下,嘉靖皇帝开始了二十余年寻购龙涎香的历程。

龙涎香的不来

在中国历史上,嘉靖皇帝(1507—1567年,其中1521—1566年在位)是一个有趣且充满矛盾的统治者。在统治前期,他勤政改革,锐意图治,颇有作为,称为中兴;可是后来一直沉溺道教,迷信方士,好长生不老之术。嘉靖二十一年(1542年),他迁居西苑万寿宫及玉熙宫谨身精舍后,二十余年不视朝,醉心于修仙斋醮炼丹。在几十年修仙炼丹的活动中,他对龙涎香的追索愈演愈烈。

在其统治的四十多年里,嘉靖相信道家能为他解决两个最重要的人生问题:早期是求子,也就是拥有一个男性继承人;后期是求不死之药,也就是金丹。这两个问题的关键便是道家的房中术。

那么,所谓房中术、房中秘方或长生术,究竟具体如何呢?沈德符介绍说:"嘉靖间,诸佞幸进方最多,其秘者不可知,相传至今者,若邵、陶则用红铅取童女初行月事炼之如辰砂以进;若顾、盛则用秋石取童男小遗去头尾炼之如解盐以进。此二法盛行,士人亦多用之。然在世宗,中年始饵此及他热剂,以发阳气,名曰长生,不过供秘戏耳。"[1] 沈自称没有亲见秘方，故只能言其大概；虽然模糊，但与其他史实对照，颇为吻合。他还一针见血地指出，嘉靖"名曰长生，不过供秘戏"，把房中术与长生术的关系说得一清二楚。

1540 年左右，龙涎香开始进入嘉靖的视野。《明史》记载："又分道购龙涎香，十余年未获，使者因请海舶入澳，久乃得之。"[2] 使者请海舶入澳大致在嘉靖三十五年（1556 年），往前推十余年，则购龙涎香就在 16 世纪 40 年代初。嘉靖十八年（1539 年），梁材任户部尚书，"醮坛须龙涎香，材不以时进，帝衔之。遂责材沽名误事，落职闲住"[3]，醮坛用龙涎香在用灵芝等炼丹之前。由此看来，搜求龙涎香在 1540 年之前。不过，炼丹似乎对龙涎香所需甚多，所以《明实录》中有关龙涎香的记录集中于 16 世纪 50 年代。不妨参看《明实录》中有关求买龙涎香的记录。

"嘉靖三十年（1551 年）七月"，"命户部进银五万两，仍论起自明年每五年一进银十万两，复敕分道遣人购龙涎香，无得枉道延扰"[4]。这是嘉靖第一次下旨购买龙涎香，因此，道士炼丹需要龙涎香大概就在此年；而"无得枉道延扰"不过是表面文章。

"嘉靖三十三年（1554 年）八月"，"上谕辅臣严嵩等户部访买龙涎香至今未有，祖宗之制宫朝所用诸香皆以此为佳，内藏亦不多，且近节用非不经也，其亟为计奏？嵩等以示户部，部覆此香出云广僻远之地，民间所藏既无，因而至有司所得以难继，而止又恐真赝莫测。

1　［明］沈德符著，黎欣点校，《万历野获编》（文化艺术出版社，1998）下册，第 583 页。
2　《明史》，卷 82，第 1994 页。
3　《明史》，卷 194，第 5151 页。
4　《明世宗实录》卷 375，《明实录》第 9 编，第 9141 页。

不敢献者有之，非臣等敢惜费以误上供也，疏入。上责其玩视诏旨，令搏采兼收以进"[1]。看来，从1551年夏下诏"分道遣人购龙涎香"，整整三年并无所获，所以嘉靖颇为诧异。他对严嵩说，内库藏龙涎香不多，他使用也很节俭，究竟该怎么办？严嵩把嘉靖的问话传给了户部，户部解释说：龙涎香产自云南、广东偏僻之地，民间也没有什么收藏，所以三年来买不到；此外，大家对龙涎香不熟悉，不知道真假，即使有龙涎香者，也不敢进奉；因此，绝不是户部为了省钱而不买或买不到龙涎香。嘉靖看到这个回复，十分不满，指责户部轻视他的旨意，要求"搏采兼收以进"龙涎香。

嘉靖对户部不满，也不是没有根据。实际上，1554年距他下诏求龙涎香已经十多年了。《明实录》"嘉靖三十四年（1555年）五月"记载："先是，上命访采龙涎香十余年尚未获，至是令户部差官往沿海各通番地方，设法访进。"[2] 十多年来一无所获，嘉靖不能不疑心户部阳奉阴违，所以在1554年的旨意下发一年之后，再次命令户部派人到沿海各地寻访龙涎香。

然而，嘉靖的愤怒和户部的努力并没有带回龙涎香。到了嘉靖三十五年（1556年）八月，嘉靖大发其怒。

> 上谕户部，龙涎香十余年不进，臣下欺怠甚矣，其备查所产之处具奏取用。户部覆请差官驰至福建广东，会同原委官于沿海番舶可通之地，多方寻访，勿惜高价。委官并三司掌印官各住俸

---

1 《明世宗实录》卷413，《明实录》第10编，第9277页。
2 《明世宗实录》卷422，《明实录》第10编，第9313页。

待罪,俟获真香方许开支疏入。上姑令记诸臣罪,克期访买,再迟重治,仍令差官一员于云南求之。其官民之家有收藏者,许自进献给价。时采芝、采银、采香之命并下,使者四出,官司督趣急于星火。论者咸归罪陶仲文、顾可学云。[1]

他指责户部"龙涎香十余年不进,臣下欺怠甚矣",要求户部详细地提供龙涎香产地的信息,以备访买。高压之下,户部无计可施,也只能重复过去的措施,加大力度,请批准再派一名专任官员前往福建、广东,与前一年派去的官员一起,到"沿海番舶可通之地",不惜高价寻访龙涎香。当时明王朝仍在海禁当中,外国海船可以到达的地方其实也就是澳门、广州两处而已,而且来者以葡萄牙人为主。此外,"委官并三司掌印官各住俸待罪,俟获真香方许开支疏入",也就是相关官员在获取真正的龙涎香之前,待罪停薪。在这样的措施之下,嘉靖稍稍安心,稍发慈悲,"姑令记诸臣罪,克期访买,再迟重治";同时命令另派官员去云南,鼓励当地官民进献龙涎香,并提醒官府按照市场的价格购买。大概嘉靖当时炼丹到了紧要关头,所以这一年采办灵芝、先天真银和龙涎香的旨意一道接一道,"使者四出,官司督趣急于星火",于是人们纷纷怪罪挑起炼丹之事的陶仲文、顾可学。如沈德符所记:"当炼芝时,用顾可学、陶仲文等言,须真龙涎香配和,并得矿穴先天真银为器,进之可得长生。于是主事王健等以采龙涎出,左通政王槐等以开矿出,保定抚臣吴岳等献金银砂,所至

---

[1] 《明世宗实录》卷 438,《明实录》第 10 编,第 9362 页。传说灵芝有延年益寿之功效,见《明史》,卷 18,第 44—45 页;卷 307,第 7900—7902 页。

采办遍天下矣。"[1]

这样,在 1556 年,明朝出现了全国采办动员的高潮。"主事王健等以采龙涎出",也就是到广东督办龙涎香,最终促成了葡萄牙人进奉龙涎香从而获得入居澳门的允许。全国总动员还是有效的,大约三个月后,嘉靖三十五年十一月,"广东布政司进龙涎香一十七两";[2]第二年,嘉靖三十六年七月,"福建抚臣进龙涎香拾陆两;广东抚臣进龙涎香十九两有奇"[3]。看来王健颇有作为。那么,他采取了什么新措施呢?

《明实录》"嘉靖三十六年十二月"记载:"先是,遣主事王健等往闽广采取龙涎香,久之无所得。至是,健言宜于海舶入湾之时酌处抽分事宜,凡有龙涎香投进者方许交商货买,则价不费而香易获,不必专官守取。部议以为然,请取回奉差。"[4]最初王健也一无所得,后来采取了一项新措施,要求所有外国海船"入湾之时",须先"投进"龙涎香才允许买卖。王健认为这样不但可以获得龙涎香,而且价格便宜,同时也不用派驻专官守在当地,可谓一举三得。户部看了这个建议,也觉得可行。这样,购买龙涎香就和明王朝的海洋贸易与对外政策结合起来,成为外国海商到中国交易的前提。"海舶入湾之时"的"湾"究竟是指何处?"湾"有两种读音,一同"澳",即指澳门;二读作"yù",指河湾弯曲处。既然上下文的意思是指港口,则"湾"可知指澳门。这就为明王朝允许葡萄牙人入住澳门埋下了伏笔。

1　《万历野获编》补遗卷三,第 959 页。
2　《明世宗实录》卷 441,《明实录》第 10 编,第 9369 页。
3　《明世宗实录》卷 449,《明实录》第 10 编,第 9390 页。
4　《明世宗实录》卷 454,《明实录》第 10 编,第 9403 页。

可是，两年的倾国之力不过搜罗了两斤多一点的龙涎香，实在说不过去。到了嘉靖三十九年（1560年）八月，"上谕户部，向所进龙涎香皆非真者，近有一二方是，其令用心采取以进"[1]。此处嘉靖指出，此前所献龙涎香多数都是假的，只有一两块是真的，希望户部继续用心采办。此时，嘉靖似乎已经了解龙涎香的难得，所以对户部也以抚慰为主，口气缓和了很多。

然而，1562年的一场火灾，几乎将嘉靖所有的龙涎香和其他香料都毁为一炬。从1540年前后到1562年的二十多年内，嘉靖火急火燎地下旨，动员全国力量，也不过搜求得龙涎香数斤而已。1562年的大火即刻导致了另一场举国之力的运动。嘉靖四十一年（1562年）六月，"上谕内阁，自访取龙涎香以来，二十余年所上未及数斤，昨尽毁于火，其示燿设法取用。于是户部覆请遣官至闽广购之。诏官不必遣，即令所在抚按官急购以进京师，商人有收得者，令平价以售，有司毋得抑减；仍别购沉香、海䑋香各二百斤，杂香品各二三十斤"[2]。其中"燿"，即户部尚书高燿。大火烧掉了所有龙涎香，嘉靖就让高燿设法急速购买龙涎香。户部便老调重弹，准备派官去福建、广东督办。嘉靖下旨说不必如此，让闽广两地所在官员办理即可；并特别提醒官员，如果商人有售龙涎香，不得压价。除龙涎香外，还需要"别购沉香、海䑋香各二百斤，杂香品各二三十斤"。

两个月后，嘉靖四十一年八月，"户部尚书高燿购得龙涎香八两献之。上喜，即命给价银七百六十两；寻以燿用心公务，与欺怠者不

---

1 《明世宗实录》卷487，《明实录》第10编，第9508页。
2 《明世宗实录》卷510，《明实录》第10编，第9579页。

同，加太子少保，燿疏辞，不允"[1]。《明实录》此处记载颇有值得玩味之处。首先，户部受命寻访龙涎香，结果户部尚书也就是户部的第一长官却私人进献了龙涎香，这实在不合常理。其次，户部督办此事，动员了东南各地官员寻访，三个月毫无成效，反而是身居北京的户部尚书本人得到了龙涎香，这长官将自己掌管的部门以及东南抚臣置于何地？而且，户部尚书又是从何处何人那里得到了龙涎香呢？再次，八两龙涎香，嘉靖居然回报白银七百六十两，相当于黄金八十两以上，这个价格比一些宋代文献推算的还要高，实在离谱。按照严从简所述，南巫里龙涎香的价格不过每斤（十六两）值中国铜钱九千文（九两白银），嘉靖给的价格约是其170倍。这或许是嘉靖千金买马骨的大手笔。此外，《明会典》"内府估验定价例"中规定"龙涎每两三贯"（钞），[2] 这个低廉的价格当然是官方对贡品的估价或港口专买的定价，在市场上是不可能买到龙涎香的。最后，高燿不仅获得七百六十两白花花的银子，而且嘉靖还给了他太子少保的头衔，以奖励他"用心公务，与欺怠者不同"，而高燿推辞，可是嘉靖不许。话说回来，作为户部尚书，寻访龙涎香是他的本职工作吗？其实，当中的确大有端倪。

《明实录》接着说明了其中的原委。"初，大内灾中人有密收得龙涎香者至是会，上索之急，燿阴使人以重价购之禁中用，圣节建醮日上之，遂大称旨。云燿初以贿结严世蕃，致位八座，其典邦赋以赃秽

---

1 《明世宗实录》卷512，《明实录》第10编，第9583页。
2 《明会典》，卷113，第598页。按，比较其他香料的定价，亦可知龙涎之昂贵。《明会典》同页记载：血竭每斤十五贯，乳香每斤五贯，丁香每斤一贯，木香每斤三贯，沉香每斤三贯，速香每斤二贯，安息香每斤五百文，降真香每斤五百文，金银香每斤五百文。则龙涎香之专买价格远高于其他香料。

著闻,及是世蕃既败,知不为公论所容,乃诡遇以要结上知,为固位计,盖小人患失如此。"[1]到此,真相大白。原来高燿的八两龙涎香就是嘉靖皇帝的,宫中火灾时有太监从火中取得,高燿得知后重价收购,而后趁着嘉靖道教做仪式的黄道吉日献上,获得了嘉靖的欢心。高燿这样做,是因为他当年的高位是贿赂结交严世蕃而来,而此时严嵩、严世蕃父子已经败露,舆论对高燿极为不利,高燿遂借机讨得嘉靖的欢心,以巩固地位。

高燿献香三天之后,嘉靖四十一年八月八日,"福建布政司进龙涎香十八两",数量虽少,对嘉靖皇帝却是莫大的安慰;[2] 到了嘉靖四十二年(1563年)四月七日,"广东进龙涎香六十二两有奇"。[3] 广东居然奉上龙涎香将近四斤,这是有史以来最多的一次,可谓不凡。其实,这么大量的龙涎香来自葡萄牙人,他们数年前已经蒙恩准居住澳门,所以愿意把从印度洋购得的龙涎香卖给广东地方政府。二十天后,"福建抚臣进龙涎香八两";约四个月后,"福建抚臣进龙涎香五两"。[4] 福建的"八两""五两"都说明了龙涎香在澳门之外的稀少与难得。

然而,炼丹所需远非数斤龙涎香所能缓解。到了1565年,嘉靖皇帝再次失去耐心,龙颜大怒。嘉靖四十四年(1565年)二月,

> 上谕:内阁曰累年诏户部访取龙涎香,至今未足三四斤数。

---

1 《明世宗实录》卷512,《明实录》第10编,第9583页。
2 同上。
3 《明世宗实录》卷520,《明实录》第10编,第9609页。
4 同上,第9611、9619页。

此常有之物，只不用心耳。昔梁材诽为世无之者，皇祖《永乐大典》内有此品，且昨斤两不足，虚费价。燿尝加恩，如何似此忽诸？于是户部尚书高燿皇恐待罪，请遣使广东、福建，趣抚按官百方购之。上曰：香品旧例用制万岁香饼，非因斋修。梁材诽慢，尔等何为效之？其实访取真品，每次以三五斤进用。已，燿先购一斤八两进之，云得之民间物也。[1]

嘉靖先指责说，这几年户部访取龙涎香不过三四斤，而且斤两不足，浪费银钱；龙涎香是"常有之物"，户部买不到，是"不用心"；然后他拿因进献龙涎香不及时而被免职的梁材为例警告户部说，过去梁材胡说龙涎香是史上罕有之物，可是《永乐大典》中就有记载，怎么会买不到呢？而后嘉靖敲打户部尚书高燿，说他此前因进奉八两龙涎香而"加恩"，现在为何如此怠慢此事？高燿本就担心地位不保，嘉靖的指责更是让他诚惶诚恐，回奏说再派专任官去广东、福建敦促地方官购买。嘉靖对此也没有办法，只是借机为自己辩护说，他需要龙涎香不是因为道教的"斋修"（即道家仪式和炼丹）需要，而是按照过去的惯例制作"万岁香饼"而已，以此防止群臣批评他滥用国库修仙炼丹。他接着指示众臣用心办事，每次只要三五斤即可。高燿早有先机，此前他已经进献龙涎香一斤八两，说是民间得来的。这一斤八两，很可能是他利用权势从广东得到，而伪称是从民间购买的。

以宋代的各种"龙涎"合香为例，每次用龙涎香不过数两而已，

1　《明世宗实录》卷543，《明实录》第10编，第9675页。

很多甚至根本不用龙涎香。所以嘉靖说他只是用龙涎香制作万岁香饼，当然是托词。李飞认为制作万岁香饼必需龙涎香，是"消耗龙涎香的一大源头"，这并不确切，参见上文宋代制作合香的讨论。此外，李飞指出斋修是龙涎香的另一用途，并枚举了《明实录》中从1542年到1566年，宫中斋修活动未曾停止，"不仅种类繁多，而且时间密集"。其中，嘉靖三十三年（1554年）一年之中七次，这必然要消耗大量香料，包括龙涎香、沉香、降香和乳香等。[1] 李飞的分析当然是有道理的：斋修需要焚香，则必然需要龙涎香。不过，如前指出，诸多合香未必都用到龙涎香这一成分，即使用到了，所需龙涎香分量也很少。龙涎香最重要的用途还是炼丹，亦即其医药功效。

1567年1月，嘉靖驾崩，寻访龙涎香的运动遂告一段落。综合上述，明朝全国动员访取龙涎香二十多年之久，这完全是嘉靖皇帝在宫内沉溺道教修仙炼丹的结果。《明史》总结说："世宗初，内府供应减正德什九。中年以后，营建斋醮，采木采香，采珠玉宝石，吏民奔命不暇，用黄白蜡至三十余万斤。又有召买，有折色，视正数三倍。沈香、降香、海漆诸香至十余万斤。又分道购龙涎香，十余年未获，使者因请海舶入澳，久乃得之。"[2] 这不仅直接批评了嘉靖求道修仙而导致的奢靡浪费，而且隐约提到了因分道购龙涎香而引葡萄牙人进入澳门之事。

1　李飞：《龙涎香与葡人居澳之关系考略》，《海交史研究》2007年第2期，第114—116页。
2　《明史》，卷82，第1993—1994页。

十七两龙涎香从哪里来

《明史》明确记载，嘉靖皇帝下旨，"又分道购龙涎香，十余年未获，使者因请海舶入澳，久乃得之"。如前所述，这个"澳"就是指澳门。其他许多官方文献也提及葡萄牙人入居澳门与龙涎香多有干系。一些学者早就注意到龙涎香与葡萄牙人获得明朝许可入居澳门的关系，其中以金国平和吴志良两位前辈论述最为精辟，笔者深受启发。[1]

20 世纪中叶，梁嘉彬在分析明清时期葡萄牙进占澳门的历史后总结说："葡萄牙人始通中国时，布政使吴廷举以缺上供香故，破例准其贡市；至是以缺香物故，准其入居濠镜；至于清代以鸦片烟税故，又准其永管澳门。余谓：'澳门之失，一失于龙涎（香），二失于鸦片（烟）！'"[2] 此后戴裔煊也称，明王朝"当时急于访购龙涎香，对葡萄牙殖民者海盗商人得以混进澳门并能定居下来，有一定关系"[3]。关于明朝允许葡萄牙人在澳门入贡、停留乃至允许入居澳门，过去的研究认为，这一是因为葡萄牙人贿赂广东地方官员，二是他们效忠明朝帮

---

[1] 梁嘉彬：《明史稿佛郎机传考证》，包遵彭主编《明代国际关系》（学生书局，1968），第7—60页；戴裔煊：《〈明史·佛郎机传〉笺正》（中国社会科学出版社，1984）；金国平、吴志良：《早期澳门史论》（广东人民出版社，2007），第44—53、117—138页；《龙涎香与澳门》，见金国平、吴志良《镜海飘渺》（澳门成人教育学院，2001），第38—59页；《葡人入据澳门开埠历史渊源新探》《澳门历史的"香"与"烟"论》，见金国平、吴志良《东西望洋》（澳门成人教育学院，2002），第77—128、129—154页。

[2] 《明史稿佛郎机传考证》，第39页。

[3] 《〈明史·佛郎机传〉笺正》，第73页。

助镇压海盗，以及为其提供佛郎机铳等先进武器。金国平和吴志良搜罗考察了中葡文献，指出这些固然都是原因，可是不够完整准确，他们认为，求购龙涎香是葡萄牙人获准入居澳门的"直接导因"，"龙涎香在葡萄牙人入居澳门的过程中的确产生令人难以置信的决定性因素"。[1] 李飞梳理了1553年诸夷"侨寓"和1557年葡萄牙人永久入居澳门的文献及相关讨论，指出葡萄牙人以龙涎香与广东官府讨价还价，利用1556年嘉靖急索龙涎香给地方官员造成巨大压力的机会，于1557年获准入居澳门。李飞还特意强调，1557年后，嘉靖不再"年复一年严饬户部采访、访买龙涎香"，广东却几次主动奉上龙涎香。[2]

如前所述，嘉靖三十五年十一月，"广东布政司进龙涎香一十七两"。[3] 虽然数量很小，但这是十几年来第一次获得龙涎香，不能不让人在惊叹之余产生何处而来的疑问。这十七两龙涎香从哪里来？其实，这十七两就来自葡萄牙人。

成书于万历四十五年（1617年）的《东西洋考》引用了《广东通志》的记录，提供了1553—1556年的许多细节。《广东通志》称：

> 嘉靖三十四年三月，司礼监传谕户部，取龙涎香百斤，檄下诸藩，悬价每斤偿一千二百两。往香山湾访买，仅得十一两以归。内验不同，姑存之，亟取真者。广州狱夷囚马那别贮有一两三钱，上之，黑褐色。密地都、密地山夷人继上六两，褐白色。问

1　《早期澳门史论》，第123—124页。
2　《龙涎香与葡人居澳之关系考略》，第121—125页。
3　《明世宗实录》卷441，《明实录》第10编，第9369页。

状，云：褐黑色者，采在水，褐白色者，采在山，皆真不赝。而密地山商周鸣和等再上，通前十七两二钱五分，驰进内辨。[1]

这段话的信息非常丰富。首先，当时嘉靖重金求购，每斤龙涎香给价一千二百两白银，合每两龙涎香七十五两白银，相当于黄金十两换一两龙涎香，令人不敢置信。其次，对于《明实录》"嘉靖三十五年十一月"记载的"广东布政司进龙涎香一十七两"一事，此处提供了详细的来源。

这十七两可谓来之不易，分三次获得。第一次在"香山湾访买，仅得十一两以归"，香山湾指的就是澳门，当时澳门半岛归广东香山县管辖；第二次"广州狱夷囚马那别的"献上"一两三钱"，广州监狱中夷囚并非他人，就是葡萄牙人，他拿出龙涎香一两三钱，大致就是戴罪立功，希望用这一两三钱的龙涎香换取自由；第三次"密地都、密地山夷人，继上六两"，"密地都、密地山"究竟是两地还是一地（"密地都"的"密地山"），存疑。不过，张燮将其置于"哑齐"，则当地处今苏门答腊北部的亚齐。而"夷人"也是葡萄牙人。这"十七两二钱五分"龙涎香，大概是通过"密地山商"周鸣和牵线获得。

更为重要的是，这段广东文献几乎明明白白地告诉我们，龙涎香只有葡萄牙人有，要买龙涎香必须找葡萄牙人，必须去其暂居的澳门。

---

1 《西洋朝贡典录校注·东西洋考》，第248页；亦见[明]顾炎武：《天下郡国利病书》，《顾炎武全集》（上海古籍出版社，2012），第17册，第3443页；《早期澳门史论》，第6—7页。"密地山"当指亚齐，因为张燮将此段置于"哑齐"之下。见《早期澳门史论》，第46页，注解5；《西洋朝贡典录校注·东西洋考》，第248页。

所以《广东通志》总结说:"自嘉靖至今,夷舶闻上供,稍稍以龙涎来市,始定买解事例,每两价百金,然得此甚难。"[1] 也就是说,从那时起,葡萄牙人听说嘉靖需要龙涎香,于是带来龙涎香售卖;而后才和广东地方政府谈判。协调规定"买解事例",价格是每两龙涎香一百两白银。即使如此,也很难买到。这个很难买到,究竟是葡萄牙人故意制造供给困难,还是实情,不得而知。

明末清初的顾炎武(1613—1682 年)对于嘉靖三十四年至三十五年(1555—1556 年)购买龙涎香的细节也有记录。

> 嘉靖三十四年三月,司礼监传奉圣谕:"你部里作速访买沉香一千斤、紫色降真香三千斤、龙涎香一百斤,即日来用。"就令在京访买,已得沉香、降香进讫,尚有龙涎香,出示京城采买,未得。奏行浙江等十三省及各沿海番舶等处收买。本年八月,户部文移到司,又奉抚、按牌案行催,再照前香,每斤给银一千二百两。三十四年,巡抚钧牌发浮梁县商人汪弘等到司,责差纲纪何处德领同前去番舶访买,陆续得香共十一两,差官千户朱世咸于本年十月送验,会本进,奉圣旨:"既验不同,姑且收入。今后务以真香进用,钦此。"钦遵。行司又据见监广州府斩罪犯人马那别的等告送龙涎香一两三钱,褐黑色,及有密地都密地山夷属采有褐白色六两,各夷说称,褐黑色者采在水,褐白色者采在山。又据密地都周鸣和等送香辨验,真正共一十七两二钱五分,责差千户张鸾三十五年八月送验,会本起进,奉圣旨:"这

---

[1] 《西洋朝贡典录校注 · 东西洋考》,第 248 页。

香内辨是真，留用，钦此。"[1]

顾炎武提供了几处新的细节。第一，1555年采办的数量极大，"沉香一千斤、紫色降真香三千斤、龙涎香一百斤"，前两者在北京就买到了，但一百斤龙涎香是个巨大的数目，此前广东、福建进献十几年不过数斤而已，不知道嘉靖为何这次狮子大开口，居然要这么多！这个数量，绝对不是用作合香或香饼的材料，而后用于斋修，而是用来制作金丹的。

第二，接到旨意后，广东巡抚命令浮梁县商人汪弘等人负责，并派遣小吏"纲纪何处德"一起"前去番舶访买"；他们陆续买到了十一两，然后广东派遣千户朱世威于嘉靖三十四年十月送到北京，可是，嘉靖验收后，发现不真，称："既验不同，姑且收入。今后务以真香进用，钦此。"此处大致告知了广东采访龙涎香的官方程序。先是命江西浮梁籍商人汪弘"等到司"，可知汪等商人对广东地方政府有相应的义务。他们大致从事海外贸易，而广东市舶司管理海外贸易，这些在广东的外地商人必须听从广东地方官府的调遣。除了商人，广东地方还指派了低级吏目，即所谓"纲纪"一起去番舶访买。可知这是官商合作的交易。商人熟悉市场和商品、何人拥有何物、何处可以获得等，而官员在场的好处则是代表朝廷，代表政府的权威和意志，表明这并非一般的买卖。他们买到十一两龙涎香之后，广东方面专门派了一名千户护送龙涎香到京，可见对此事之重视。可惜，嘉靖收到验货后发现是假的，不过嘉靖也明白臣下的苦恼，虽然指出是赝品，

---

[1]《天下郡国利病书》，第3827页。

但也对下面略加抚慰，希望访求真香进献。

第三，顾炎武告诉我们，真香只能从葡萄牙人手中购得。广东监狱囚禁的葡萄牙人"马那别的等告送龙涎香一两三钱"，而后"有密地都密地山夷属采有褐白色六两"，接着"又据密地都周鸣和等送香辨验，真正共一十七两二钱五分"。根据上下文，密地都密地山虽然地处亚齐，龙涎香及其所有者（当是葡萄牙人）却在澳门。亚齐处在苏门答腊北部，毗邻印度洋，传统上就是龙涎香的产地。广东收到葡萄牙人的献香，马上派"千户张鸾三十五年八月送验"，经验收，发现是真香，嘉靖遂留用。

嘉靖驾崩后，澳门继续进献龙涎香：1598 年进献 5 斤，1600 年进献 46 两，1604 年进献 48.51 两，1605 年进献 97.62 两，官方也开始核定价格为每两龙涎香 100 两白银。[1] 以上龙涎香获得之频繁，数量之大，都是嘉靖朝所未见。可见，葡萄牙人的确是龙涎香的唯一拥有者，澳门是明朝龙涎香的唯一来源地。所以张燮总结说："自嘉靖至今，夷舶闻上供，稍稍以龙涎来市。"但是他依然强调，"然得此甚难"。

为什么不来

以上明代文献表明，龙涎香这种来自印度洋的物质，已经深深地

1　《西洋朝贡典录校注·东西洋考》，第 248 页。

影响了明代的政治、宗教、经济、对外政策等各个方面。它的来与不来,以及如何来,不仅涉及皇帝对世俗和精神两个世界的追求,而且可由皇帝身心安危而推及宫廷政治、权争、政教关系以及海外贸易等。龙涎香的不来,让炼丹求长生不老的皇帝焦躁不安甚至暴怒,也同样让朝廷的大臣、地方抚臣以及宫禁中的太监惶恐。总体而言,嘉靖等人虽然以举国之力访取龙涎香,但结果是失败的。皇帝以天子之尊、万民之主的权势与决断,挟以明朝的强大和富裕,居然得不到区区龙涎香,缘何?

明代的海禁政策是获取龙涎香的首要障碍。自郑和下西洋之后,明朝便再次严禁海上贸易,从文献看,中国再也没有官船或民船进入印度洋。在郑和之后的15世纪中期,虽然印度洋世界的若干国家或港口希望继续保持通过郑和建立的朝贡关系,但被明朝拒绝。正统元年(1436年),明英宗将郑和第七次下西洋带回来的印度洋诸国使节遣返回国。《明实录》记载:"遣古里、苏门答剌、锡兰山、柯枝、天方、加异勒、阿丹、忽鲁谟斯、祖法儿、甘巴里、真腊十一国使臣葛卜满、都鲁牙等同爪哇使臣郭信等回国;敕爪哇国王杨惟西沙曰:王自我先朝,修职弗怠,朕今即位,王复遣使朝贡,诚意具悉;宣德时,有古里及真腊等十一国各遣使朝贡,未回。今王使回,特赐海船与各使同还。王其加意抚恤,分遣还各国,庶副朕怀远之心。仍命葛卜满、都鲁牙等十一使赍敕谕其王。"[1] 其中古里、锡兰山、柯枝、天方、加异勒、阿丹、忽鲁谟斯、祖法儿、甘巴里都处于印度洋世界,苏门答剌也毗邻印度洋,这些国家是唐宋以来中国龙涎香的来源地。忽鲁谟

---

1 《明英宗实录》卷19,《明实录》第3编,第2455页。

斯是波斯湾的重要港口，出产良马等特产，非常希望继续和明朝来往。大约在1441年，忽鲁谟斯国王曾派使臣搭商船辗转来到中国。《明实录》记载："辛酉，吏部尚书胡濙等奏：忽鲁谟斯国王速鲁檀土兰沙言其居处极边，在先朝时累蒙遣使往来，以通上下之情，今久不复遣使矣；迩因撒不即城哈只阿里回获知：大明皇帝为天下生灵主宰，不胜欢忭，遂遣哈只阿里来朝贡马，伏望朝廷宽恩，仍如旧遣使，以通道路，缘夷情未可轻信，请颁赐彩叚以慰其贡马向化之意，仍降敕以谕之，俾其安分守法，乐处边陲。从之。"[1] 这样，明英宗就拒绝了忽鲁谟斯朝贡的请求，从此断绝了和印度洋世界的政治和经济来往，大致也就断绝了龙涎香的到来。

此后，海禁政策导致沿海倭寇的兴起与侵袭，成为明朝的一大心患。[2] 日本与明朝的勘合贸易在宁波市舶司进行。嘉靖二年（1523年），日本两位大名大内氏（持正德勘合符）和细川氏（持已经失效的弘治勘合符）派出的朝贡使团抵达宁波后，因勘合符效力之辩而引发冲突，大内氏代表谦道宗设等人追杀理亏的细川氏代表鸾冈端佐等人，殃及宁波一带的居民，追击的备倭都指挥刘锦、千户张镗等明朝官兵战死。这一事件直接导致嘉靖皇帝废除福建、浙江市舶司，仅保留广东市舶司。从此，明朝与日本的贸易中断，为"东南倭乱"埋下了伏笔。这样一来，明代海外贸易仅剩广东一地；而为了防范和消除倭寇，东南的海禁更加严厉。因此，无论嘉靖如何动员全国，没有海外贸易，尤其是印度洋来的商船，访取龙涎香就是缘木求鱼。

---

[1] 《明英宗实录》卷87，《明实录》第3编，2797页。
[2] "倭寇"的字面意思为"日本的海盗"，但除了日本人，朝鲜和中国的许多渔民和沿海商人因海禁断了生计，也被迫加入"倭寇"。

隆庆元年（1567年），明穆宗决定放松海禁，在漳州开关，允许民间私人远贩东西二洋。不过，所有船只都以东南亚为目的地，没有一艘通过马六甲海峡进入印度洋。因此，"隆庆开关"虽然使海外贸易迅速繁荣，为近代华人在南洋形成网络分布打下基础，但完全没有重新开启与印度洋的直接联系，实在遗憾。同样，印度洋世界对中国也毫无兴趣，他们在郑和时代与中国建立所谓朝贡关系完全是明朝一手操弄的结果。一旦明朝放弃下西洋宣威万国的国策，印度洋诸国（忽鲁谟斯除外）也就既无兴趣也无能力前来，更何况它们在内乱的同时又面临新来的敌人——以葡萄牙人为首的欧洲殖民者已经到达印度洋并建立据点和基地，向南亚、东南亚和东亚扩张。中国和印度洋的直接联系中断了，间接联系也若有似无。结果就导致嘉靖寻访龙涎香，最终只能从初到东亚的葡萄牙人手里获得。

和龙涎屿一样，龙涎香代表了中国人对印度洋的探索，代表了中国和印度洋的来往。对龙涎香的认识，实际上也是中国积累印度洋知识乃至海洋亚洲知识的结果。可是，郑和下西洋之后的锁国政策导致中国和印度洋世界的交往中断，唐宋以来的接触和交流骤然停止。可以说，不光清船不过马六甲，实际上自明正统五年（1440年）以后，就再也没有中国海舶进入印度洋了。正是在这种状况下，宋代可以得到的龙涎香，郑和船队可以得到的龙涎香，在16世纪的中国消失了。龙涎香不来，导致嘉靖一朝数十年的紧张、焦虑与惶恐。最终，龙涎香给了渴望在东亚找到一个贸易港的葡萄牙人最佳筹码。在多次碰壁的情况下，葡萄牙人于嘉靖三十六年（1557年）用龙涎香从大明王朝取得了入居澳门的许可。历史就是这样吊诡。龙涎香的不来，"造就"了利玛窦的西来，给古代中国带来了现代文明的曙光。

第八章

人鼠之争：复活节岛之谜的新探索

百万年的寂寥

复活节岛之所以引人注目,用加利福尼亚大学洛杉矶分校教授、著名科普作家贾雷德·戴蒙德的话说,是因为以下几个特点:该岛地理位置的偏远、森林的毁灭、数百个巨大的石像摩艾以及雕刻者后代对它们的损毁、岛上居民生活方式的急剧变迁,当然还有复活节岛对当今世界的隐喻和象征。

大约一百万年前,复活节岛由海底的三座火山喷发形成,面积近164平方千米。1722年4月5日复活节这一天,荷兰航海家雅各布·洛加文(Jakob Roggeveen)"发现"了这座岛,因而大众称之为"复活节岛"。学者们则称之为"拉帕努伊岛"(Rapa Nui),因为拉帕努伊是19世纪波利尼西亚人对它的称呼,岛上的原住民也就理所当然地被称作"拉帕努伊人"。这座岛屿孤独地坐落在南太平洋东南角,位于南纬27°和西经109°交会点附近,是波利尼西亚群岛中最东端的岛屿。它距离南美大陆的智利3000多千米,距最近的有人定居的南美大陆附近的皮特凯恩群岛2000多千米,和太平洋上的其他岛屿相距也很远。一点不夸张地说,复活节岛如果不是最与世隔绝的岛屿,也是其中之一。

"孤悬海外"四个字远远无法道尽它百万年来的寂寥。

由于存在才一百万年,加上与世隔绝,复活节岛的生态极其简单。在太平洋上所有与之面积、地质和海拔相似的岛屿中,没有一座如复活节岛那样孤立,也没有一座岛的生物链如复活节岛那么单调,因而它抵御外来生物入侵的能力异常薄弱。今天植物学家在岛上发现了48种"土生土长"的植物,主要是草本、蕨类和灌木,其中14种(包括红薯）是古代波利尼西亚人携带而来的。岛上的陆地脊椎动物也屈指可数，仅有的两种蜥蜴是否为原产，学者们也不能确定。考古发现，岛上曾经有 25 种海鸟和 6 种陆地鸟类。由于该岛附近礁石不多，除了海豹和海龟，鱼类数目也相对较少。当然，曾经还有藏在独木舟里和波利尼西亚人一同登陆的老鼠，它们在复活节岛文明史上扮演了关键角色。

由于地处亚热带，复活节岛与波利尼西亚群岛的其他岛屿气候大不一样，没有热带的温暖和丰沛的降雨，没有常年流淌的溪流，也没有广泛分布于热带岛屿、可为居民提供食物的椰子树和面包树。岛上的土壤易于渗漏，不能储水，因而干旱是经常性的威胁。此外，强劲的海风带来盐雾，严重损害甚至摧毁农作物。总之，干旱、海风、土壤，以及溪流的缺乏威胁着地处偏远孤立无援的拉帕努伊人。

看来，复活节岛并不适合人类生存。

前人之述备矣

戴蒙德在他的著作中重构了复活节岛拉帕努伊人的历史。他把这段历史称作"生态自杀"（ecocide），特别是岛上的居民决定建造巨大的石像，挥霍了海岛的资源，直接造成了生态灾难和这里古代文明的崩溃。[1] 这个滥用环境而自取灭亡的事例在今天广为人知，有识之士

---

1 Jared Diamond, "Easter's End," *Discover*（August 1995), 16（8）: 62–69; *Collapse: How Societies Choose to Fail or Succeed*（New York: Viking Penguin, 2005); "Easter Island Revisited," *Science*, Vol 317, Issue 5845（2007）: 1692–4.

用它来警醒现代世界的贪婪人，避免重蹈覆辙。在此不妨将这个事例简录如下。

在波利尼西亚人到来之前，复活节岛的动植物虽然种类贫乏，但个体数量繁多。人们通过对花粉的分析研究发现，复活节岛上曾经覆盖着郁郁葱葱的亚热带森林。数量最多的是一种业已消亡的棕榈树。类似的棕榈树在智利直径可近2米，高度近25米，直干云霄。棕榈树是当地人重要的食物来源，果实和树汁提供了淀粉、糖分和水分；粗大的树干不但可以用来造船，还可以用来运输和竖立石像。另外有一种哈兀哈兀树可以制作绳索；而托罗密罗树质地坚硬，是一种很好的燃料。

不过，到了18世纪白人登上复活节岛的时候，岛上几乎已经没有树木，遑论森林。令人瞩目的是遍布海岛的巨大的石像摩艾，全岛大约有900多个。这些摩艾平均高度约达4米，平均重量约为10吨。其中有15个尤其巨大，有的重量高达90吨，最高的一个超过21米，重量在160吨以上。全岛总共有200多座摩艾已雕刻完成，从采石场运到海滨，矗立在叫作阿胡的祭坛处，最远的运送距离大约10千米。目前，考古学家总共发现了岛上的36个阿胡祭坛。考虑到拉帕努伊人没有现代机械工具，没有铁质工具，也没有大型动物提供畜力，摩艾工程的难度和强度可想而知。人们曾在石像附近发现刻满奇异图案的木板朗格朗格（Rongorongo），上面刻有某种文字或符号，人称"会说话的木板"。目前大概有25块木板被收藏于世界各地的著名博物馆。

一些学者认为人类活动尤其是摩艾这样巨大的工程是岛上森林消失的关键原因。人口不断增长，加上运送和竖立摩艾需要的木材与绳索，导致人们不断地砍伐森林，其速度超过了森林的自我更新速度，导致森林被毁。大约有二十多种树木在人类定居之后消失。大多数棕榈树在1450年前后便不复再见，剩下的树木在1650年前后绝灭。森林的消失迫使人们放弃摩艾工程，也让生存越发艰难，社会出现动荡、战乱和人口减少，乃至人吃人的现象。

森林的消失给岛上居民带来的恶果是无法用语言来表达的。首先，这意味着食物的短缺和日常生活的重大改变。棕榈树原来是食物的主要来源，除了可食用的坚果和棕榈树芯，每棵棕榈树每年还可以提供超过400升的树汁。棕榈树还为日常生活，如编制篮子、席子、船帆、屋顶棚等，提供各种原材料。其他树木也提供果实和原料，用来编制绳索、衣物、独木舟、桅杆等。森林的消失也导致种植业的转变。早期拉帕努伊人在棕榈树间种植农作物，棕榈树为这些作物提供了肥料，遮挡了强烈的阳光，同时防止了水土流失。棕榈树的消失意味着阳光直射，导致土地干燥，风吹雨打则导致水土大量流失。这迫使人们转向以前很少耕作的土地。为了增加粮食产量，拉帕努伊人开始采用一种独特的劳动密集型种植方式，搜集、搬运大量石头覆盖土地，以此来防止水土流失，减少强风的损害和昼夜温差等所带来的不利影响。粉碎的石头慢慢地渗出某些养分（特别是磷），还能提高土壤的肥力。这些石头平均重约2千克，总计在10亿块以上，覆盖了复活节岛总面积的一半。这需要何等的劳动量！

食物的匮乏导致人类大量捕杀鸟类，所有的陆地鸟类和半数以上的海鸟物种因此灭绝。由于没有木材制造船只，人们无法出海捕捉海豚，这样海豚就在1500年前后从此地的食谱中消失了。取而代之的是一些近海鱼类、海贝和海螺。人们开始大量养鸡。由于木材的匮乏，公元 1600 年后人们开始普遍建造高约 2 米的石头屋，也就是后来口述史中所说的"鸡窝"，倒也贴切形象。全岛有 1 000 多个这样的鸡窝，人们在其中确实发现了鸡骨、鸡毛、蛋壳和鸡粪，表明口述史所言非虚。即使如此，饥饿依然难免，岛上旺盛繁衍的老鼠就成了人们的美味。最后，连这种波利尼西亚鼠也灭绝了，这究竟是因为食物匮乏还是因为人类捕杀，尚待考证，应该是兼而有之。到了最后，为了补充蛋白质，人们开始吃人。仇人相对，互相叫骂："你妈的肉还在我的牙缝里呢！"与此同时，岛上的房屋也越来越小，建筑时使用的木料也越来越少。后来的口述史还记录了部落之间的纷争，人们开始挖掘防御地洞。18 世纪欧洲人的到来给拉帕努伊人带来了新的灾难，特别是疾病和奴隶贸易导致岛民大量死亡、流失海外。戴蒙德概括说，在欧洲人到达之前，复活节岛已经发生了重大变化，这些变化包括：森林消失、没有棕榈树汁作为食物和水分来源、草类代替木材成为燃料、石头覆盖种植地、停止雕刻石像，以及争斗增加。

迄今为止，科学研究对复活节岛文明兴旺的脉络有了大致清晰的把握。凡是有科学素养的读者，自然都对外星人或其他超自然力量（如上帝）创造或者毁灭复活节岛的说法嗤之以鼻。一方面，我们要谴责殖民主义带给土著居民的痛苦；另一方面，已有的科学研究似乎证明，岛上的土著居民对其社会的毁灭负有重大责任，因为在被殖民者"发现"之前，复活节岛社会已经动荡不安。戴蒙德就一再指出，复活节岛的拉帕努伊人亲手摧毁了祖宗的基业，复活节岛是人类滥用资源导致自我毁灭的最典型的事例。这是一场由土著居民自身导致的生态灾难引起的社会崩溃，换言之，也就是生态自杀。

这样看来，就可持续性的发展而言，复活节岛就是一个人类失败的例子，甚至就是预言和预演"地球岛"（Earth Island）的具体而微者。[1]由此看来，复活节岛的"排练"，对现代人类对于环境和物质的贪婪索取，是多么触目惊心的警告和提醒！拉帕努伊人留给我们的教训又是多么深刻！

看来，对于复活节岛的历史，前人之述备矣！

若有若无的殖民主义的影子

也不尽然。

以戴蒙德的观点为代表的叙述存在很多令人费解的疑问。为什么土著居民在森林逐步消失、生态持续恶化、食物缺乏的情况下继续毁林？难道他们根本没有意识到其中的关联吗？难道他们如此盲目无知吗？与他们的祖先在广袤的海洋上泛舟数千千米来到这个遥远偏僻的小岛定居，并且利用小岛资源塑造出一个生气勃勃的社会相比，这是多么大的反差和嘲讽！他们一度拥有的聪明才智和他们后来的愚昧执拗实在令人震惊！

21世纪初，最新的考古学、环境学和生物人类学发现直接质疑

---

[1] Benny Peiser 综述了这种自 20 世纪 80 年代以来的说法。Benny Peiser,"From Genocide to Ecocide: the Rape of 'Rapa Nui'," *Energy & Environment*, vol. 16, No. 3/4（2005）, Special Issue: "Institutions, Progress, Affluence, Technology and the Environment"（2005）, 513-39.

了生态自杀的解释。[1] 以汉特（Terry Hunt）和卡尔·P. 李坡（Carl P. Lipo）为代表的考古学家和人类学家，根据考古、古环境和生物人类学的发现，认为虽然复活节岛经历了生态灾难，但生态自杀的说法不过是一种现代迷思而已。[2] 有关复活节岛历史、人类定居垦殖模式，以及环境变迁的最新研究，不但修正了过去考古学家的某些发现，还驳斥了那种认为土著居民耗费资源以致生态自杀的观点。他们直言，这种说法参与塑造了土著居民"愚昧无知"的形象。土著居民野蛮原始、自作自受、自我毁灭的叙事，难道不正带着若有若无的殖民主义的影子吗？他们对复活节岛古环境和考古的研究表明，导致海岛生态灾难的原因是复杂的，多种因素共同作用且互相关联。他们坚信，森林消失并非人口锐减、社会崩溃的原因，欧洲人的到来才是，因为欧洲人带来了疾病和奴隶贸易。他们认为，如果用现代词来描述拉帕努伊岛的悲剧，它绝非"生态自杀"，而是"种族灭绝"。

汉特和李坡最重大的观点是，在欧洲人到来之前，复活节岛生态

---

[1] Benny Peiser, 2005; Terry L. Hunt, "Rethinking the Fall of Easter Island: New Evidence Points to an Alternative Explanation for a Civilization's Collapse," *American Scientist*, vol. 94, no. 5（September-October, 2006）: 412-9; "Rethinking Easter Island's Ecological Catastrophe," *Journal of Archaeological Science*, Vol 34, Issue 3（2007）: 485-502; Terry L. Hunt & Carl P. Lipo, "Late Colonization of Easter Island," *Science*, Vol 311, Issue 5767（2006）: 1603-6; "Revisiting Rapa Nui（Easter Island）'Ecocide'," *Pacific Science*, vol. 63, no. 4（2009）: 601-16; "Ecological Catastrophe, Collapse, and the Myth of 'Ecocide on Rapa Nui（Easter Island）'," in Patricia A. McAnany & Norman Yoffee, ed., *Questioning Collapse, Human Resilience, Ecological Vulnerability, and the Aftermath of Empire*（Cambridge University Press, 2009）, 21-44. 有关复活节岛衰败的学术讨论，参见 Ann Gibbons, "Date Revise Easter Island History,"*Science*, Vol. 311（2006）: 1360; Tom Garlinghouse, "Rethinking Easter Island's Historic 'Collapse'," *Sapiens*, 29 May, 2020, https://www.sapiens.org/archaeology/easter-island-collapse/。

[2] Terry L. Hunt & Carl P. Lipo, "Revisiting Rapa Nui（Easter Island）'Ecocide'," 601.

灾难已经导致社会崩溃的说法站不住脚。他们重新梳理了18世纪欧洲探险者对复活节岛的描述，发现其中充满矛盾。1722年，荷兰航海探险者洛加文最初认为复活节岛是一片沙地，后来才发现是他们距岛太远，误把草地当成了沙地。洛加文登陆后发现，岛上虽然缺乏大树和动物，却盛产香蕉、土豆、甘蔗，以及其他各类果实。他写道："此地土壤如此肥沃，气候如此宜人，真可以成为人间天堂。"洛加文的这段话或许有夸张之处，但1722年他眼中的复活节岛和一个饥饿动荡的社会根本沾不上边。罗伯特·迪纳波利（Robert DiNapoli）是美国俄勒冈大学的人类学博士，他根据新发现的证据及其研究结果指出，直到1722年前后，阿胡祭坛的工程都在继续，拉帕努伊人的社会并未濒临危机，因此，很可能是新来的欧洲人导致了这个岛屿社会的崩溃。[1]

如洛加文所见，当时岛上的森林已经消失。那么，森林具体是什么时候消失的，过程如何？汉特等人的研究指出，森林的消失开始于1250年前后，结束于1650年前后，持续了大概4个世纪。岛上大棕榈树的果实于1200年前后开始被焚烧，或被波利尼西亚鼠"光顾"。森林的消失应当和人类活动密切相关，那么，什么时候复活节岛有了人？

什么时候有了人

早期的波利尼西亚人大约在2 800年前泛海迁徙到南太平洋中部，

---

1 Garlinghouse, "Rethinking Easter Island's Historic 'Collapse'."

如斐济群岛、汤加群岛、萨摩亚群岛等,此后他们向东的迁移似乎就慢了下来。直到 800—1000 年,他们才从萨摩亚—汤加群岛到达东波利尼西亚的库克群岛和夏威夷群岛等地,而后开始了可能是人类历史上最快的迁移,几个世纪后便抵达波利尼西亚群岛的东南部。不过,过去人们对他们在太平洋岛屿上的迁移估计得过快、过早了。比如,现在学者们相信直到公元 1200 年前后人类才抵达新西兰岛,这比过去的估计要晚 400 年。

那么,复活节岛上什么时候有了人?

学界此前认为,拉帕努伊人是在大约 400 年漂流到复活节岛的一批波利尼西亚人的后代。语言学的分析也证实了这种观点。

假设人类在 400 年登临复活节岛,而碳 -14 定年法的研究表明,岛上多处森林消失于公元 1200 年之后,那么我们可以推断,在 400—1200 年的 800 年间,人类对岛上的生态几乎没有什么影响。也就是说,在这漫长的时期内,岛上的波利尼西亚人保持着相当低的生育率,直到公元 1200 年后人口才突然出现爆发式增长,导致对环境造成重大的、爆发式的破坏和影响。这种模式是否可能呢?

波利尼西亚人在太平洋岛屿迁移的历史否定了这种模式。他们在相当短的时间内就在广袤的太平洋诸岛上定居繁衍,高速的人口增长率是他们在遥远寂寥的小岛上生存繁衍的关键。低生育率无法延续一小群人组成的孤立无援的社会。考古学家假设,一个 50 人的集体到达复活节岛,人口年增长率为 3%,那么在 100 年内人口就可以达到 2 000 人,平均每平方千米 10 人。可是,如果拉帕努伊人保持人口的高速增长,同时他们从 400 年或 800—1250 年对岛上环境的影响连考古专家都无法发现其痕迹,那么他们必然有相当清醒的环保观念,小心翼翼地利用有限的资源，和以森林为代表的环境维持着友好和谐的关系。问题是，同样是这样一批人，到了1250年前后，却仿佛吃错了药，或者中了邪，大规模地焚烧、砍伐树木，摧毁森林，不管死后洪水滔天，这也太不可思议了吧？这种可能性应当是微乎其微的。因此，问题的焦点集中在波利尼西亚人的登岛时间。最近十年的考古分析一步一步地修正了过去的观点。

21世纪初的考古发现认为公元400年之前复活节岛不可能有人，波利尼西亚人大概在公元800年后才抵达此地。此后考古学家进一步的研究表明，公元800年这个断代依然高估了波利尼西亚人。根据最近的碳-14定年法测试，以及对过去碳-14定年法测试结果的重新分析，汉特和李坡认为波利尼西亚人到达复活节岛的实际时间比原来估计的要晚得多，在1200年前后。对波利尼西亚鼠啃过的种子进行的碳-14定年法测定结果也证实了这个断代，因为这些老鼠和人类是共生的关系。没有人，就没有鼠；反之，有了鼠，必然就有人。老鼠活动的痕迹，证明了人类的存在。在人类的历史长河中，晚几百年也许不过一眨眼，但对这个远在天边、几乎与世隔绝的小岛而言，却将近其文明历史的一半，其影响万万不可低估。

1200年前后这个登陆时间，对于我们理解复活节岛历史（特别是其中的关键问题，以森林消失和随之出现的土壤流失为标志的急剧的环境变化）意义重大。由于其特殊的地理位置，复活节岛的环境对人类活动的反应敏锐而巨大。也就是说，人类抵达之时，便是复活节岛环境变化（森林开始消失）之时。

1200年前后波利尼西亚人首次登陆后，人口规模快速增长，对岛上的动植物和地形地貌产生了即时而又重大的影响。在定居的一两个世纪内，他们开始雕刻并竖立巨型石像摩艾。雕刻、运送并竖立这些摩艾，可能是拉帕努伊人应付人口过度增长而导致资源不足的社会文化活动，目的是加强内部的凝聚力。也就是说，从未经历过的生态变迁和危机激发了拉帕努伊人建造摩艾石像等一系列社会文化互动和仪式。换言之，摩艾也是生态变化产生的结果，而不仅仅是生态灾难的原因。这样的解释比较合理地综合了环境和人类的互动关系，既能说明早期拉帕努伊人在这座岛屿的成功，也能解释在欧洲人"发现"他们之前岛上人口与资源的紧张，从而表明"原始"的土著居民拉帕努伊人并非愚昧无知。真正的文化和人口崩溃发生在公元1722年之后，特别是欧洲人带来的疾病夺走了许多没有免疫力的拉帕努伊人的生命。随后的奴隶贸易在1862年又掳走了岛上一半以上的人口，给当地社会带来了深重的灾难。因此，欧洲的探险、剥削，以及随之而来的疾病是复活节岛迅速崩溃的原因。

是人还是鼠

那么，拉帕努伊人要不要对岛上森林的消失负责呢？

过去考古学家已经发现复活节岛上波利尼西亚鼠的存在，这些老鼠当然是跟随波利尼西亚人而来的。这些学者指出，老鼠对于森林的毁灭有一定的作用，但人类要承担主要责任。对夏威夷群岛等太平洋岛屿的最新考古发现则显示，老鼠可能是森林毁灭的始作俑者，对森林的消失要承担重大的责任。

如今的复活节岛是一片草原，岛上没有任何高于3米的树木，植被以灌木、草丛为主。人们很难想象，郁郁葱葱的原始森林曾经覆盖这个岛屿。最迟在37 000年前，复活节岛上出现了棕榈树，它们逐渐覆盖了岛屿，并经历了气候变化，特别是干旱的考验。1200年前后，独木舟携带波利尼西亚人和波利尼西亚鼠，漂到了复活节岛。没有天敌、食物丰富的岛屿成了鼠的天堂。在理想状态下，老鼠数量每47天可翻一番；在食物充足的情况下，一对老鼠在1 128天内可繁衍出近1 700万只后代。夏威夷群岛中的库雷环礁岛（Kure Atoll）可以用作复活节岛的参照。该岛位于北纬28°，食物充沛，岛上平均每英亩（约4 000平方米）面积内有45只老鼠，单位面积内最高可达75只。以前者为标准，复活节岛的老鼠数量约为190万只；以后者为标准，则达到310万只。考虑到岛上不计其数的棕榈树果实和其他森林资源，老鼠数量超过310万只也是相当可能的。也就是说，在波利尼西亚人到达后不久，老鼠就在复活节岛上繁衍出数量庞大的后代。

它们是敏捷的登高者，甚至被形容为"空中飞鼠"。成千上万只老鼠可以在棕榈树高高的枝叶上生活，从一棵树窜至另一棵树，无须下地，有些老鼠甚至从不落地。它们"装备"了尖锐的牙齿，能吞噬各类树木的种子和幼芽，还能啃食部分果实（甚至椰子）坚硬的外壳，并破坏种子的繁殖能力。由于棕榈树成长周期较长，种子发芽需要几个月甚至两三年，发芽后生长成熟又需要一段时间，因此它的再生更新速度追不上老树的消亡速度，尤其是大量种子被老鼠破坏了胚芽结构,不能发芽。[1]因此,老鼠是导致森林消失的致命性因素。瓦胡岛上石灰石天坑里的沉积物则表明,在 1000 年前后,波利尼西亚鼠在这里爆发式繁衍,同时期岛屿的陆地鸟类和树木数量急剧下降,有些甚至灭绝。附近湖底沉积物里的花粉证实了上述结论。

老鼠对森林即时、直接的负面影响,也从侧面证实了人类于 1200 年前后到达复活节岛这一断代。假设波利尼西亚人在此之前到达,而且先知先觉,保持很低的生育率,从而维持着对周围环境微不足道的影响,似乎可以理解。可是,老鼠不能。老鼠登陆后,就生活在一个森林茂密、食物丰富的环境里,几乎没有天敌,而且除了鸟类也没有任何食物竞争者,必然迅速繁殖。这样,哪怕人类不影响森林,老鼠也不可能不影响森林,尤其不可能在几个世纪内与森林和谐共生。因此,考古发现复活节岛上 1200 年前后的老鼠啃食的痕迹,证实人类大致在此前不久登陆。

当然,拉帕努伊人也有焚烧棕榈树开垦农地的行为,不过,目前并无发现他们肆意放倒大量树木的证据。

等到白人登陆的 18 世纪,复活节岛上本来生长的大约 1 600 万棵棕榈树,以及其他 20 多种树木,已经消失殆尽。从生态和生物多样性的角度看,复活节岛无疑经历了一场环境灾难。几乎所有灭绝的植物,都曾是老鼠食谱上的美餐。

如果没有老鼠,森林应该会延续至今。现实情况确实如此。在没有老鼠的夏威夷尼豪岛上,原始森林依然生机勃勃。不要以为这座岛

---

1 在马尔代夫群岛,老鼠吃掉了多达 40% 的椰子嫩果,树下堆满了遭老鼠偷吃而掉落的果壳。

上没有人居住，夏威夷人早就在这里垦殖焚烧，可是，森林就是没有消失。原因当然不是这里的夏威夷人比拉帕努伊人或其他岛上的夏威夷人更聪明。

简而言之，老鼠和人类活动对复活节岛上的森林消失各负其责。不过，就棕榈树林的消失而言，谁的责任更大呢？是老鼠，还是人类食用棕榈树果，抑或是人类放倒树干？争论还在继续，尚无结论。

老鼠也挑食吗

这些有关复活节岛的考古发现和解读，尤其是老鼠是森林消失之重要因素的看法，戴蒙德以为并不可靠。他指出，老鼠不能砍倒或焚烧考古发现的树墩，老鼠的因素也不能解释大量被焚烧的棕榈果，更无法说明树龄长达两千年的某些棕榈树的消失，因为老鼠不可能导致在它们到来之前早已存在的巨大树木的死亡，除非这些老鼠天赋异禀，不但会用火，还能携带石斧。要知道，其他成百上千座岛屿上也有老鼠，但那里的森林并没有消失。某些树木在复活节岛消失了，但在其他岛屿一直存在。难道老鼠也挑食吗？

老鼠不挑食，但老鼠也不是无处不在。汉特和李坡指出，存在老鼠的夏威夷岛屿，其低洼地的森林往往都消失了，海拔 1 500 米以上的土生植被则保留得较好。莫非这些老鼠恐高？你还真猜对了。太平洋鼠生存的海拔高度就是在 1 500 米以下，因为这个海拔之上的森林缺乏生产果实的树木，老鼠不屑光顾。复活节岛海拔最高不过 600 米，完全在老鼠的活动范围内。

戴蒙德坚持己见，认为对于复活节岛的变化，人类的活动是关键影响因素。不过，他现在也强调复活节岛生态的脆弱是一个关键的背景。戴蒙德指出，南太平洋上其他很多岛屿也经历了环境恶化的过程，只是多数没有发生复活节岛的悲剧，因为它们位于热带，树林生长快，恢复能力强，所以相当有效地抵御了人类的焚烧砍伐。复活节岛则不幸地位于亚热带，具有种种不利因素：比较凉爽干燥，海拔低，面积小，以及相对隔绝，等等。因此，复活节岛的悲剧不在于拉帕努伊人没有远见卓识，不在于欧洲人的罪恶行径，而在于岛民不幸地处于太平洋上最脆弱的环境。

现在看来，复活节岛的生态巨变清晰可见，但关于导致这些环境和社会悲剧的因素，学者们智者见智，仁者见仁，因为还有很多问题我们依然不清楚，或者不确定。戴蒙德提出了复活节岛之谜现存的几个问题。第一，神秘的朗格朗格文字是在欧洲人到达之前还是之后发明的？如果是前者，那么拉帕努伊人是世界上独立发明文字的最小的社会，实在令人钦佩。第二，从波利尼西亚人首次登岛到1722年，他们和其他社会是否有直接接触？是否有其他波利尼西亚人到来？比如红薯究竟是首次登岛者带来的，还是后来者携入的？第三，波利尼西亚人究竟是什么时候到达这个岛屿的，能否有相对确切的年代判断？岛上人口变化究竟如何？另外，碳-14定年法无法用来测定摩艾石像的时代，那么能否找到其他方式来确定摩艾的时代？最后一座摩艾到底是什么时候雕刻的？这些问题的解决对彻底理解拉帕努伊人的历史具有关键的作用。

是愚蠢的原住民吗

越来越多的学者认为，汉特和李坡等人的研究是重大的突破，但仍有学者持怀疑态度，认为他们的研究方法和标准有问题。目前而言，学术界倾向于认定人类垦殖南太平洋群岛没有以前估计的那么早，可究竟是什么时候的事还不能确定。毕竟，发现人类登岛后的第一次篝火晚会痕迹的机会微乎其微。此外，美国加利福尼亚大学洛杉矶分校的考古学家乔·安妮·凡·蒂尔伯格（Jo Anne Van Tilburg）就对迪纳波利团队用碳-14定年法测试阿胡的年代存有疑虑，也就是说约1722年（即白人到来前后）的拉帕努伊社会究竟是依然保持活力和弹性，还是已经出现危机和困境，仍然是问题的焦点；凡·蒂尔伯格认为戴蒙德的理论依然有其活力，因为他并不是说崩溃突然在某一时刻出现，而是强调一系列因素和事件导致了社会走向崩溃，而欧洲人的到来则加速了这个进程。[1]

过去我们总是相信，科学研究讲究证据，有一是一，有二是二。20世纪初将现代学科引入中国的"开风气之先者"胡适曾经说过，有几分证据说几分话，有七分证据说七分话，不说八分话。社会科学和人文学科在引入自然科学的研究方法后也强调证据和逻辑，特别是考虑到近年来交叉学科和跨学科研究兴起，讲究证据是万万不错的。可是，解读证据则因人而异，甚至可能大相径庭。也就是说，科学研究也有个立场问题，也有个屁股和脑袋的问题。考古学、人类学和历

1　Garlinghouse, "Rethinking Easter Island's Historic 'Collapse'."

史学，尤其如此。对于同样的考古发现，立场不同，解读往往不同，结论不同自然可知。

同理，围绕复活节岛的研究和争论还在继续。一个重大的立场问题：拉帕努伊人是愣头愣脑的自作自受者吗？他们是处理环境问题的失败典型吗？很多读者都会认同他们是失败者，可如果换种角度，又觉得好像不是这样。生态自杀的叙事，难道不是抹杀了拉帕努伊人历史上的成功吗？

汉特和李坡指出，一小群一小群的波利尼西亚人在极短的时期内成功地泛舟渡海，定居在茫茫的南太平洋一个又一个岛上，关键因素就在于这一小群人在相对孤立的岛上短期内保持了 3% 以上的高出生率。没有这样的高出生率，人类不可能在如此遥远、与世隔绝的岛屿上长期延续。假设最初抵达复活节岛的大约有 50 人，那么 1350—1370 年，人口可能达 3 000~5 000 人。这个数目大致维持了人口和资源之间的相对平衡。不过，随着森林的消失，土壤流失加剧，而且很可能复活节岛的土壤并没有最初估计的那样肥沃。这就是为什么拉帕努伊人因地制宜，发明了石块覆盖的种植业。

和原来估计的不同，汉特等人认为过去经常引用的数字如 15 000 人或者 30 000 人没有根据，拉帕努伊社会从来没有达到 15 000 人这样的规模。戴蒙德则相信拉帕努伊人的人口持续增长到这一规模，而后在欧洲人到来之前因环境危机而急剧减少。汉特等人认为，戴蒙德的观点不过是为了强化复活节岛历史的戏剧性而已。汉特等人指出，复活节岛上森林消失的过程耗费了 400 年，从 1250 年持续至 1650 年，其间资源继续减少，人口却持续增加。人口开始持续下降的第一个也是唯一迹象发生在 1750—1800 年，也就是在欧洲人登岛之后。他们带来的细菌导致没有免疫力的拉帕努伊人数量锐减。因此，复活节岛上确实发生了生态灾难，但并没有证据表明拉帕努伊人在1722年前经历了生态自杀。拉帕努伊社会的崩溃恰恰发生在1722年4月5日复活节这一天之后。生态自杀的叙事，难道不是把殖民主义的受害者拉帕努伊人描绘为自作孽不可活的不可救药者吗？戴蒙德们难道不是扮演事后诸葛亮的角色，哀其（拉帕努伊人）不幸，怒其不争吗？

反过来看，远在天涯海角、与世隔绝的小岛上，拉帕努伊人机智顽强地生存了五个多世纪，在遭遇殖民主义的罪恶之后，其后代依然在复活节岛生存并开始复苏，难道不值得他们骄傲吗？难道不值得我们钦佩吗？

第九章

1815年的坦博拉：火山爆发、全球气候变迁与道光萧条

人类文明史上最大规模的火山爆发

坦博拉火山坐落于南半球的松巴哇岛。此岛位于南纬8°15′，东经118°，目前属于印度尼西亚西努沙登加拉省。坦博拉火山在人类历史上有着深远的影响，这是因为它是一座活火山，曾在1815年4月喷发，使得1816年成为"没有夏天的年份"。它也许没有维苏威火山那么有名，但对人类社会的影响其实远远大于后者。

坦博拉火山一度被认为是死火山。[1]其海拔高达4 200多米，北瞰大海，屹立于松巴哇岛北侧，是海上水手从遥远的海面便可眺望的地标性风景。1815年以前，坦博拉火山默默无言，沉寂了五千多年，直到大约1812年的某个时刻，这个巨人从睡梦中醒来，小规模的地震爆发，随后，坦博拉喷发热气和火山灰，这样的情形持续了约三年时间。1815年4月5日清晨，第一次大爆发开始了。[2]火山喷出柱状

---

1 死火山和活火山的区别不是绝对的。很多死火山可以慢慢苏醒，活跃起来，成为活火山。坦博拉火山就是一个例子。
2 有关1815年坦博拉火山的爆发及其影响，国外学者研究很多。Willis I. Milham, "The Year 1816—The Causes of Abnormalities," *Monthly Weather Review*, vol. 52, no. 12 (December 1924): 563–570; Henry Stommel & Elizabeth Stommel, "The Year without a Summer," *Scientific American*, Vol. 240, No. 6 (June 1979): 176–186; Henry Stommel & Elizabeth Stommel, *Volcano Weather, the Story of 1816, the Year without a Summer* (New Port. R. I.: Seven Seas Press, 1983); C. Edward Skeen, "'The Year without a Summer': A Historical View," *Journal of the Early Republic*, vol. 1, no. 1 (Spring, 1981): 51–67; Richard B. Stothers, "The Great Tambora Eruption in 1815 and Its aftermath," *Science*, vol. 224, no. 4654 (15 Jun 1984): 1191–8; C. R. Harrington, ed., *The Year Without a Summer? World Climate in 1816*, Ottawa: Canadian Museum of Nature, 1992; Bernice de Jong Boers, "Mount Tambora in 1815: A Volcanic Eruption in Indonesia and Its Aftermath," *Indonesia*, No.60 (Oct., 1995), 37–60; Jelle Zeilinga De Boer & Donald Theodore Sanders, （转下页）

的灰尘和烟雾,直达云霄,可能高达2.5万米,1 000千米之外岛屿上的居民都听到了火山爆发的声音。[1] 第一次大爆发之后的几天内小爆发连续不断,直到4月10日晚上第二次大爆发开始。这次爆发比前一次更加猛烈,烟雾、灰尘和岩石形成的圆柱高达4万多米,其声音在往西2 500千米以外的苏门答腊西部的人都听得到,[2] 往东1 400千米以外的摩鹿加群岛的特尔纳特岛(又名德那地岛)的人也可以听到,[3] 真可谓惊天动地。喷发又持续了数周之久,最后再次归于沉寂。那时,坦博拉的海拔高度从4 200多米降到2 863米。也就是说,约1 400米的山体被喷发了。今天,科学家们依然在密切监测坦博拉火山的活动。

1815年的坦博拉火山爆发是人类历史上有文字记录以来,亦即

(接上页)*Volcanoes in Human History*(Princeton, N.J.: Princeton University Press, 2002), 138-56; Willie Soon & Steven H. Yaskell, "Year without a Summer," *Mercury*(May-June 2003): 13-22. 此外,还有一些相关的科学研究,笔者不一一赘举。国内学者的研究,当数曹树基2009年在《学术界》主持的一组论文。曹树基:《坦博拉火山爆发与中国社会历史——本专题解说》,《学术界》2009年9月第5期,第37—41页;李玉尚:《黄海鲱的丰歉与1816年之后的气候突变——兼论印尼坦博拉火山爆发的影响》,《学术界》2009年9月第5期,第42—55页;王保宁:《胶东半岛农作物结构变动与1816年之后的气候突变》,《学术界》2009年9月第5期,第56—70页。关于火山爆发与中国的气候变迁,参见费杰:《历史时期火山喷发与中国气候研究》(复旦大学出版社,2019)。有关2021年汤加火山爆发,笔者也有短文。[新加坡]杨斌:《汤加火山爆发"夺走"夏天可能性很小,国际救助才是当务之急》,澎湃新闻,2021年1月21日,https://m.thepaper.cn/newsDetail_forward_16373346。

1　Boer & Sanders, *Volcanoes in Human History*, 143.
2　Ibid.
3　Stothers,"The Great Tambora Eruption in 1815 and Its aftermath," 1192.

人类文明史上最大规模的火山爆发事件，其火山爆发指数为 7。[1] 火山爆发指数是一种量表，它根据喷出物体积、火山云和定性观测来表示其强弱程度。非爆炸性火山喷发强度为 0，指数每增加 1 级，表示爆发威力比前一级大 10 倍，它采取开放式的计数方式。历史上最大规模的火山爆发为 8 级，都发生在人类文明出现之前。由此可见坦博拉火山爆发的威力。与其威力相匹配，坦博拉喷发出来的岩浆量也是史上最多，相当于 150 立方千米的岩石和灰尘。[2] 打个比方，就是一个底面积 1 平方千米、高 15 万米的岩石柱体被喷走了。

规模如此之大，影响自然深远。坦博拉火山爆发给当地、东南亚乃至世界历史都打上了深深的烙印。这次爆发不仅直接摧毁了当地的村落，夺走了许多生命，摧毁了附近的几个小苏丹国，而且急剧地改变了松巴哇岛的生态，也不同程度地影响了邻近地区。火山爆发引起的海啸携带着高达四五米的巨浪，吞噬了印度尼西亚的许多岛屿，天空中的火山灰也飘浮数天之久，甚至飘落到 1 000 千米

---

1 K. R. Briffa, P. D. Jones, F. H. Schweingruber & T. J. Osborn,"Influence of Volcanic Eruptions on Northern Hemisphere Summer Temperature over the Past 600 Years," *Nature*, vol. 393（June 1998）: 452; Stothers,"The Great Tambora Eruption in 1815 and Its aftermath," 1197. 此外，衡量火山爆发规模的还有火山气溶胶负荷。这两种体系在科学研究中普遍采用，各有优劣。Briffa, Jones, Schweingruber & Osborn,"Influence of Volcanic Eruptions," 451; and William S. Atwell,"Volcanism and Short-Term Climatic Change in East Asian and World History, c. 1200–1699," *Journal of World History*, vol. 12, no. 1（Spring, 2001）, 30–6.
2 关于坦博拉火山喷出的岩浆体量估计，过去差别很大；最近的研究则逐渐缩小了分歧。斯托则斯估计是 150 立方千米的碎岩石和灰尘（相当于 30 ~ 75 立方千米的高密度岩体），许多学者倾向于 50 立方千米的高密度岩体。参见 Stothers,"The Great Tambora Eruption in 1815 and Its aftermath," 1194; Haradur Sigurdsson & Steven Carey,"The Eruption of Tambora in 1815: Environmental effects and Eruption Dynamics," in C. R. Harrington ed., *The Year Without a Summer?*, 16 & 27; Boer & Sanders, *Volcanoes in Human History*, 144.

之外的岛屿。

坦博拉的喷发直接导致很多人丧生，其间接和长远的后果也同样致命，甚至影响更为深远。火山灰掩盖了松巴哇岛的农地，污染了水源，摧毁了植被，粮食作物同样不能幸免。火山爆发后，不但松巴哇岛，连邻近的其他岛屿乃至巴厘岛都先出现了疾病，继之以饥荒。有人估计火山导致的死亡人数至少达到11.7万人。[1] 更重要的是，此次火山喷发导致了全球性的气候变化，即史上著名的"无夏之年"（1816年）。[2] 我们知道，气候变化会导致或激化各种社会矛盾。1815年坦博拉火山爆发所引起的极端天气，在此后的两三年内袭击了全世界的广大地区，导致了许多社会灾难与恐慌。

最近，历史学家已经注意到世界历史上的极端气候，并以此来修订传统的政治史、经济-社会史书写范式，尤其是某些重大历史转折的叙述。麦克·戴维斯就考察了因厄尔尼诺现象导致的三次全球性干旱，它们分别发生于1876—1879年、1889—1891年和1896—1900年。[3] 他的研究表明，帝国主义不但削弱了传统的救灾方法，而且恶化了世界各地农民的脆弱性。理查德·格罗夫则具体研究了1789—1793年

---

[1] Boers, "Mount Tambora in 1815," 50 & 58. 斯托则斯估计直接和间接死于火山爆发的人数超过8.8万人。Stothers, "The Great Tambora Eruption in 1815 and Its aftermath," 1191.

[2] 虽然火山爆发造成的气候影响是全球性现象，但汤普森和莫斯利-汤普森指出，特定地区的反应是相当复杂的。G. Thompson Lonnie & Ellen Mosley-Thompson, "Evidence for Changes in Climate and Environment in 1816 as Recorded in Ice Cores from the Quelccaya Ice Cap, Peru, the Dunde Ice Cap, China, and Siple Station, Antarctic," in C. R. Harrington, ed., The Year Without a Summer?, 479-92. 比如，中国青海省的敦德冰帽显示"降温的趋势在爆发前就已出现"。因此，坦博拉火山的爆发不过是加强了19世纪第二个10年下半期降温的趋势。Lonnie & Mosley-Thompson, "Evidence for Changes," 479.

[3] Mike Davis, *Late Victorian Holocausts: El Niño Famines and the Making of the Third World* (London: Verso, 2001).

厄尔尼诺现象的全球影响,为世界史树立了一个研究极端天气的案例。[1] 威廉·艾特威尔专注于人类历史上另一个重大的气候现象,那就是火山爆发以及短期气候变迁。他回顾了关于火山爆发的科学研究历程,特别是讨论了 1200—1699 年东亚的重大历史事件与火山爆发的关系。[2] 笔者追随艾特威尔,综合火山爆发的相关研究,将 1815 年坦博拉火山爆发及其后的气候变迁置于世界历史,特别是以往被人忽略的中国历史之中考察。[3]

本章先以坦博拉为例,介绍火山爆发和全球气候异常(常常被简化为全球变冷)也就是火山对气候产生影响的科学原理及其形成机制。随后,我们将概述并总结中国学者关于坦博拉火山的因素和 19 世纪初期中国历史的相关研究,从而或进一步坐实或修订中国历史的有关论述。虽然这些研究在时间上集中于 19 世纪,但它们关注的地理空间大不相同,或江南,或云南,或胶东半岛,乃至黄渤海地区,而且涉及广泛的主题,如水灾、饥荒、经济萧条、新大陆作物的播种模式,以及鲱鱼的捕捞。而后笔者试图将气候这个永恒的因素置于清朝某些特定的转折时刻中略加讨论,并指出此后在中国继续研究坦博

---

[1] Richard H. Grove, "The Great El Niño of 1789-93 and its Global Consequences: Reconstructing an Extreme Climate Event in World Environmental History," *The Medieval History Journal*, Vol. 10, Iss. 1&2 (2007): 75-98.
[2] William S. Atwell, "Volcanism and Short-Term Climatic Change in East Asian and World History, c. 1200-1699," 29-98.
[3] 此前也有个别英文研究涉及在中国历史上的气候问题。Robert B. Marks, "'It Never Used to Snow': Climatic Variability and Harvest Yields in Late-Imperial South China, 1650-1850," in Mark Elvin and Liu Ts'ui-jung, eds., *Sediments of Time: Environment and Society in Chinese History* (Cambridge: Cambridge University Press, 1998), 411-46; Li Bozhong, "Changes in Climate, Land, and Human Efforts: The Production of Wet-Field Rice in Jiangnan during the Ming and Qing Dynasties," in Mark Elvin and Liu Ts'ui-jung, eds., *Sediments of Time: Environment and Society in Chinese History*, 447-86.

拉（以及火山气候）的某些方向。笔者最后提出了气候与清朝衰落的问题。19世纪初开始的寒冷时段，其间不仅发生了清朝的萧条与衰落，也迎来了西方列强的坚船利炮。这或许仅仅是时间上的巧合，也或许不仅仅是时间上的巧合。无论答案如何，19世纪初的寒冷是导致清朝衰落的许多因素叠加并产生综合作用的一个环节，同时加速了西方帝国主义的崛起。因此，气候导致的自然灾害及其引发或激化的社会矛盾，以及不同的社会应对这些气候变迁（特别是全球气候变迁）的方法和模式应当引起我们足够的关注。

火山气候的形成

早在1784年，美国文学家、科学家、政治家，人类历史上不可多得的天才本杰明·富兰克林就猜测气候变冷和火山有关。他怀疑，火山爆发喷出火山灰，火山灰在天空飘浮形成云层，云层反射太阳光，从而导致地表温度下降。但这个关于火山爆发和短期气候变化之间关系的怀疑，直到20世纪才得到证明。[1] 因本章着眼于坦博拉火山，故

---

[1] 艾特威尔对此机制有精彩的科学综述。Atwell, "Volcanism and Short-Term Climatic Change in East Asian and World History, c. 1200–1699," 30–3. 其中，对火山灰的气候角色这一关键性的研究突破是兰姆在1970年的论文中做出的。H. H. Lamb, "Volcanic Dust in the Atmosphere; with a Chronology and Assessment of Its Meteorological Significance," *Philosophical Transactions of the Royal Society A, Mathematical, Physical and Engineering Sciences*, vol. 266, no. 1178 (Jul. 2, 1970), 425–533. 布拉尔德则提供了一个很好的简述，方便大众读者理解。Fred M. Bullard, *Volcanoes of the Earth*, Second revised edition (Austin: University of Texas Press, 1984), 511–28.

分两步来介绍火山影响气候的机制。首先，笔者从理论上介绍为什么一场大规模的火山爆发会引发全球趋冷；其次，以 1815 年的坦博拉火山为例，具体分析为什么坦博拉会导致 1816 年及此后两三年内的全球极端气候现象。

火山爆发和短期的极端气候之间的关联性，已经被科学证实。[1] 一定规模的火山喷发会导致某些天文现象，这些天文现象不仅为历史上的人们所看到，有的还被记录下来了。它们在地球表面留下了即时的印记，也留下了可以持续很久的痕迹。有些印痕随着时间的流逝而逐渐消失；有些印迹虽历经千万年，现在依然可以看到。借助现代科技工具和手段，我们也可以清晰地观测到一些古人无法看到的痕迹，并加以研究。今天的科学家采用了许多有效的方法和仪器来测算某次火山爆发在地区和全球范围内产生的影响。通过对深海中尚存的火山灰（如果可以获得的话）、树木的年轮、两极地区或者高山冰川中冰核/芯内部的酸降物、相关时代海底生长的珊瑚等样本的分析，科学家可以估算出火山喷发导致的气候变迁（主要是气温和降水的变化）的规模和程度，从而加以量化。而火山气候的一个显著的特点就是气温趋冷和降水增多，虽然其他极端气候现象也在此列。

火山爆发会喷出大量熔岩，熔岩冷却变成火山灰，细小的火山灰微粒飘浮到上空，形成一层尘幕（即火山灰形成的云层）。进入平流层后，这层尘幕可以停留飘浮达一两年，它既可以吸收太阳光，又可以反射到达地球上空的太阳光，从而使得太阳传递到地球的能量减

---

[1] Atwell, "Volcanism and Short-Term Climatic Change in East Asian and World History, c. 1200–1699," 29–98.

少。用科学的话语解释就是：

> 二氧化硫分子和水蒸气结合形成了硫酸气溶胶。盛行风带着这些气溶胶环绕地球，形成了一层纱幕，反射了相当数量的太阳光线，阻止了到达地球表面的太阳光带来的能量。又由于这层纱幕在自然的云层之上，所以雨水无法将其冲刷出大气层，因而它们会在平流层停留数年，从而导致全球趋冷。
>
> 一旦气溶胶的微粒下降到大气层，它们便又可称为凝结核，增加了云层的形成数量。酸性水滴比云层中的普通水滴要小，因而能够更有效地反射太阳光。这样，云层本身反射性就更强，从而让温度越来越低。[1]

显然，从理论上讲，火山爆发的确会导致全球气温下降。不过，火山的地理位置也非常关键，因为平流层距离地面的垂直高度随纬度变化。科学研究表明，气候对大规模火山爆发的回应确实比过去估计的快得多。北半球的火山爆发在爆发当月就会导致降温，在爆发后的第三个月内到达最低点，而后在两年内逐渐恢复。南半球火山喷发的气候反应比北半球火山喷发要晚几个月，降温在爆发后的约八个月才

---

1 Boer & Sanders, *Volcanoes in Human History*, 149. 很多因素会影响火山灰层对太阳光的反射，如火山的纬度、爆发时间、火山灰的组成物、灰尘颗粒的大小，以及它们在平流层的高度。平流层下部（距地面 20～27 千米）形成的灰层最为关键，因为地表温度的下降直接归因于平流层这一高度的酸性气溶胶的凝聚。Michael R. Rampino and Stephen Self, "Historic Eruptions of Tambora（1815）, Krakatau（1883）, and Agung（1963）: Their Stratospheric Aerosols, and Climatic Impact," *Quaternary Research*, 18（1982）: 127-43. 读者或许已经注意到，坦博拉火山第一次喷发的高度为 25 千米，正好处于平流层下层，这或许也是坦博拉导致的气候变迁如此重大的一个原因。

逐渐明显，第二年达到最低气温。

与此同时，大自然中还有其他因素同样起了作用。威廉·艾特威尔曾经详细而浅显地介绍了影响短期气候变化的三大因素，那就是：火山爆发、厄尔尼诺－南方震荡现象，以及太阳辐射。以下主要讨论这三者如何共同塑造了 1816 年的极端天气。

1816 年在西方以"无夏之年"闻名。[1] 科学家基本同意，坦博拉火山爆发的这一年，北半球的地表温度下降了数个 0.1℃，而且持续变冷了两三年之久。[2] 他们估计，1816 年全球平均气温下降了约 0.4℃～0.7℃。[3] 对于这惊人的全球变冷现象，坦博拉火山当然功居首位，但也有其他因素的"贡献"。早在 1924 年，威利斯·米尔汉姆就根据美国马萨诸塞州威廉斯敦 1816—1838 年的气象记录，令人信服地证实了 1816 年的冷夏。他还睿智地指出，除了坦博拉火山这个关键和主要原因，导致降温的原因还包括太阳活动、海水表面温度、大

---

[1] 关于 1816 年的极端天气，威尔森介绍了全球各大地区的气候情况。C. Wilson, "Workshop on World Climate 1816: A Summary and Discussion of Results," in C. R. Harrington, ed., *The Year without a Summer*, 523-55; 有关极其炎热干燥的夏季，参见 Wilson, 1992, 532; T. Mikami, and Y. Tsukamura, "The Climate of Japan in 1816 as Compared with an Extremely Cool Summer Climate in 1783," in C. R. Harrington, ed., *The Year without a Summe?*, 462-75. 读者须知，各地区对火山爆发的气候反应是不尽相同的。总体来说，1816 年整个亚欧大陆和北美的夏季十分凉爽，但是美国中部地区、东欧和日本的这一年的夏天炎热干燥。

[2] P. M. Kelly & C. B. Sear, "Climate Impact of Explosive Volcanic Eruptions," *Nature*, vol. 311 (Oct., 1984): 740-3; C. B. Sear, P. M. Kelly, P. D. Jones & C. M. Goodess, "Global Surface Temperature Responses to Major Volcanic Eruptions," *Nature*, vol. 330 (Nov., 1987): 365-7.

[3] Stothers, "The Great Tambora Eruption in 1815 and Its aftermath," 1197. 波尔说 1816 年夏天的平均气温比正常年份低 1℃～2.5℃，但他没有提供这个数据的来源。Boers, "Mount Tambora in 1815," 51.

气成分（尤其是二氧化碳的变化）和其他偶然因素。[1]

对于米尔汉姆枚举的因素，科学家们利用不断进步的科学仪器和方法，进一步揭示了相应的科学原理或机制。爱德华·斯肯恩和威廉·艾特威尔一方面强调坦博拉火山是降温的主要成因，另一方面指出了太阳和海水表面温度这两个因素的重要性。[2] 太阳黑子极小期和火山爆发一起作用，可以导致地球平均温度降低 1 ℉（约 17.2℃）；而海水表面温度（尤其是因为厄尔尼诺－南方振荡现象）也会有明显的升降，从而影响地表温度。[3] 太阳黑子极小期和极大期是太阳活动 11 年周期中的两个极端时期，太阳黑子极小期为太阳活动最低的时期，其间太阳黑子和闪焰活动最少，甚至好几天都不会出现；而极大期就可能会出现上百颗太阳黑子。厄尔尼诺－南方振荡现象，又称圣婴－南方震荡现象，[4] 是发生在横跨赤道附近太平洋的一种准周期性气候轮换，大约每五年发生一次。东太平洋的暖洋阶段，即"圣婴"，伴随出现西太平洋海面的高气压；东太平洋的变冷阶段，即"拉尼娜"或曰"反圣婴"，伴随出现西太平洋海面的低气压。这种现象虽然早为科学家所知晓，但其生成机制仍在研究之中。南方震荡指的是东太平洋赤道区域海面温度的变动（"圣婴"时变暖，"反圣婴"时变冷），

1　Willis I. Milham, "The Year 1816—The Causes of Abnormalities".
2　Skeen, "'The Year without a Summer': A Historical View," 62-6; Stommel & Stommel, 1983, 131-8; Atwell, "Volcanism and Short-Term Climatic Change in East Asian and World History, c. 1200-1699," 29-98.
3　艾特威尔解释过厄尔尼诺现象引发的全球短期内气候变化。Atwell, "Volcanism and Short-Term Climatic Change in East Asian and World History, c. 1200-1699," 39-41.
4　"圣婴"（EL Niño）源自西班牙语，意指"小男孩"，指的是圣婴耶稣，因为南美太平洋的变暖时期通常发生在圣诞节前后。"La Niña"即"圣女"，以表示"反圣婴"。

从而使许多地区产生极端天气（如干旱）。厄尔尼诺现象会导致东太平洋海面温度上升4℃，而与其相反的拉尼娜现象会导致东太平洋海水温度低于正常情况。

宋威利和史蒂文·亚斯克尔在他们的研究中进一步优化了地－日关系。他们指出，1816年北半球的极端天气是一系列自然因素的组合造成的，其中包括1815年坦博拉火山灾难性的爆发、道尔顿极小期（约1795—1830年），或许还包括太阳自摆。[1] 蒙德极小期（约1645—1715年）和道尔顿极小期指的是史上"太阳活动极其微弱的两个时期，分别持续了大约70年和35年"[2]。在这两个时期，太阳黑子的数目远少于正常时期，这表明日磁活动异常不活跃。因此，地球接收到的太阳光能也比正常时期少。1816年是太阳黑子11年周期的高峰，但太阳黑子数仅为35个，远少于正常高峰时期的100多个。[3] 不过，问题在于，太阳活动极小期在多大程度上影响了1816年的全球降温？毕竟和坦博拉相比，太阳活动的因素对全球降温的作用——至少在1816年——是微弱的，两者不能相提并论。[4]

太阳自摆或许也有其作用。每178~180年，太阳受到太阳系内质量较大的行星，特别是木星和土星的引力作用，绕着太阳系质量的中心（质心）运行。[5] 太阳的这种圆周运行，在一些年份如1632年、

1　Soon & Yaskell，"Year without a Summer，" 13-22.
2　Ibid., 16.
3　Ibid., 17. 1816年和1817年的记录表明，当时人们可以用肉眼看到大的太阳黑子，那是厚厚的火山灰层的原因；其他肉眼可见的天文现象还包括灿烂的日落和晚霞。有关机制，参见Stothers，"The Great Tambora Eruption in 1815 and Its aftermath，" 1194-5。
4　Soon & Yaskell，"Year without a Summer，" 17.
5　质心为多质点系统的质量中心。

1811年和太阳活动极小期,与地球上的一些灾难如地震、火山喷发、暴雨,以及地表温度变化重合。当然,其中的关系仍未明晰。[1]

总而言之,在导致1816年全球降温的诸多原因中,1815年坦博拉火山喷发是主要因素。火山喷出的大量火山灰,尤其是由此形成的气溶胶,是1816年成为"无夏之年"的首要成因。不过,从统计上看,1816年并非史上最冷的一年。这一年北半球的平均温度下降了0.7℃,这与1814年下降的0.7℃,以及1812年下降的1.0℃相比并不突出。[2] 实际上,1800—1840年,地球平均气温变化幅度在0.5℃左右。[3] 那么,为什么1816年在人们记忆中如此之冷,以至被称作"无夏之年",甚至在新英格兰地区出现了1800多人冻僵冻死的惨状呢?

这不得不谈到火山气候的复杂性。坦博拉火山喷发导致的全球气候变迁远非"无夏之年"形容的那样简单。首先,坦博拉喷发的时间处于19世纪初的小冰期,这就加强了全球升温的趋势。[4] 但是,确切地说,1816年寒冷的夏天只是一个地区现象;正如米尔汉姆1924年所概括的,更准确的表达是"1816年的极端天气"。[5] 1988年,哈灵顿在"无夏之年?1816年的气候"国际会议上指出:

> 很明显,1815年坦博拉火山喷发在平流层形成的大规模的

1　Soon & Yaskell, "Year without a Summer," 14 & 20.
2　Stothers, "The Great Tambora Eruption in 1815 and Its aftermath," 1197.
3　Ibid.
4　Boer & Sanders, *Volcanoes in Human History*, 149.
5　艾特威尔解释了不同因素造成的各种气候异常。Atwell, "Volcanism and Short-Term Climatic Change in East Asian and World History, c. 1200–1699," 34.

气溶胶（可能包括阻碍阳光和破坏季风）导致全球一些地区出现了超常的极端不正常的天气。当然，"无夏之年"只是地区现象。北美西部的北端、东欧和日本气温正常或偏高，正和北美东部、西欧以及中国的酷寒相反。[1]

因此，平均温度的偏差固然可以揭示宏观的气温变化和火山喷发在一年乃至更长时期内的威力，但不足以表述不同地区间不同的气候反应，以及随之而来的灾害。比如说，年平均气温下降 0.05℃，在某些年份或者某个时期内看起来相当正常；霜降或寒流导致的短期（几天到一周）气温急剧下降虽然对全年平均温度影响甚微，但对处于生长季的农作物具有致命的威胁，而这正是 1816 年新英格兰地区的情况。由于当年温暖的 2 月、10 月、11 月和 12 月，平均温度掩盖了寒冷的夏季。因此，1816 年北美东北部新英格兰地区的平均温度只比正常年份低了一丁点儿，[2] 但这年夏天新英格兰经历了三次寒流，分别发生在 6 月、7 月和 8 月，这对农作物而言是致命的打击。米尔汉姆研究指出："1816 年令人难忘，不是因为当年的平均气温特别低，也不是因为每个月的气温都偏低，而是因为这一年夏天的三个月以及前

---

[1] C. R. Harrington, "Introduction," in C. R. Harrington, ed., *The Year without a Summer?*, 7.
[2] Skeen, "'The Year without a Summer': A Historical View," 52. 他承认坦博拉火山是 1816 年降温的一个因素，甚至是"重要因素"，但他提醒我们注意太阳黑子和海水表面温度下降等因素。Skeen, "'The Year without a Summer': A Historical View," 62-3. 埃迪指出，1815 年坦博拉火山喷发发生在持续几十年的寒冷时期，这个寒冷时期恰巧又和 1790—1830 年的太阳活动极小期即道尔顿极小期重合。John A. Eddy, "Before Tambora: The Sun and Climate, 1790-1830", in C. R. Harrington, ed., *The Year without a Summer?*, 11.

后两个月异常寒冷，尤其是因为本地夏季数月非同寻常的低温。须知，严重霜冻和没有霜冻在夏季造成的最低气温虽然只有几度之别，但后果截然不同。"[1]

坦博拉、气候变迁与中国

20世纪末以来，一些历史学家开始修正并重新评估了东亚（以江南地区代表中国）和欧洲（以英国代表欧洲）在世界经济中的地位。一些发现引人注意，仍在热烈讨论之中。其中最重要的颠覆性论点莫过于："东亚经济直到18世纪末仍然保持力量与活力，它们在整个近世一直是互相联系的世界经济体的参与者，直到1800年后的某个时刻它们才被欧洲远远抛在后面。"[2] 简而言之，直到18世纪末年，从经

1　Milham, "The Year 1816—The Causes of Abnormalities," 656.
2　Patrick Manning, "Asia and Europe in the World Economy: Introduction," AHR Forum, *The American Historical Review*, vol. 107, no. 2（April 2002）: 419. 关于这些"修正主义"的研究，参见 R. Bin Wong, *China Transformed: Historical Change and the Limits of European Experience*（Ithaca, N.Y.: 1997）; Andre Gunder Frank, *ReOrient: Global Economy in the Asian Age*（Berkeley, Calif., 1998）; Angus Maddison, *Chinese Economic Performance in the Long Run,* Development Centre, Organization for Economic Co-Operation and Development, Paris, 1998; and Kenneth Pomeranz, *The Great Divergence: China, Europe, and the Making of the Modern World Economy*（Princeton, N.J.: 2000）。《美国历史评论》发表了一组文章讨论这个主题。AHR 107.2（April 2002），419-80. 最近，奥布利恩回顾了相关的文献，参见 Patrick O'Brien, Review of Ten Years of Debate on the Origins of the Great Divergence（Review no. 1008），URL: http://www.history.ac.uk/reviews/review/1008, Accessed 21 March 2011。对这些"修正主义"的研究之批评，参见 Ricardo Duchesne, *The Uniqueness of Western Civilization*（Leiden & Boston: Brill, 2011），71-164。

济上说，中国和英国同样强劲，如果不是更为强劲的话；而19世纪初期突然出现了转折点。

这一世界历史研究的观点无论对错，19世纪初的几十年的确是清朝的关键时期。清朝那时面临的挑战或许有此前的根源，但这个世界强国在此阶段迅速衰落，与其18世纪的强盛形成鲜明的对比。

在整个18世纪，清朝稳定边境，融合了边疆少数民族，经济迅猛发展，人口激增，城市化和文化的精密相得益彰，与外界的贸易显著增长。这个广被称颂的"康乾盛世"，在18世纪和19世纪交替之际突然中断。随着嘉庆皇帝的登基（1796年），等待他的是叛乱、经济衰退、自然灾害，以及官场腐败与僵化。这一衰落趋势持续至道光年间（1821—1850年）并越发分明，学者称之为"道光萧条"。[1] 正是在这一时期，中西交流以暴力为特征，爆发了第一次鸦片战争（1840—1842年），而随后的太平天国运动（1851—1864年）几乎推翻了清朝的统治。总之，19世纪的前60年（大致为嘉庆、道光和咸丰时期），中国的经济从繁荣走向衰败，国家和社会从强盛平稳走向动乱频发，清朝从世界领先变为蹒跚落后，前后对比异常醒目。

本节试图通过介绍中国学者对这一时期江南、云南、胶东半岛和黄渤海地区的研究，揭示气候变化对清朝的深远影响，尤其是坦博拉

---

[1] 关于"道光萧条"的概念，参见吴承明：《中国的现代化：市场与社会》（生活·读书·新知三联书店，2001），第241页。

喷发和数千里之外的中国社会变迁之间似有似无的关联。[1] 可以说，19世纪的中国也听到了坦博拉火山爆发的声音。

道光年间的中国面临许多社会经济难题，如白银外流导致的钱荒、农业的停滞和消退、市场萎缩、洪水、饥荒，以及社会的动荡不安。这一时期成为清代经济的一个关键转折点，因此学者称之为"道光萧条"。李伯重总结说，在此期间，"中国经济开始由18世纪的长期经济成长转变为19世纪中期以后的经济衰退，而这个衰退又是19世纪中国社会经济危机的基础"[2]。

江南地区作为明清的经济、商贸和文化中心，在"道光萧条"所包括的这些问题上，一个也没有幸免，笔者感受可谓最深。但是，究竟是哪些因素导致了繁华江南的衰败呢？李伯重认为，导致萧条的原因很复杂，其中气候变化一直为人所忽视。有研究指出，1823—1834年的江南气候产生了剧变且不稳定，有如1809年的奇寒和1814年的大旱，但是这种剧变的主要标志是1823年的洪水。这次水灾波及江

---

[1] 本节主要根据以下学者的研究加以综述，有关部分不再一一标注。李伯重：《"道光萧条"与"癸未大水"——经济衰退、气候剧变及19世纪的危机在松江》，《社会科学》2007年第6期，第173—178页；杨煜达、满志敏、郑景云：《嘉庆云南大饥荒（1815—1817）与坦博拉火山喷发》，《复旦学报》（社会科学版）2005年第1期，第79—85页；《坦博拉火山爆发与中国社会历史——本专题解说》；《黄海鲱的丰歉与1816年之后的气候突变——兼论印尼坦博拉火山爆发的影响》；《胶东半岛农作物结构变动与1816年之后的气候突变》。曹树基、李玉尚、王保宁的作品是一组直接讨论坦博拉火山喷发与中国渔业和农业生产之关系的文章。李伯重还分析了气候对于明清时代江南水稻生产的作用。李伯重：《"天"、"地"、"人"的变化与明清江南的水稻生产》，《中国经济史研究》1994年第4期，第103—121页。"Changes in Climate, Land, and Human Efforts: The Production of Wet-Field Rice in Jiangnan during the Ming and Qing Dynasties," in Mark Elvin and Liu Ts'ui-jung, eds., *Sediments of Time: Environment and Society in Chinese History*, 447–86.

[2] 《"道光萧条"与"癸未大水"》，第173页。

南众多地区，松江则因地形而成为受灾最严重的地区之一。因此，李伯重以松江为例，分析了经济衰退、气候变化和社会危机之间的关系，凸显了全球气候变化所引起的农业生产条件的恶化。[1]

　　李伯重指出，导致松江经济在1823年左右开始衰退的主要原因之一是天灾，因为1823年以来松江不断遭遇重大水灾。根据地方志的记载，道光三年（1823年）和道光十三年（1833年），松江府遭遇前所未有的大水灾。道光三年的水灾尤其严重，大雨从农历二月开始下，一直下到九月，其间只在六月和八月略有间歇；大雨引起严重的水灾，导致当年水稻绝收；更糟糕的是，农田被水浸泡数月，土壤流失，土地肥力严重受损。以水稻产量为例，松江府华亭、娄县两县的水稻平均亩产量在18世纪末和19世纪初一般在三石左右，1823年水灾以后下降至两石以下。10年之后的1833年，松江刚刚从1823年的洪水中稍有恢复，便遭遇了另一场水灾。这次水患虽然没有1823年那样严重，但整个夏天霪雨霏霏，水稻和棉花损失惨重。到了道光二十九年（1849年），松江又发生了和1823年同样规模的大水。26年间的三次水灾严重冲击了松江的经济和社会，可以说是道光萧条的具象。

　　李伯重总结说："大约自19世纪20年代初期始，松江出现了严重的经济衰退。这个衰退是全国经济衰退的一部分，而其直接原因是1823年开始的全球气候剧变所导致的严重水灾。"他强调：

　　　　这个转折时期也恰巧是"道光萧条"时期，由此开始了19

---

[1] 《"道光萧条"与"癸未大水"》，第175—176页。

世纪的危机。气候的剧变期和经济的衰退期在时间上的重合，应当不是巧合。事实上，这个气候剧变在世界许多地方都引起了严重后果。例如在欧洲，从被称作"无夏之年"的1816年开始，广泛的农作物歉收使欧洲几乎每一个国家都出现了"粮食骚乱"，激发了席卷欧洲大陆的革命浪潮。这启发了我们：在探讨19世纪危机发生的主要原因时，气候变化绝不是一个可以忽略的因素。[1]

可见，导致松江经济衰退的原因是气候变迁导致的水灾，而非传统观点所认为的西方近代工业的冲击。以松江经济的重要成分棉花为例，19世纪初期西方对中国经济的影响颇为有限。松江几次大水发生的19世纪初期，是全球气候剧变的时期。大约从1816年起，北半球气温剧降，最低时的年平均气温比1880—1975年的平均气温低了0.6℃，是自17世纪以来最冷的时期。紧随1816年气温剧降而来的是一个长达15年的气候波动期，直到1830年以后，气候才稳定一些。松江所在的江南地区，气候也经历了这个波动。

李伯重注意到气候这个因素，把松江的三次大水置于19世纪初的"小冰期"这一全球气候变迁之中，显示了他广阔的视野。他虽然没有直接提到1815年坦博拉火山的爆发，但明确提到了1816年"没有夏天"这一极端气候现象，并注意到二者的相关性。实际上，从1815年开始，当时的中国就和北半球的其他地区一样，确实经历着

1　《"道光萧条"与"癸未大水"》，第178页。

降温的趋势。[1]

19世纪初期的降温，不但与松江的水稻和棉花种植以及整个地区的经济直接相关，也直接影响了太湖流域的双季稻栽培。[2]太湖流域以水稻为主要粮食作物。由于地处亚热带地区，太湖流域的人们在唐代就开始了双季稻的栽培，其水稻栽培技术一直领先全国。因此，双季稻的播种面积直接影响太湖流域的粮食生产。与此相联系，长期气候的变化也约束着太湖流域的双季稻种植。唐宋时期是14世纪前相对温暖的时期，故双季稻的栽培技术传播得很快；到了明代，太湖流域双季稻的记录更多，最北可达江淮一线。然而，17世纪到来的小冰期使得太湖流域双季稻种植区域大面积萎缩；随后，雍正年间的气候变暖又推动了双季稻种植的大发展，但18世纪中叶以后气候再次变冷，到了嘉庆年间，也就是18世纪末、19世纪初，太湖流域的双季稻栽培趋于绝迹。到了道光年间，林则徐大力推广双季稻，可是由于气候依然处于寒冷期，其努力未见成效。这样看来，长期气候的变迁是太湖流域双季稻兴衰的关键因素。在19世纪上半叶的寒冷期，即使像林则徐这样的能臣干吏，亦不足以补天。

19世纪初小冰期的到来，在时间上正好与几次大规模的火山爆发重合。尤其是1812—1817年的全球变冷，主要原因就在于几次大规模的火山爆发，包括：1812年4月30日西印度群岛中圣文森特岛苏弗里耶尔火山的喷发、1814年2月1日菲律宾吕宋群岛上马荣火

1　Gordon C. Jacoby & Rosanne D'Arrigo, "Reconstructed Northern Hemisphere Annual Temperature since 1671," *Climatic Change*, Vol. 14 (1989): 39-59.
2　沈小英、陈家其：《太湖流域的粮食生产与气候变化》，《地理科学》1991年第3期，第206—212页。

山的喷发，以及 1815 年 4 月坦博拉火山的喷发。[1] 其中，坦博拉引起的火山气候效应在 20 世纪得到了中国学者的关注。一些学者明确分析了 19 世纪中国（包括道光时期）的农业生产、社会经济灾难、气候变化与 1815 年坦博拉火山爆发的关联性。

根据地方史志、政府档案和私人日记等材料，学者们注意到，中国的 "14 个省从 1815 年冬天到 1817 年夏天经历了异常的寒冷和暴雨"。[2] 以云南为例，随着 1815 年 4 月坦博拉火山的喷发，20 世纪之前规模最大、灾情最严重的饥荒于 1815—1817 年袭击了这个西南省份，持续三年之久，造成了大量的流民、人口死亡与社会动荡。[3] 如同 1816 年的新英格兰，低温和寒流在农作物生长季节突然降临云南。不过，当时的中国并没有美国马萨诸塞州威廉斯敦所拥有的气温测量设备，没有留下任何现代测量记录。好在云南地方志和地方文献给我们提供了类似的文字描述。1815 年，云南中部和西部首先出现夏秋低温现象，这对于生长在高原的稻谷和山区的荞麦伤害特别大，导致大面积减产；而后云南在 1816 年夏秋又出现低温，一些地区甚至有霜雪天气，"8 月的平均气温在昆明可能要比多年平均气温低 2.5℃~3℃，某些地方的降温幅度可能还会超过昆明"[4]。自 1815 年开始，低温和饥荒在云南持续了三年，以 1816 年为高峰，直到 1817

---

[1] Skeen, "'The Year without a Summer': A Historical View," 60.
[2] Pei-Yuan Zhang, Wei Chung Wang, & Sultan Hameed, "Evidence from Anomalous Cold Weather in China 1815–1817," in C. R. Harrington, ed., *The Year without a Summer?*, 436-47; Huang Jiayou, "Was there a Colder Summer in China in 1816?," in C. R. Harrington, ed., *The Year without a Summer?*, 448-61.
[3] 《嘉庆云南大饥荒（1815—1817）与坦博拉火山喷发》，第 79 页。
[4] 同上，第 85 页。

年才结束。杨煜达等认为,云南地区发生的这次大面积饥荒主要就是坦博拉火山爆发导致的极端气候造成的,因为"坦博拉火山喷发造成火山云减弱了到达地球表面的太阳辐射能,太阳活动可能也有一定影响"[1]。

中国学者不仅注意到坦博拉火山喷发及其带来的火山气候给中国造成的短期影响,而且将其置于相对长的时段来考察。王保宁研究了气候变迁如何影响了胶东半岛19世纪的农作物栽培结构。1816年发生的气候突变持续了约60年:1816—1853年是明初以降四百多年来最寒冷的时期,此时降雨量增多,以涝灾为主;自1854年起,温度开始上升,到1875年左右上升幅度更大。这个短时期内气候高—低—高的走向,对胶东半岛农作物的栽培结构产生了重大影响。

胶东半岛传统的农作物很多,其中粟(当地称为"谷子")是主要的粮食作物,最为重要。在杂粮当中,穄子位列芝麻、麻子、菽谷子这些小杂粮之后,排在最后一位,是一种救荒作物。粟的有效积温范围很宽,在1 600℃~3 000℃,但适合在干燥的环境中生长,多雨潮湿的环境会导致粟减产,因而农民在多雨潮湿的气候下会减少或放弃粟的种植。穄子为禾本科一年生草本植物,又名龙爪粟、鸭爪粟、鸡爪粟,分为水旱两种,都比较耐寒耐湿。穄子一般于5月初播种,生长期为86~96天,所需有效积温为1 800℃~2 000℃。因此,它在胶东半岛长达半个世纪的寒冷期内获得了广泛的种植。咸丰年间,穄子在莒州和沂水种植最多,成为当地百姓口粮的主要构成部分,其重要性今非昔比。随着寒冷期的结束,到了19世纪最后二三十年,穄

---

[1] 《嘉庆云南大饥荒(1815—1817)与坦博拉火山喷发》,第85页。

子的种植比重又有所下降,粟的种植比重则恢复大半。王保宁总结说:"康熙至乾隆时期,谷子是胶东半岛的主要农作物之一,在农业生产中占有重要地位。道光时期,由于受到气候突变的影响,寒湿气候导致谷子种植规模下降,却使适合寒湿气候的穄子成为主要农作物。1884年,黄渤海气温回升,穄子的种植规模开始缩小,而谷子的地位上升,再次成为主要农产品。"[1]

不过,虽然19世纪末粟的种植随着气温的上升在胶东半岛开始恢复,但其地位并没有恢复到康乾时期,原因不在于气候,而在于美洲大陆新作物因气候因素得以在当地大量种植,挤占了原来粟的种植面积。

番薯、玉米和花生三种美洲作物均属于喜温耐旱作物,适合在较温暖和干燥的环境中生长。总的说来,乾隆年间,番薯进入胶东半岛后,当地的自然环境适合其生长,从而开始了传播历程。乾隆中期,随着明清小冰期的结束,胶东半岛的气温开始回升,这为番薯的种植提供了条件。不过,番薯刚好是在气温由冷转热的过渡阶段开始推广的,加之属于新进作物,其重要性还没有完全得到人们的认可,所以种植规模很小。到了嘉庆五年(1800年)前后,番薯已经成为穷人的主食。在多山的山东沿海,一年之中,红薯常常成为穷人近半年的食粮。道光年间,番薯地位下降,作为蔬菜作物与番瓜、萝卜和蔓菁等构成农家终年食物的一半。与1800年相比,番薯的地位已由占穷人半年食量的作物下降到与其他蔬菜一样,成为佐食之物。光绪年间及至民国初年,番薯种植扩大,逐渐成为普通居民的日常食品。从乾

---

1 《胶东半岛农作物结构变动与1816年之后的气候突变》,第60页。

隆末年至嘉庆年间的大量种植，到道光年间种植规模缩小，再到清末和民国初年与五谷并称，一百年间，番薯在胶东半岛经历了一个充满波折的种植历程。

和番薯不同，另两种新大陆作物玉米和花生在胶东半岛呈现了爆发式种植模式。在道光之前乃至道光年间，玉米在胶东半岛的记载很少，可见当地人对其比较陌生，种植规模应该很小。从土壤构成看，胶州是适合玉米生长的；可是，玉米是喜光、喜温作物，生长期一般需要2 700℃的积温，而18世纪末到19世纪中期为寒冷期，当时的温度和热量达不到玉米生长所需标准，这可能是制约玉米种植的关键因素之一。到了光绪初年，随着气温回升，胶东半岛一些地方出现了大规模种植玉米的现象，这一趋势在民国时期继续发展，玉米成为主要的粮食作物，这些地方遂形成玉米集中产区。

花生也是喜温作物，且适合在干燥的环境中生长，生长期大约需要年积温3 000℃。花生进入胶东半岛的时间比较晚，但是几乎与玉米同时开始爆发式增长，最终成为半岛地区最重要的经济作物。胶东半岛最早记录种植花生的时间是19世纪初，可见当地种植花生之晚。道光年间，花生仍然局限在河岸两侧原有荒地（沙地）。到了同治年间，胶东的花生种植量激增，原因有三：一是采用了美国的花生种子；二是温暖期的到来对花生的种植非常有利；三是胶东半岛的青岛、烟台和威海三港口以及对外贸易的兴起，使得花生成为最大宗的出口商品。总之，直到1880年前后，随着气温的上升，花生在胶东半岛才开始规模化种植，1900年后取代大豆成为胶东半岛最主要的经济作物。良种、气候和外贸三者的叠加作用造就了光绪年间和民国初期花生种植在胶东半岛的爆发式扩张，花生成为当地外贸经济中最重要的一环。

关于这三种新大陆作物在胶东半岛的种植历史，王保宁总结说：

> 1816年的气候突变，导致胶东半岛的农作物结构发生变化。随着寒湿气候的影响加剧，本为救荒作物且耐湿的穄子成为半岛地区最主要的农作物，而耐干旱的传统作物谷子的种植规模则持续减小。光绪之后，随着气温的逐渐回升，喜高温、耐干旱的传统作物种植面积有所恢复，穄子的种植面积则逐渐回落到1816年之前的水平。
>
> 受到明清小冰期的影响，1752年政府有关番薯的推广并没有取得实质性的进展。1783年之后，番薯种植规模扩大，逐渐成为胶东半岛的主要粮食作物。1816年之后，气候突变中止了这一进程。在胶东半岛，受此影响，番薯、玉米和花生的规模化种植向后推迟了60年左右的时间。胶东半岛农作物结构的变化很可能与1815年印度尼西亚坦博拉火山爆发所引起的气候突变有关。[1]

以胶东半岛为例，我们发现，16世纪末传入中国的新大陆作物如番薯、玉米、花生等，在中国各个地区的传播模式并不一致。如果没有19世纪初的寒冷期，番薯在道光初年可能就已经成为当地主要粮食作物，而玉米和花生的种植也可以提前四五十年。这些新大陆作物在中国各地，特别是边缘山地的传播，一般都受人口压力这个因素

---

[1] 《胶东半岛农作物结构变动与1816年之后的气候突变》，第69页。

的影响,可是,胶东半岛的例子提醒我们,气候是约束这些作物在某些地区采用某种种植模式的关键因素之一。

以上诸位学者的研究注重的是陆地,那么海洋呢?李玉尚便以黄海的鲱鱼(太平洋鲱)的丰歉来复原1816年以来的气候变迁,颇有新意。[1]

历史上,鲱鱼曾经广泛分布于北太平洋,颇受北美印第安人、欧洲人、日本人、朝鲜人,以及中国人的喜爱。海水盐度和海水表面温度是决定鲱鱼产卵和生长的关键因素。尤其要注意的是,海水表面温度是决定鲱鱼捕捞丰歉程度最重要的因素。[2] 一般而言,10℃以下的海水表面温度最适合鲱鱼。以日本海的捕捞为例,科学研究发现,鲱鱼的丰收和海水表面温度低至接近平均温度密切相关;反之,海水表面温度较高则和鲱鱼歉收密切相关。[3] 简单地说,当某海域水温较高时,则此海域的鲱鱼向水温较低的北部海域移动,则该海域的鲱鱼歉收。这大致反映了19世纪80年代以后黄渤海鲱鱼捕捞歉收的情况。

李玉尚指出,在中国,鲱鱼是一种只分布在黄海、渤海海域的冷温性中上层鱼类,其生物量之丰歉和分布区域之广狭可作为海洋

1　关于鲱鱼的繁殖、捕捞与环境的关系,参见 D. R. Lassuy, Species profiles: life histories and environmental requirements of coastal fishes and invertebrates (Pacific Northwest) Pacific herring. U.S. Fish Wildl. Serv. Biol. Rep. 82 (11.126). U.S. Army Corps of Engineers, TR-EL-82-4 (1989), 18 pp。

2　A. Zebdi & J. S. Collie, "Effect of Climate on Herring (Clupea pallasi) Population Dynamics in the Northeast Pacific Ocean," in R. J. Beamish, ed., *Climate Changes and Northern Fish Populations* (Ottawa: National Research Council of Canada, 1995), 287.

3　Nagasawa Kazuya, "Long-term Variations in Abundance of Pacific Herring (Clupea pallasi) in Hokkaido and Sakhalin Related to Changes in Environmental Conditions," *Progress in Oceanography*, vol. 49, no. 1-4 (1 p. ¼)(2001): 551-64.

上层水温变化的灵敏指标。有明一代，黄海鲱经历了一个由盛转衰（1417—1505 年）再转盛（1505—1629 年）的过程；受"明清小冰期"的影响，明末清初鲱鱼复现旺发，到乾隆中后期，随着气温的回暖，其资源数量开始下降；到了嘉庆、道光和光绪年间，黄海鲱的资源数量因为气候突变又经历了一次剧烈的变动。根据地方文献的记载，黄海鲱在嘉庆和道光年间出产甚丰，但到了光绪年间从南往北逐渐消失：光绪初年在河北邻海的滦河口及其以北的临榆县，1884 年在山东半岛和辽东半岛，最后于 1900 年在朝鲜西海地区逐步消失。李玉尚总结说："1816—1853 年是明初以来四百多年来最为寒冷的一个时期，在明末清初没有鲱鱼鱼群分布的滦河口地区，道光初年之后竟也出现旺发。嘉道时期不仅寒冷，而且多雨。从 1854 年开始，海水温度开始上升，1875 年上升更加剧烈，造成光绪初年的特大旱灾。也正是在这一时期，海水温度持续上升，鲱鱼分布区域开始缩小。随着海水温度的继续上升，1884 年黄海鲱鱼在中国海区消失。这种海水温度的总的变化趋势与南太平洋亚热带海区的海水表面温度大体一致。1816 年开始的这次气候突变持续了 60 年，其原因很可能是 1815 年坦博拉火山爆发造成的。"[1]

黄渤海鲱鱼产量的波动表明，海水表面温度的升降在这一时期经历了和大陆类似的模式。[2] 这个先降温而后升温的模式也可以从海蜇的丰歉上得到证实。海蜇是狭温性物种，对海水表面温度下降非常敏

---

1 《黄海鲱的丰歉与 1816 年之后的气候突变——兼论印尼坦博拉火山爆发的影响》，第 53—54 页。
2 坦博拉火山喷发对海水表面温度的影响与其对北半球大陆的影响类似。不过，它对洋流在相关海域温度的影响，目前仍不清楚。

感,因此,海水表面温度对鲱鱼和海蜇的影响正好相反,所以某些种类海蜇的出现与鲱鱼呈负相关。在中国北方海域,黄渤海海蜇的渔期以秋汛为主;可是光绪年间黄渤海鲱鱼消失时,海蜇的渔期提前到了春季,这说明海水表面温度变暖了。海水表面温度的变化所导致的这两种海洋生物在中国黄渤海地区的丰歉变化,与19世纪中国气候变迁基本吻合。1816—1853年是14世纪以来最冷的时期;从1854年开始,海水升温;1875年以后气候回暖,以至鲱鱼在1884年后从黄渤海消失,北移至朝鲜西海。中国北方(北太平洋温带海域)海水表面温度在这将近百年内的变化模式与南太平洋亚热带海域的水温变化模式也完全相符。[1]

气候与19世纪的清朝

综合上述,中国的历史学者已经注意到1815年坦博拉火山爆发与其他因素共同作用而导致的全球气候变迁及其影响,他们同样注意到了19世纪前六七十年的"小冰期"在中国社会留下的历史烙印。以上实证性的研究表明,在中国,气候突变大约发生在1816年,到了1830年左右,这个寒冷潮湿的时期开始稳定下来,并持续到19世

---

[1] Braddock K. Linsley, Gerard M. Wellington, & Daniel P. Schrag, "Decadal Sea Surface Temperature Variability in the Subtropical South Pacific from 1726 to 1997 A.D.", *Science*, vol. 290, no. 5494(10 Nov. 2000):1145-8.

纪70年代的光绪年间。[1] 一些学者同意，1815年印度尼西亚的坦博拉火山爆发是1816年气候突变的首要原因，那次火山爆发加速了全球降温的趋势，[2] 而小冰期则是这个时期变冷的长期因素。正是由于它对全球变冷施加的实际作用和它代表的火山气候，坦博拉火山爆发被上述研究视为气候变迁的标志性事件。

上述学者的研究中的一个引人注目的特点便是在气候（和环境）与历史变迁之间建立联系。他们不约而同地观察到19世纪气候变化与中国社会经济变迁的关系，这个阶段不仅仅是清朝由盛而衰的转折点，也是中华文明的关键时刻。道光萧条见证了自然灾害、经济颓败和社会动乱，以及太平天国运动这场导致两千多万人死亡的、中国历史上最大规模的内战。清朝的内部危机大大加深，而危机的积累恰恰和寒冷气候的到来及持续时间重合。从19世纪60年代起，清朝一步步地应付外来和内生的诸多挑战，出现了"同治中兴"的自强求富；直到1894年，甲午战争宣告了学习西方的"洋务运动"的失败。这个时期出现了社会秩序的恢复，西方科技和某些制度的引入，政治改革的起步，清朝的回光返照又与小冰期的结束和温暖期的到来重合。中国社会的变迁和气候的变迁究竟是偶然的巧合，还是具有一定的相关性，这实在值得琢磨。历史上的类似案例使人不得不怀疑这并非巧合，最著名的先例莫过于明清交替了。

17世纪初期和中期，在中国是明清交替的时期，在世界历史上意义也同样重大，学者们将其概括为"17世纪的危机"。它不但与小

---

1 张丕远等主编：《中国历史气候变化》(山东科学技术出版社，1996)，卷一，第389页。
2 同上，第388-389页。

冰期和蒙德极小期重合，更有意思的是，还集中经历了大规模火山爆发。[1] 这些火山爆发也参与造就了寒冷的 17 世纪。以过去 600 年来最冷的 30 个年份为例，11 个发生于 17 世纪，其中的 8 个发生在 1675 年前。[2] 于是 17 世纪出现了一系列寒冷的夏天，包括 1601 年、1641—1643 年、1659 年、1666—1669 年、1675 年和 1698—1699 年。[3] 大自然的变化与清朝取代明朝这一重大的政治更替有什么关联？更确切地说，气候变化在后金实现政治集权和军事化的过程中，如何既是宏观背景又是直接因素？虽然大家几乎都认可"气候与草原游牧部落或国家的南侵相联"这一假说，可是，并没有实证性或者量性研究能加以证明。以明清交替而言，说气候导致了明朝的衰落和崩溃以至它最终被清朝征服，或许更符合历史事实。明朝的最后时期，连续的干旱和饥荒接踵而至，鼠疫也让 1644 年的北京毫无抵御能力。在清朝军队征服中原之前，明朝已经崩溃，其中气候的导因不可不察。

与清朝的建立一样，其衰亡也是值得关注的世界性历史事件。清朝的衰败时间和小冰期重合。传统的马克思主义史学观点认为西方帝国主义的入侵是近代中国危机的根本原因，进入 20 世纪 80 年代，学者们开始反思西方坚船利炮到来之前清朝内部的危机。过度扩张、人口膨胀、阶级和族群矛盾乃至理学，都被列为清朝衰败的内因。到了

1　16 世纪末出现了三次大规模的火山爆发，而 17 世纪约有六至八次，这加快了明清交替之际小冰期的到来。Briffa, Jones, Schweingruber & Osborn, "Influence of Volcanic Eruptions," 453.
2　Briffa, Jones, Schweingruber & Osborn, "Influence of Volcanic Eruptions," 450.
3　Briffa, Jones, Schweingruber & Osborn, "Influence of Volcanic Eruptions," 453.

90年代，环境和气候开始进入学者的视野。1872年，清末"中兴名臣"李鸿章在《复议制造轮船未可裁撤折》中慨叹："臣窃惟欧洲诸国，百十年来，由印度而南洋，由南洋而中国，闯入边界腹地，凡前史所未载，亘古所未通，无不款关而求互市。我皇上如天之度，概与立约通商，以牢笼之，合地球东西南朔九万里之遥，胥聚于中国，此三千余年一大变局也。"李鸿章所说的三千余年一大变局表面上称颂清朝"立约通商""牢笼"万国，史所未载，亘古未有，实际上不过是指清朝面临空前严峻的国际局势和挑战。作为重臣，李鸿章是少数比较清醒地认识到国际形势波谲云诡的人之一，但他对清朝生存危机的担忧，根本没有考虑到气候这个因素。

精英没有看到，但普通老百姓亲历严寒和灾害，印象深刻，难以磨灭。当时有一句俗语："嘉庆家当，道光冲光。"短短八个字，把19世纪初小冰期带来的低温、暴雨和洪灾给中国社会和普通百姓带来的冲击说得一清二楚。如此，水灾、气候（正如李伯重研究松江的文章所揭示的）必须和其他内外因素一起考虑，才能进一步揭示这个重大的历史变迁。

如果我们关注东亚和西欧在近代的大分流，气候和环境因素也不能不引起注意。其中的一个关键问题就是，19世纪初的小冰期如何在中国和西欧引发不同的或者类似的效应，尤其是考虑到中国当时正遭受过度压力的、脆弱的环境体系。换句话说，不同的社会如何采用不同的传统、制度、机制和资源来应对同一时段的气候变化，以及随之产生的灾难？这些应对措施又如何影响所谓的大分流的过程，如果它们不是大分流的一个因素的话？我们又该如何在世界历史的宏观比较研究中妥当地处理气候因素？

这些宏大的问题需要在地方层次的实证研究的基础上解答。以中国而论，必须进一步搜集和坦博拉相关的材料，以勾勒出清朝不同区域对此的气候回应，进一步揭示此次火山爆发和气候变迁如何加速并使得生态和社会经济问题复杂化，从而在此基础上讨论对区域、全中国，乃至全球的意义。首先当然是搜寻浩如烟海的地方志、档案、日记、文集、通信等文献材料，从而尽可能多地取得与坦博拉火山喷发相关灾害的材料。即使在中国，各个地区对坦博拉引发的气候变迁之反应也并不一致。因此，必须认真谨慎地考察地区间的差别。有些地区的反应相对敏感、直接，有些地区则缓慢甚至迟钝。这也就是为什么在同一个气候或环境的大背景下，各个地区的相关记载不尽相同，甚至大相径庭。

其次，在材料搜集相对完备的情况下，需要加强量性的分析，包括对整个中国以及各个区域，比如江南地区的分析。应该充分运用现代科学仪器和科学方法去检测树轮、冰核或者花粉沉积，并在此基础上建立数据库、设立模型；它们对中国社会的各个方面如农业、工业、经济等的长期影响也需要一一考察，尤其是流行疾病。以血吸虫病为例，虽然血吸虫病汉代就已存在，但其危害之烈直到 20 世纪 50 年代后才广为人知。为什么这样惨烈的流行病在光绪以前没有被记录呢？这是因为血吸虫病的载体钉螺对气候变化非常敏感，光绪中叶之后的气候转暖造成钉螺滋生环境的改变，从而导致血吸虫病在各流行区的传播。因此，20 世纪 50 年代中国血吸虫病的大流行只不过是一百年以来的事情。[1] 当然，除了气候变暖，还有其他因素。出现洪水或干

---

1 《坦博拉火山爆发与中国社会历史》，第 40 页。

旱等自然灾害之后，社会的恐慌和反应，包括信息的传递、社会的动员、救灾机制、医疗，以及宗教的慰藉等，都值得进一步关注。关于坦博拉火山爆发，一个有趣的插曲就是，在婆罗洲，有人把飘落到地上的火山灰作为治病的药物。[1] 无论读者的"脑洞"有多大，都不会想到火山喷发会引起这样的社会反应。可如此荒诞的事件确实发生了，不能不加以注意。

此外，还有非常重要的一点。气候变化并不受限于任何政权或区域（无论是帝国、民族国家，还是我们现在广泛使用的东亚、东南亚等地缘政治概念）的地理范围。暴风雪不会停在中俄的边境线上，季风或台风也不会在中越边界停顿，洋流更不会在中韩边境转向。中国春夏两季的降雨不仅受到太平洋东南季风的影响，也受到印度洋西南季风的影响。

以云南为例，这个西南边疆省份受到印度洋季风的影响尤其巨大。因此，云南短期内气候的变化和印度洋的关系是直接而密切的，特别是考虑到云南农作物在整个生长季节中都主要依赖于印度洋季风带来的降雨。笔者认为，虽然嘉庆年间云南的大饥荒与火山爆发导致的火山气候基本吻合：第一年初见火山喷发的影响；第二年达到高潮；第三年影响逐渐消失，气候恢复正常。可是，云南对坦博拉喷发的反应也过于迅速了。坦博拉于1815年4月喷发，当年夏天云南就出现

---

[1] Boers, "Mount Tambora in 1815," 42. 有些学者把坦博拉火山爆发和1817年在孟加拉地区出现并向全世界传播的第一次霍乱联系起来，认为低温多雨导致了霍乱的产生。Boers, "Mount Tambora in 1815," 53–5; Henry Stommel & Elizabeth Stommel, "The Year without a Summer," 184–6; Henry Stommel & Elizabeth Stommel, *Volcano Weather*, 1983, 109–15; Boer & Sanders, *Volcanoes in Human History*, 148–9.

了低温，随后很快就发生了饥荒。科学研究表明，气候对大规模火山爆发的反应确实比过去估计的快得多。[1] 北半球的火山爆发在当月就会导致降温，气温在其后的第三个月内达到最低点，而后在两年内逐渐恢复。[2] 可是，坦博拉火山位于南半球，气候反应要晚几个月，降温理论上在爆发后的约八个月才逐渐明显，第二年达到最低温，第三年才消退。[3] 根据这个科学原理，1815年夏天云南的低温不大可能是坦博拉火山喷发的结果，而是19世纪初小冰期到来的影响，应当也和印度洋季风有关联。

最后，我们也应当区分人类历史上的两种灾难。第一种是人为的，即人类活动造成的或人类参与导致的。现代社会的泥石流、洪水和干旱，往往是人类活动直接或间接导致的，如人口膨胀、垦荒、砍伐森林等。第二种是纯粹的自然现象，和人类活动无关，很多时候是不可预测的，如地震、火山喷发，以及陨石撞击等。[4] 这些灾难同样塑造着人类社会。以印尼的多巴火山爆发为例，这次发生在7万多年前、爆发指数为8的火山爆发，喷出了2400立方千米的火山物质，释放的能量达到10亿吨烈性炸药的当量，使得全球温度在数年内下降了3℃~3.5℃，北半球甚至下降了10℃~15℃，引发了一次冰期，对地球上的早期人类造成了一次致命打击。有科学家认为，在人类濒临灭绝的危急时刻，有些人的基因反而因低温刺激发生突变，使得人类得

---

1 Kelly & Sear, "Climate Impact of Explosive Volcanic Eruptions," 740-3.
2 Kelly & Sear, "Climate Impact of Explosive Volcanic Eruptions," 741.
3 Ibid., 741-2.
4 当然，现代科技的突飞猛进，使得人类也有能力造成地震等现象，如核试验引发的小规模地震。

以延续和发展。[1]目前人类虽然可以防范、减轻甚至避免第一种灾难，但对于第二种灾难的发生，还是无能为力的。

1　Stanley Ambrose,"Late Pleistocene human population bottlenecks, volcanic winter, and differentiation of modern humans," *Journal of Human Evolution* 34（1998）: 623-51.

结　语

知难而进，蹒跚前行

本书分享的便是我这十几年所做的一部分研究，其空间覆盖亚非欧大陆以及太平洋与印度洋，其时间跨越上下五千年，其主题包括海洋史、物质史、贸易史、科技史和艺术史，背后的关键词是"流动"。

这些流动，基本上都是跨文化的、跨区域的，因而是跨区域史，或者美其名曰全球史。这就又回到了全球史的定义。所谓全球史，必然要求研究的对象跨越了两个世界性的区域。这些世界性的区域，也就是我们区域研究的基本单位，大致而言就是大家诟病已久的东亚、东南亚、南亚、中东、北美、拉美、西欧、北非或地中海世界、撒哈拉以南非洲等提法。在谈跨区域时，我们需要提醒自己：所谓的区域，不是一个特定的或者不变的概念，而是一个流动的过程。因此，从本质上说，跨区域既在区域形成之前，也在区域形成之后，更在形塑区域的过程之中。多数学者注意到的是区域形成之后的跨区域，特别是两个区域之间的互动，这是全球史的底线，或者说最低要求。理想而言，全球史希望着眼于两个以上区域间的流动与互动，甚至真正地理意义上的全球现象。这是全球史的理想与愿景，当然也是目前难以达到的境界。

因此，以两个区域间的互动为依托和取径的全球史，是切合学界实际与需求的，也是可行的。两个以上区域间的互动，就大多数而言，超出了历史学者的训练与能力，易流于空洞和空泛，难免为人诟病，这也是不争的事实。（当然，我们也需要作为一般教材和通俗读物的全球史。）在这个意义上，目前我们还没有全球史学者，绝大多数学者只是对全球史感兴趣，做了一些全球史的研究，或者在其研究中采用了全球史的视野。这个判断，并没有夸大其词，而是尖锐地概括了全球史尴尬无力的困境。

有意思的是，在全球史这个概念出现和普及之前，一些学者并没有全球史的意识，但因其本身研究对象的关系而采用了跨地区的角度，导致他们的研究过程和结果带有全球史的特征。他们的努力虽然并不一定是有意识地实践全球史，但他们的成功引起了人们对这个概念的注意。有一次，克劳斯比谈到，他写完书以后不知何以名之，别人告诉他这就是全球史。这就像网络上的一个提问："在眼镜出现之前，眼镜蛇叫什么？"另一个例子是对全球资本主义制度的研究，其本身就是全球史的问题，因而专注于这个议题的沃勒斯坦和弗兰克也成为全球史比较早的实践者和提倡者。

和许多理论一样，全球史发轫于欧美学界。20世纪中期，欧美学界许多有识之士在认识到区域研究的局限之后，发掘了跨区域的主题，采取了跨区域的角度，深刻反思了西方中心论（主要是欧洲中心论）的问题并加以纠正，取得了相当丰富的成果，产生了巨大的影响。20世纪末，全球史的方法开始传入中国，得到了许多学者的欢迎和拥抱，但也有少数学者认为全球史依然是西方学术霸权的"阴谋"，是西方中心论的"遗产"，因此要加以警惕。笔者大不以为然。本书的绪论部分已经指出，全球史与其说是一个领域，不如说是一种研究方法。某种研究方法，无论是哪个人发明的、提倡的，他可以用，你可以用，我也可以用。譬如蒸汽机的原理在全世界传播开来，在许多地方导致了传统纺织业的凋零，大量纺织工人失业，但我们不能批评这是发明者瓦特的阴谋，也不能断论这是西欧殖民主义和帝国主义给亚非欧世界设置的陷阱。

以中文学术界而言，目前全球史的情况和几十年前的欧美学术界很像。一般性的综述与介绍比较多，原创性的研究非常少，全球史的研究仍然基本处在区域—国别史的框架当中。而最能走向全球史的领域——中外交通史，因其预设立场，也就是中国-外国两分，某种程度上接受了边界或疆域的"天然"存在，往往立足于以中国为中心的立场与视野。只有摆脱这种局限，我们才可能走向全球史。

值得骄傲的是，全球史大大拓展了历史学的传统领域。过去区域研究长期忽视的海洋史，以跨大西洋贸易为例，超出了区域研究的领域，直接参与了全球史的孕育与诞生。最近几十年新兴的科技医疗史、环境史和艺术史也恰恰符合了全球史的定义——跨区域、跨文化的流动与变迁，因而成为全球史发展的重要因素。传统的历史学者往往以文本研究为衣钵，几乎没有受过科技史和艺术史的训练，对这两者不但无感，而且无力。而科技医疗史、环境史和艺术史都要求从业者接受过相关知识领域（科技与艺术）的培训，长期以来独立于历史学。这些学科不但很容易发展成为全球史，而且丰富了全球史的内容。事实上，全球史的先行者往往产生了对这些领域的兴趣，取得了意想不到的成果。这也要求当今全球史的训练必须吸纳这些领域，努力掌握跨学科甚至超学科的意识与工具。

总之，全球史对以国家-民族为取向和期望的学术（以及学者）

来说，的确是一种同行、修正与共生，它为历史研究展现了丰富性与更多的可能性。然而，言者众，行者寡。在目前的状况下，笔者认为，以全球史为愿景的学者只能迎难而上，知难而进，而其最好的结果也只不过是踽踽前行。

附录一

"Bon Voyage"
——回忆我的导师柯临清

2012年7月初的一天,我查收邮件时,发现一封来自陌生电邮地址的信。原来是只见过几面的师妹第一次给我发邮件,说的却是坏消息:导师病逝了。

我完全没有想到。

我顷刻间回想起十几年来的一幕幕。从1998年3月在北京的首次见面,到波士顿无数次在她满是狗毛的车上聊天,到重庆璧山的菜市场,到2012年5月底在她家最后一次聊天,而后她开车请我到附近的餐馆吃饭,悲伤从心底慢慢涌起。

1998年3月,一个大风天,柯临清因为与伊莎白·柯鲁克合作的研究项目,正好到访北京外国语大学,顺便面试我。地点是伊莎白的公寓,说是面试,其实主要是柯临清在介绍她的研究,讲的是中国革命中的社会性别。那时我当然不明白"gender"(性别)是什么,最后傻乎乎地问,gender和sex(性)的区别是什么?告别时她送了我她的书。后来我就接到了录取信,当然是带奖学金的。如果她不来的话,我已经准备去得克萨斯的葡萄园上学了,那个学校1997年11月就给了全奖。

1998 年 9 月，我到了波士顿，去了柯临清的家。让我印象最深的，应当是她的狗麦琪了。它当时才两岁左右，对我如影随形，寸步不离，上蹿下跳。2010 年再见到的时候，它已经不复当年的活泼，慢吞吞地溜达到我脚边，嗅了嗅，欢迎故人的到来——我已经有七八年没见它了。

2012 年 5 月底，我去导师家，到了地铁站，等导师开车来接我。车到了，麦琪却不在，我很自然地随口一问，麦琪留在家了？"麦琪不在了。"导师告诉我，就是 3 月的事。算起来麦琪已 15 岁，相当于人类的百岁了。它走时没有什么病痛，十分安详。麦琪几乎是和导师的女儿一块儿长大的，当年她的女儿从韦尔斯利学院毕业。

2011 年 11 月（也可能是 12 月），导师夫妇约我到剑桥的木兰餐厅吃饭，郑重其事。我颇为诧异，因为他们从来没有一起请我一个人吃饭。我到的时候，他们已经在里面等了。席间她还是谈到了璧山，希望能够发掘地方档案，做一些农村社会的研究。我们商量了一下，觉得要是可能，2012 年 6 月底一起去璧山跑一趟，重温伊莎白和她几十年来建立的联系，看看能否搜集一批材料回来。另外，伊莎白快100 岁了，再不去恐怕就去不了了。这一趟，可能也是伊莎白与璧山最后的联系和告别了。

一切都没想到。

在 5 月的那次见面中，她拉拉杂杂说了很多事。先提到了我们不久前一起参加的燕京学社的讲座，主讲人是复旦大学的张伟然兄。算起来这是她参加的最后一次学术活动了。她提到了一些佛教问题，这些和她的研究是没有关系的。而后她再次替我规划了学术蓝图，希望我集中精力，在一两个领域突破，避免四处撒网。这个话题她这几年和我说了好几次，我兴趣广泛，做研究没有规划，率性而为，东一榔头西一棒槌。我点头应允，心中却打了一个大折扣。她接着说到她的另一个学生，做的是东南亚研究，希望我帮他介绍介绍新加坡有什么机会。而后谈到了我上学时的一些人和事，让我感觉她在解释什么。这也没有什么奇怪的，老朋友坐在一起经常反复回忆当年，人之常情。

再然后，她开车带我去吃饭。我们到了一家餐馆。吃饭时她不断咳嗽，我终于忍不住提醒她，是否约了医生。她说明天去看医生。吃完饭，她送我去地铁站。车停下后，我解开安全带，起身，侧过身，给了她一个拥抱。她没有起身，似乎有些诧异于我的举动，毕竟中国人不擅长用这样的肢体语言表达，何况坐在车上也不方便。之后我们便彼此告别了。

当天晚上查邮件时，我发现了她给我的邮件"Bon Voyage"（一路平安），其中写道："There is always one more paper to be written, or one more conference to go to, but ultimately they are not the important aspects of life. Taking time now to build some strong personal relationships is important."（总还有一篇论文尚未完成，总还有一次会议需要参加，但这些终究不是人生最重要的方面。现在重要的是花时间建立坚实的个人关系。）

我回了信，还是有点不以为然。

6月8日，我离开波士顿，然后就接到了噩耗。

令我伤心的是，2011年12月时她或许还不知道自己病情有多严重，但2012年5月她应该完全明了。我们最后一次见面，她完完全全是在做临终告别，只是我没有明白。人之将死，其言也善；鸟之将亡，其鸣也哀。体察出她的良苦用心，我越发为自己的愚钝而愧疚！

我的导师在学术上和我关系并不密切，虽然她是我的指导委员会主席。从 1998 年到我毕业的 2004 年，我们之间如同许许多多导师和博士生一样，有过磨合，有过亲近，有过互助，有过紧张，但最终还是圆满。我是她指导的第一个博士生，她也相当以我为荣。

多年来，我很多时候以没有听她的教导为荣，觉得走了自己的路；现在我回想起来，要是我多听她几句该多好！多年来，我有时候觉得她没有为我考虑，现在我回想起来，她对我其实非常关心。

Bon Voyage，Chris！

2016 年 11 月 1 日补记

我的导师 Christina Gilmartin 是 20 世纪 70 年代中美握手后最早到中国的美国大学生之一，在北京待了很多年，她的第一个孩子就是在北京出生的。她和我提过，有一次美国某个交响乐团来北京演出，总理办公室还派人给她送票。她的研究领域是 20 世纪中国的妇女，在美国的中国研究领域，她是中国性别研究的先驱。她的中文名字是柯临清。

附录二

天不假年

——回忆我的导师亚当·麦克恩

亚当·麦克恩,我的博士生导师,2017年9月10日在纽约不幸逝世,真是天不假年!

我很多年没有见过他了。上次邮件联系可能还是在2016年或者2015年,当时他在云南大理教书。最后一次见面是2012年3月,承他安排,我在美国哥伦比亚大学东亚中心做了个讲座。结束后,我们两人一路步行穿过纽约城,整整两个小时,来到他居住的公寓。这两个小时,我们谈了很多事情,成为无比珍贵的时刻。

我在他家住了一晚,第二天告别,此后就再也没见过。大概第二年,传来他从哥伦比亚大学辞职隐居的消息,他成了学界的传奇。后来我问他原因,大致就是对学术界的失望。我当学生时,他曾经对我说,最愉快的时刻莫过于坐在图书馆看档案了。

亚当1997年毕业于芝加哥大学,先在费城的一所学校教书,1998年秋到波士顿,大概2001年跳到哥伦比亚大学,顺利地评上副教授,拿到终身教职,又过了几年,顺利评上教授。他拿到哥伦比亚大学的职位后告诉我,他曾向哥伦比亚大学提出希望带我一起去,也就是希望哥伦比亚大学接受我的转学,但是没有成功。亚当在学术上非常顺利，在华侨华人研究的中心——新加坡声誉鹊起。十几年前我对我的学生评价亚当，说他是冉冉上升的明星，孰知他竟然一夜之间抛弃了常春藤名校的职位和荣誉！

亚当主攻华人华侨史和全球移民史，在《亚洲研究杂志》(Journal of Asian Studies) 和《美国历史评论》(American Historical Review) 这两本亚洲研究学者梦寐以求的期刊上都发了长篇论文，两本专著也引人注目，第二本还获得了世界史学会的年度著作奖。他当年在中国学中文时，老师给他取了个名字"麦开文"，他不以为然，弃之不用。

数年以来，我的三位导师魂归道山，呜呼哀哉！[1]

2018年11月29日，我从澳门到香港乘机去纽约，参加他的追思会。会议由哥伦比亚大学历史系的亚当的原同事马特·科耐利和林郁沁等人筹办，来者有亚当家人——前妻塞西莉娅，女儿吉娜，母亲洁莉，导师艾恺，以及东北大学的前同事帕特里克·曼宁，其他多为亚当在哥伦比亚大学的同事、学生，以及纽约的若干学生、朋友，还有上海纽约大学的沈丹森和美国康奈尔大学的埃里克·塔利亚科佐。艾恺即《最后一个儒家》的作者。沈丹森是印度人，曾在北京大学留学，是中印关系史研究的代表人物。埃里克是美国东南亚史领域的代表人物。

埃里克从朋友和友谊的角度讲他和亚当的交往，非常令人感动。我在美国时接触的美国人并不多，但是有几位给我留下了深刻的印象。以曼宁为例，他彬彬有礼，学生随时可以向他求助，真的是有教

---

[1] 以上是亚当逝世后几天写的。三位导师除了柯临清和亚当，还有卫思韩。卫思韩是费正清的学生，长期在美国南加利福尼亚大学任教，早年研究中国史，后扩展到欧洲殖民东南亚的历程和海洋史等领域，他也是北美倡导世界史的先驱之一。

无类，完全符合中国文化中的君子标准。而埃里克回忆他和亚当的交往，嬉笑怒骂中见真情，符合中国文化中"挚友"的定义。后来我跟埃里克讲了我的感受。可见，人之常情的确可以超越文化和宗教。"东方主义"固然错误，可是一味批评东方主义则是自落陷阱。

亚当在哥伦比亚大学十一二年，负责跨国/国际项目，培养、熏陶了不少学生。此次回忆起来，作报告的多为其学生，其中有三位的中东研究给我留下的印象最深。

艾恺12月1日中午谈了他对亚当离世的感想，"very very sad"（非常非常悲伤），他的眼角湿润了，声音有些哽咽，确实动了感情。亚当多年前就提到他和Guy比较谈得来（当时我并不知道Guy是指艾恺），他和另一位大名鼎鼎的老师则不那么和谐。

那时我是第一次见艾恺，所以追思会结束后和他（还有埃里克）一起乘车去唐人街吃晚餐，吃饭时又说了很多。席间谈到何秉棣，艾恺提到吴晗曾与何秉棣同宿舍，大概在20世纪50年代，何秉棣对吴晗评价很高，"文革"后则不再提及；又说，何秉棣是他的老师，他当过何秉棣的助教。

附录三

斯人已乘黄鹤去
——我所知道的《白银资本》作者贡德·弗兰克

2005年4月23日凌晨8时半,贡德·弗兰克在卢森堡病逝。他和癌症搏斗长达12年,虽然无法战胜病魔,却不失勇气和信心。

弗兰克是依附理论的主要创始人之一。他的文章、著作超过1 000篇/部(被译成30种语言),他本人会7种语言:英语、法语、西班牙语、德语、葡萄牙语、意大利语,以及荷兰语(他的一个儿子是哈佛大学的教授,会12门语言)。他1998年的专著《白银资本》风靡一时,获得1999年世界历史协会头奖。弗兰克的研究几乎涉及所有社会科学和人文科学领域,包括经济学、政治学、历史、人类学、考古和社会学。20世纪90年代左右,他的兴趣转到了世界历史,一出手就是几本震撼学界的著作,包括《中亚的中心作用》《世界体系:500年还是5000年?》以及最轰动的《白银资本》。

一生在流浪

弗兰克的学术历程和个人经历都极具传奇色彩。他去过近30个国家（1998年应中国社会科学院邀请访问中国），但很少在一个地方/国家连续居住5年以上；他是一位享有盛誉的学者，却没有拿到一个终身教职。他是犹太人，出生在德国柏林，4岁时和父母被迫离开，到了瑞士。1941年到美国。1957年他从芝加哥大学毕业，拿到了经济学博士学位，博士论文主题是研究苏联的农业。他在芝加哥大学的好几个师兄弟后来都拿了诺贝尔经济学奖，要知道，芝加哥大学的经济学系是诺贝尔经济学奖的池塘。进了这个系，拿诺贝尔经济学奖的概率会高很多倍。博士毕业后，他继续游荡世界。1957—1962年，弗兰克在美国中西部几所大学教书，1962年去了拉丁美洲，1966—1968年在加拿大，1968—1973年在智利大学，1974—1978年在德国，1978—1983年在英国，1983—1994年在荷兰的阿姆斯特丹大学，1994年在阿姆斯特丹大学经济学教职上退休。

此后，弗兰克回到北美：1996—1998年在多伦多大学，1999—2000年在佛罗里达国际大学，2001年在内布拉斯加大学，2002年在波士顿东北大学。2004年，他又去了意大利。他任教的地区和大学繁多，待过的系也数不胜数，包括人类学、经济学、地理、历史、国际关系、政治学及社会学。

弗兰克最传奇的生涯莫过于拉丁美洲时期。20世纪60年代，他开始研究拉美经济，提出了一个新概念：发展的不发展（The Underdevelopment of Development，黄宗智的近代江南经济研究就借用了这个概念），他以此提出了依附理论。在他之前，学者和政治家认为，拉美的落后是因为拉美的封建制度，而弗兰克一针见血地指出，拉美根本没有封建制度，拉美落后是因为拉美在国际政治经济体系中处于不利的边缘地位。依附理论是马克思主义学派在当代的延续和发展。

弗兰克是左派知识分子，所以他非常关注社会正义。在拉美期间，他直接参加了拉美的改革和革命。在智利大学教书时，弗兰克参与了总统阿连德带有社会主义色彩政治改革的方案策划。阿连德的改革被皮诺切特的政变中断，弗兰克只好带着全家流浪到欧洲。这是他一生中第二次流浪。第一次是幼年跟着父母从希特勒的德国出逃。

"政治自传"

我们不妨看看弗兰克本人略带俏皮和讽刺的"政治自传"（Political Autobiography）。[1]

他说："我1929年出生在柏林，1933年我4岁，希特勒在德国上台，我和父母政治避难到了瑞士。40年后我回到德国，不过，这次我是带着妻儿从军事政变的智利流亡出来。自1933年以来，我在一个地方总是待不长，一般是一到两年。"

小时候，他在瑞士待了8年，辗转于瑞士的三个主要语言地区（意大利语区、法语区以及德语区）上学。1941年他12岁，去了美国，直到1961年31岁时离开美国，重新开始了他的奥德赛行程。他一般在某个地方只待一两年，偶尔的几次例外是在美国几所大学的4年时光、在智利的5年（1968—1973年）、在英国的5年（1978—1983年）。1983年开始，弗兰克破天荒地在阿姆斯特丹打破了5年这个期限，

---

[1] https://www.rrojasdatabank.info/agfrank/personal.html.

住了10年。因此，弗兰克的大儿子刚满20岁就已经在10个不同的国家居住过，有些国家还不止一次。他37岁时已经迁移了43次。

在搬来移去的过程中，弗兰克拿到了高中文凭、大学文凭、一个硕士和两个博士学位（1957年美国的博士学位和1978年法国的博士学位）。对于美国的高等教育，弗兰克颇有微词。他说："虽然我接受了很多美国教育，可是，无论在哪所学校，我都没学到什么东西；学到的一点东西，如果说有的话，也没有什么用处。我得到的教育，如果说有的话，是来自我辗转的旅途：少年时代和20岁出头的时候，我旅行的距离已经相当于赤道的两倍；我的第三个十年仿佛中世纪的游吟学者在美洲南北和欧洲东西驰骋。在旅行中，我生活，我积极地投入全世界无数国家的社会和政治活动中去。"这听起来有点夸张，可是，就弗兰克这样一个不拘一格挑战学术和人生边界的天才学者而言，似乎也是事实。

弗兰克一生有1 000多篇文章和著作，可是，基于种种原因，特别是政治原因，没有一所大学给他终身教职。因此，谈起高等教育和学术界，弗兰克自然充满了嘲讽。他自我解嘲道："话说回来，对于我身边的人，我可不想留下一个错误的印象，那就是我只有或者只追求学术——或者更糟糕的是，知识分子的生涯，因为我终生的职业不过就是没有一个职业。从开始到现在，我的道路就像巨大的迷宫。"他继续幽默而心酸地说："其中我可以记录下许多更加实际的，从而也更加重要和现实的工作。这些工作也未必不互相联系，也未必和错误地被称为我的'职业生涯'的东西没有关系；这些工作常常中断，或者像现在一样，以被解雇而告终。"

确实，弗兰克干过很多工作，每次都以失败告终。"我最初的工作和报纸的路线相同，派送《展望报》，同时也在加州圣莫尼卡做园丁。此外，作为一个 13 岁的男孩，我也干了一些不符合年龄的工作。我在一家酒店工作，起初是在仓库，后来在前台卖酒，主要卖啤酒给太平洋沙滩上成千上万的日光浴者，就在加州 1 号公路对面，当时叫美国 101 号公路。还是在这个海滩，我自雇成了沙滩的'梳子'，搜寻酒瓶卖给我的老板，12 盎司（约 350 毫升）的 2 美分，32 盎司（约 950 毫升）的 5 美分。这个工作为我赢得了我的社会保障号码。我挣的钱要么不断地花在买眼镜上——我的眼镜不是掉了就是打碎了，要么寄给我在爱达荷或密歇根工作的妈妈。终于，1943 年 8 月，我用挣的钱买了一张火车票乘坐联合太平洋铁路公司的火车和妈妈团聚。可惜我们只一起生活了六个月。六个月后，她去了纽约。"这是一个犹太难民少年在战后的美国独自挣扎生存的真实故事。

"就这样，大约在我 15 岁生日前后，我决定一个人留在安娜堡完成初中和高中课程。我起先在一家杂货店工作，后来又当招待。再后来，我放学后就成了学校的清洁工，直到被解雇。之后，我还在那座楼里工作，不过是在楼里的公共图书馆。同时，周六我去初级中学当清洁工。后来，放学后我在密歇根大学工会刷盘子，为一家艺术学校做模特。我的'空闲'时间则献给了运动，主要是竞争最激烈的长跑，我坚持了高中三年、大学四年，甚至研究生一年。正是在高中，我的长跑队友们给我起了一个名字'Gunder'（冈德）。"这个"冈德"是瑞典人，当时世界纪录的保持者。弗兰克自我解嘲地说："和我一样，在比赛中，他总是和其他选手保持一段距离。唯一的不同是，他领衔其他选手半圈，我则落后半圈（在赛场上拉开半圈距离成了我的习惯，虽然从那以后，我似乎领先其他人大半圈——领先半圈其实比落后半圈更让我不舒服！）。"弗兰克的坚持和坚韧令人钦佩。

为了上大学，弗兰克高中毕业后就在俄亥俄州挨家挨户地卖杂志。"门打开后，我总是说，'挣大学学费'。1946年，我真的做到了这一点，我进了宾夕法尼亚的斯沃斯莫尔学院，1950年以荣誉学位毕业。在大学及之后的岁月里，我卖过报纸，当过招待，有时在亚特兰大，有时在旧金山，有时在密歇根，有时在新墨西哥。来来往往的路上，我也挖过土豆，摘过苹果，采过樱桃。"

"没有任何才能"

大学毕业以后，为了谋生，弗兰克干过更多的工作。结果总是差不多——被炒鱿鱼。

"在大学和以后的暑假里，我干过各种各样的活儿，大多数干到被解雇，总是为一个原因——不服从。比如，我在华盛顿特区的郊区盖过活动房子；为密歇根大学校园西北角到图书馆的路修人行道，先挖沟，再铺水泥。因此，多年以后，我告诉我的孩子，我为他成为那里的研究生做过'concrete'（具体、混凝土）的贡献。在华盛顿州，我在锯木厂工作过，当过伐木工，也重新挖过沟，跳甘迪舞——我指的是铺枕木。在密歇根，我为福特的威洛伦工厂造过汽车。在新奥尔良，我在国际收割公司照看32个线轴，把一股股线纺织成布。"[1]在新

---

[1] 这里弗兰克幽默了一下，"水泥"和"具体"的英文单词都是"concrete"；威洛伦工厂建于第二次世界大战期间，曾参与制造B-17轰炸机。

奥尔良，弗兰克还在波旁街的法国旅游区当过招待，在杰克森广场画过画，为老爷爷威士忌打扮成售货机人偶，游客则敲打着他的纸壳，要求他端出他根本拿不出的试喝产品。

所有这些尝试，得到的结论是："呜呼！我没有上述任何工作需要的才能！我在路易斯安那州雇佣委员会接受工作才能的测试，委员会及时地通知了结果：我没有任何才能，尤其缺乏智力。因此，他们告诉我，我应当试试汽车修理工，可惜，他们也不能为我找到空缺。"这是一个大学者博士毕业后的遭遇。

智利政变后，弗兰克带着家人来到德国，因为他依然是德国公民。在德国，他出了很多书，获得了两笔研究资助以养活家人，却因为政治原因无法找到固定工作。"1978年，黑森州的文化部长（此前是警察局长）应该批准一个大学校长雇用我的申请，他却私下里告诉这位校长（校长则私下里转告我）：'这个弗兰克永远也不可能在这里的大学教书！'三年前，法兰克福大学有一个空缺，我是这个职位最终人选名单上排名最靠前的人（这也是当年我搬到法兰克福的原因），他们却取消了这个空缺。"而后弗兰克一家去了英国，又因为英国的种族主义到阿姆斯特丹大学。

"直到1994年65岁强制退休，我在阿姆斯特丹居住了漫长的10年，因为我无法在其他地方找到工作。20世纪80年代到90年代初，我申请过北美公开招聘的80个工作，几乎所有职位都在美国。其中5个职位，我都是最后的入选者之一；在这5个当中，3个面试了我；最终，这80个工作，没有一个是我的。"

我所知道的弗兰克

我最初见到弗兰克，是在 1998 年秋。当时，他是波士顿东北大学世界史中心特约研究员。当时中心主办了他和哈佛经济学教授兰德斯的辩论会，这在当时是波士顿也是学术界的一件盛事。我早早就抢了个座位，却心神不定，因为我历史学方法论这门课的期中论文被退了回来，急得要命。方法论这门课是每个学生都皱眉摇头的，我尤为之甚。刚到美国几个月，我基本上听不懂教授在说什么，每周的阅读当然也完不成。所以，我坐下来后就给前面的美国同学递纸条，向他借作业瞧瞧。这场辩论会自然很精彩，可惜我啥也没听懂。

因为我们当时在读他的《白银资本》，世界史中心的主任曼宁就邀请弗兰克到课上和研究生见面。他很谦逊地进来坐下，而后客气道，他是来听听大家的意见，他指的是对《白银资本》这本书的。大家一时无语，我因为稍微准备了一下，就问了他一个问题。我先称赞了他对中亚的重视（当时我还不知道他关于中亚的那本书），而后问的是明代海洋政策的转变。他回答了什么我记不清楚了，只记得他说，这是区域史学者的问题。言下之意，他作为世界史/全球史学者，不做这个研究。过了二三十分钟，他就起身走了，因为我们实在也提不出什么问题。

当时弗兰克没有搬到波士顿，所以我们就没机会见面。

再和他见面是 2002 年。这年 6 月，东北大学世界史中心举办了一次学术会议，参加者是已经毕业的博士和还在攻读学位的研究生，以及有关教授。我当时正好完成了论文的第一章"西南丝绸之路：全球视觉中的云南"。听说弗兰克要来，比较激动，因为我的研究领域周围人都不了解，我感到很孤独。于是，我发电子邮件把这一章和我关于封建主义辨析的文章给弗兰克看了。此后，我们又交换了几次邮件。总的说来，他对我的论文不满，认为我向前迈得不够。他的观点是：从来没有什么封建主义，包括在欧洲。我则支持多数学者的观点，认为欧洲中世纪是有封建制度的。中国则没有欧洲那种封建制度；中国的封建是分封建国，主要是在西周。后来见面时，他又提到这个问题，我只是说，对封建主义的认识是我走向世界史的第一步。关于云南的文章，他给了我一些表扬。我师兄那时也给他看了关于中国和古巴革命比较的文章，他也给予肯定。我们二人谈起来，颇受鼓舞，情绪很高。因为我们知道，弗兰克从来不表扬别人，批评是他的习惯。后来觉得，一是他对于我们的领域不熟悉，二是我们不过是无名小卒。见面的时候，他说，世界史学者可能低估了云南的地位。

那天的会议，他来了。他的身体很衰弱，拄着拐杖。大家默默地注视他。他的女朋友（后来是他的妻子）陪着他。当时他可能一年内做了三次手术，最后一次手术完成没多久便来参加这次会议。第一天中午，大家去附近的中餐馆就餐。弗兰克没去，因为没胃口。他的女朋友说吃完给他捎一点回去。我吃饭很快，就和她说，我可以把午饭给他先送过去。于是，我提着餐盒回到学校的会议室，发现一个人也没有。我在走廊里喊了几声，教授休息室里传出微弱的回答。我走进去，里面黑黢黢的，一个身影从沙发上坐起来，是弗兰克。我说这是你女朋友给你买的饭，递了过去。弗兰克接过去，看也不看，放在一边的茶几上。我随手打开了灯，他看上去很虚弱，也不吃饭。我就说，那你就休息吧。他说好，没等我出门，就把灯关了。他真的很虚弱，三次手术把他变成了一个虚弱的巨人。说他是巨人，是因为弗兰克身高在 1.8 米以上，颇为魁梧，可是步履蹒跚，没有精气神。

我于是下楼，在阳光明媚的楼前长椅上坐着。过了好一会儿，曼宁和弗兰克的女朋友一起说笑着回来了，而后弗兰克的女朋友上了楼。不久，她和弗兰克一起下了楼出来。弗兰克冲着曼宁大发雷霆，说你们学校怎么回事，还让警卫来盘问？后来才知道，弗兰克因为疲劳至极，躺在教授休息室里，碰巧被一个女学生看见了。学生好心通知了学校的警卫，警卫便上来询问，估计也就是"你感觉如何，是否需要帮助"之类的话。弗兰克则因为太累，极其讨厌别人打扰他休息，加上对警卫没有好感，估计很不耐烦地打发了警卫。这下见到曼宁，就提着嗓门发了一通脾气。曼宁了解弗兰克的性格，何况他还是病人，所以只是笑笑，一句话也不说。

下午的会议照样进行。弗兰克照例丝毫不放过每一个发言者。晚上的饭由中心招待，在一家日本餐馆庆祝。我和弗兰克不在一桌，只注意到他斜躺在榻榻米上，也没吃什么东西。虽然他和大家都不熟，身体也不好，但我能感觉到他还是很喜欢和大家在一起的。我们这一桌吃完就先散了。临走时，我和弗兰克告别。他说，明天你就照那个讲。因为我的发言被安排在第二天上午，弗兰克要去看医生，来不了，所以这样叮嘱我。

这就是弗兰克

我提笔写这篇文章，似乎有"我的朋友胡适之"的嫌疑，因为我和弗兰克的交往非常有限,对他不了解。以上对弗兰克的印象部分是转述而来,错误或不确切之处由我负责;至于我和他个人的接触,由于时间的原因,难免有记忆不准确的地方。

我对弗兰克非常感激,因为他确实是首先赞赏我的研究的人之一,或者说,是看到我研究潜力的人。这给了我坚持自我摸索的勇气。有一次在北京,曼宁给我发邮件说某天他和弗兰克一起去哈佛参加会议,弗兰克在会上表扬了我的研究。我看完邮件,心里乐开了花,那时我的论文勉强才完成了七章中的两章。后来我和弗兰克就没有联系过,只是听说他病情很严重。

弗兰克去世前的一周,我接到了他儿子群发的电子邮件,告知他来日无多。在生命最后的日子里,他还在不停地工作,直到身体不能支持为止。我马上回了邮件,表达了自己的敬意。之后不久,便接到了他逝世的消息。

弗兰克的脾气很坏。不应该用"坏"这个词,应该说,脾气很大,这在学术界是众所周知的。我师兄曾经描述过这么一个场景:某次开会,时间没到,会场三三两两地坐了人。弗兰克在场,走上讲台,在黑板上写了一些东西,然后转过身,指着在座的一个教授说,某某,你错了。而后又指着另外一个说,某某,你错得更离谱!

这就是弗兰克!

弗兰克的父亲是犹太人,还是左派。弗兰克干过各种不同的工作,尤其是底层的体力活儿。这样的生活经历使得他很难和那些学院派教授坐到一块儿去。他的博士论文研究乌克兰的农业,得出的结论是,苏联的农业是一个失败。他和拉美的革命者关系密切,切·格瓦拉曾建议他担任古巴的经济部长。他在墨西哥时,苏联的大使拜访他,送他的礼物是新生儿的尿布。他后来在智利参与阿连德的改革,最后被迫流亡。可以说,他一生追求或者重视的都是社会正义!他对各种歧视也极其敏感,有时敏感得让人吃惊。可看起来脾气暴躁的他,居然是女权主义者,或至少是同情者。

弗兰克的脾气,就像他说的一样,不驯服,不服从安排,不服从现有的秩序,不服从现有的制度。小说家高阳曾经说过,世界上的人大致有几种:一种人有本事没脾气,一种人有本事有脾气,一种人没本事没脾气,一种人没本事有脾气。第一种人一般是不存在的,因为那是圣人的品质。弗兰克应该属于第二种吧!

后 记

大约自 2007 年始，笔者在新加坡国立大学历史系开设了研究生的讨论课"世界史方法论"，介绍世界史/全球史的定义、来龙去脉，以及研究现状，包括影响巨大的经典著作和最新成果。2007—2017 年，十年当中笔者大约主持了七八次；选课的研究生（包括硕士生和博士生），少则三人，多则七八人，多数是历史系本系的学生，偶尔也有中文系过来选课的同学，加起来总数也不过三十几人。虽然如此，这也是在东南亚乃至东亚最先介绍世界史或全球史的研讨课之一。

选这门课的同学，很多我记不得名字了，其中有邹坤怡、魏兵兵、曹寅、谢明达、黄彦杰、赵洁敏、张倍瑜、Edgar Liao、Meifeng Mok、Eunshil Hwang、Isaac Tan、Cuau Villamar、Huyen Pham、Alex Giang、Ruel Pagunsan、Sandeep Ray、Charles Burgess、Felicia Toh、Christine Chan、Joshua Sim、Jenny Morris、Kisho Tsuchiya、Vanessa Pek、Faiza Rhman 以及 Hannah Ji。他们来自新加坡、中国、马来西亚、韩国、美国、墨西哥、英国、菲律宾、巴基斯坦等，一同支持并见证了笔者的成长，包容了笔者的严格和不近人情，特此致谢。

本书的第一章曾发表于澳门的《文化杂志》（2019 年 6 月第 104 期，第 120—137 页），《东方历史评论》于 2019 年 8 月 8 日转载；第二章系从笔者英文稿件"Exodus: Lotus Seals and Lotus Sealings from a Cross-Civilizational Perspective"翻译而来，原译者为项述；第三章发表于《全球史评论》第22辑（2022年第1期，第39—65页）；第五章发表于《海洋史研究》（2022年第1期）；第六章发表于《海交史研究》（2021年第1期）；第七章曾大致发表于《南国学术》（2024年第1期）；第八章分上下两部分发表于《社会学家茶座》（2012年第1期第74—80页和第2期第115—120页）；第九章系根据英文原文翻译修订而来，英文发表于《世界史杂志》（2012年9月第23卷第3期，第587—607页，合作者为上海交通大学曹树基和李玉尚）。借此机会感谢诸家期刊，尤其是李凭、朱天舒、王笛、林少阳、钱江、曹树基、金国平、吴志良、程映虹、刘文明、乔瑜、王雨、陶小路、张钰霖、项述、纪赟、张长虹、邹坤怡、陆海月、张金勇、张冬锐等诸位师友。以上诸文收入本书时，都做了大量修订增删。本书初稿完成于2020年，其出版因为种种原因拖延至此，反而使得笔者有更多的时间和机会加以修订和补充。

世界史/全球史是有相当难度的，可是，作为人类共同体的一分子，我们既要关注个人、家庭、村庄，也要跨越高山峡谷、沙漠绿洲，以及浩瀚的海洋乃至深邃的星空，以同情之理解和理解之同情去关注异域他者。倘若历史学有什么功能的话，或许就是这个吧。